『奥の細道』八十六歳独り歩き

小林勇

平成 25（2013）年 4 月 25 日
宮城県松島到着の朝、著者。

はじめに

私が八十二歳で東海道独り歩きをして三年が過ぎた。これが最後と思っていたが、なかなか死にそうもないし、じっとしていると、古人曰く「小人閑居して不善をなす」の喩えの如く、仕事もせず、大きな図体をして毎日テレビの前で寝転がっていると、家庭内では目障りになるらしく、老いぼれ爺に皮肉交じりの苦情がささやかれると家の中にも居づらくなる。仕事が趣味のような半生を過ごしていたので、定番のゴルフ、マージャン、囲碁将棋、競輪、競馬、パチンコ何も出来ないから遊びにも出かけられない閉籠もりである。

まさに婆さんにとっては粗大ゴミそのもので、「全く、一日中よくテレビを見ていられるわねえ」の皮肉を毎日繰り返されると、やはり「不善をなす」の仲間入りになるのかなと深刻に考えてしまう。じゃあ何が出来るかといって何も出来ない。やはり、東海道の続きを歩くしかない。と思うのだが、これを言い出すとまた、婆さんに加え息子夫婦までも「親父、もう独り歩きなど心配事は止めてくれ」とまさに四面楚歌である。次の目標は「奥の細道」を考えていたが、俳句にも芭蕉にも興味も関係もないが、私には抹香臭い「八十八ヵ所の遍路」は似合わないと思うから、「奥の細道」を遠巻きに匂わせて、今更俳句でもないが、川柳、警句（アフォリズム）まがいの覚書とジャンルにとらわれない「語録」を書くことから周辺の軟化工作を始めた。健康が最高の幸せのように言うが、こうなると健康は不幸である。早く爺捨て山に行った方が「世のため、人のため」なのだと思う。生きることも死ぬことも、まさに八方塞りである。八十四年の経験上、この世には完全ということは皆無であることを熟知している。深慮遠謀の効が奏し、老妻のベルリンの壁にも風穴を空ける隘路があったのである。最初、一週間のうち、月、火、水、金曜日は孫の夕食を作る日だから出かけられない。木曜日と土、日は息子夫婦が休日なので、後半の「木、金、土、日」の一日二十㎞以内、三泊四日を独り歩きに使いたいと計画を立てたが「歳を考えろ」と息子からも、もう半年以上聞き入れられない。それでも密かに、日帰りで芭蕉が住んでいた深川、深川から千住の船旅はこっそり済ませたが、日帰りだとばれない。それでは「週の中間の木、金の一泊二日」を婆さんに打診したら「そうね一泊二日ならね」と「針の一穴」が空きそうになった。

あとは、無理押しして、一穴を風穴に蹴破ればよい。「思い立ったが吉日」である。或る朝突然玄関を飛び出して消えればよいと思うようになっている。どうせ、人嫌いで、独り身の隠密行動は得意である。準備など考えると、それも手枷足枷になってしまう。着の身着のまま、あとは野となれ山となれで飛び出せばよい。息子には作ってもらったマウスピースを全行程噛み締めて歩くからと。

ともかく、やっと出かけるための風穴を開けた。決心はとっくについている。あとは東海道のときと違い、東海道沿いの自宅から近いJR大磯駅から東海道線、東海道新幹線より遠く、JR大磯駅から東京千住まで行き、そこから東北新幹線沿いに奥羽街道を北上し、仙台から太平洋岸の塩竃、石巻まで行き、そこから西に向かい、岩手の平泉に寄り、一ノ関から岩出山、鳴子温泉を通り、「奥の細道」で芭蕉とゆかりのある「尿前の関」から山形県にはいり、「奥の細道」最大の難所「鉈伐り峠」を超えて尾花沢、山寺によって、日本海の酒田から北限の秋田県の「象潟《きさがた》」まで行き、回れ右をして日本海側を南下していき、岐阜県の大垣まで二千㎞、東海道の四倍を歩き出した。

芭蕉が旅した奥の細道沿いに歩く前に、先ず、私は芭蕉の俳句読みを真似て歩くわけではない。芭蕉の歩いた道を辿るだけである。芭蕉にも俳句にも捉われずに自由に歩くことにしたい。とは言え、結局は外堀を埋めるつもりで、芭蕉の勉強をさせられてしまったから、芭蕉と奥の細道には大きく影響されているのも事実である。その一つが昨年七月から俳句のような、川柳、警句（アフォリズム）紛いの覚書を勝手気儘な「語録」として、一日七語（句）書き二千句を外堀のつもりで埋めてきた。その継続として歩きながら一日七語（句）は書き続けるつもりである。

「奥の細道」に捉われない例は、芭蕉は日光に寄り道をするが、私は日光には寄らないつもりである。中尊寺は私自身行ったことがないので芭蕉に倣って寄ることにする。そのあたりまでは奥の細道というより、旧奥州街道沿いに進むつもりである。その間は東日本大震災の栃木、福島、宮城、岩手の被災地を通るので、鎮魂とお見舞いと激励の祈念を心がけて歩くことにしたいと思う。そこから日本海へ向かって大きく西に曲がるが、芭蕉は羽黒山、月山、湯殿山の出羽三山に登ったが、私は登らないというより登れないと思っている。後は日本海沿いに山形県の北から私の父の郷里新潟、妻の郷里富山を通り南の福井県敦賀まで、ここから東へ大垣の終点まで歩きたいと思っている。全行程が二千～二千五百㎞で、東海道の四倍から五倍である。日数からしても二十日の四倍で八十日、五倍だと百日かかる。週二日、毎週出かけても一年五十二週しかない。ざっと、三年がかりで完全歩行できればと思っている。死ぬまでに歩けるかどうかは、やってみないと分からない。

身支度は、東海道を歩いた時そのまま、カメラは撮らない。ナビゲーターなどは持たずに歩きたいが、安全を考えると持つことになるかも知れない。携帯電話と歩数計は東海道と同様持って行く。ホテルは事前にホームページと電話で予約したいと思っている。記録も同様手書きで歩き、帰宅してパソコンに打ち込んでいく。

何のために歩くのか、家にじっと籠っていられないから、八十四歳でも足がまだ丈夫で歩けるから、傘寿過ぎの高齢者が歩くことで、大仰に言うのは好きではないが大震災復興を勇気づけられればとも、気持ちだけは十分思っている。チェルノブイリ原発事故以来、公衆（食品）衛生専門家として放射能汚染には関わってきたので、福島原発事故には強い関心と意見を持っているが、高齢者は出しゃばらない方が世のため人のためであるとも思っているので、福島で事故現場まで見に行くことは遠慮する。何より東海道五十三次の続きで、来し方行く末を漫然と思い巡らせる孤独を彷徨いながら、無私無欲無念無想で自由気儘に歩くことが至上の楽しみなのである。逃亡奴隷と言われればそれでもよい。

平成二十四（二〇一二）年五月吉日

●目次

『奥の細道』八十六歳独り歩き

芭蕉を訪ねて（深川探訪）

今日は、平成二十三（二〇一一）年九月八日、今日が木曜日というところに意味がある。息子の休診日で、自宅の留守居番に息子夫婦がいて、私の役目である中学生の孫の夕飯を作らなくてよい日ということである。

朝、九時二十分、威勢よく家を出る。大磯駅まで歩いて二十分、東海道線上り九時四十八分に乗る。新橋駅には十時五十四分着、汐留口から地下鉄「大江戸線」汐留駅発十一時十分で門前仲町駅に十一時二十分着。今日はここから清澄《きよすみ》庭園と芭蕉庵跡、芭蕉記念館を訪ねて、名物深川丼で昼飯を食べた後、芭蕉が「おくのほそ道」を出発した経路は深川から舟で隅田川を千住までいって、千住から奥州・日光街道を歩き始めたのだから、その跡をたどるために、千住大橋まで行きたいと思っている。門前仲町駅改札で地下鉄路線図を貰い、

「清澄庭園はどの出口ですか」

「六番です」という声を後ろに、女子駅員の指差す方向へ歩き出した。モグラが地下から顔を出したようにまぶしい地上に出ると大きな道路沿いである。ああ、これが清澄通りだなと思い、探すと目の前にこの界隈案内の立て看板が出ていて、清澄通りを右に真っ直ぐ、道の向こう左側に清澄庭園はあることが分かった。すぐ右に歩き出し、次の大きな四つ角で道の左側に渡り、しばらく歩くと深川二丁目バス停に「小津安二郎生誕の地」の立て看

板があった。映画史に残る松竹映画の名監督小津安二郎である。小津は十歳までここに住んでいて、その後三重県で旧制中学校を出たと記してある。

「小津の江戸情緒は深川生まれに由来するのか」口の中で呟く。興味津々の立て看板ではあったが、咄嗟の思わぬ立看板の出現に、今日の目的にはないからと、後ろ髪を引かれる思いで目を瞑り先に進んだ。

すぐ仙台堀川の橋の手前に復元された「抹茶庵」に芭蕉の銅像が座っていた。川と庵の間の細い路地に「芭蕉散歩道」と矢印が示してあったが、時計がもう十一時半過ぎだったので割愛することにした。川を渡るとすぐ清澄庭園に着いたが、正門入口は対角線上の反対側になっているようであった。右から行くか、左から行くか迷ったが、図書館のある左側から行くことにした。図書館を外側から右に回る道に沿って進むと都心には珍しい大きな松林があった。これも庭園の一部かと思いながら、松林の中へ入っていった。すぐベンチで昼飯弁当を食べている地元の人らしい年寄りがいたので、

「清澄庭園正門入口はこの道でいいんですか」

「いいや、林の外の道沿いに行かなければだめだ」と教えてくれた。

引き返して、林の外の道沿いに行くと、小さな十字路があって、その右角が正門であった。入園料は百五十円だったが、六十五歳以上割引料金七十円だったので、使用済みの自動車免許証を出して七十円払った。パンフレットを見ると、今私が入ったところが都指定名勝「都立清澄庭園」で、私が紛れ込んだ松林が「清澄公園」になっているようであった。

公園の方にも西洋館などの見所があるようだが、今日はこちらの庭園を早く見て、次に行きたいと思っている。

由来によるともともと三百年以上前は紀伊国屋文左衛門の屋敷跡と「伝えられていた」とあるから「伝えられる」ということは確実にそうだとは言い切れないということである。その後享保年間（一七一六〜三六年）に下総の国、関宿の城主久世大和守の下屋敷となり、庭園の元が造られたということである。

明治十一（一八七八）年になって三菱財閥の岩崎弥太郎が社員の慰安や貴賓の招待の場として開園し、その後も造園を進め「回遊式林泉庭園」を完成した。明治十三（一八八〇）年全国から集めた名石を配した明治の庭園を代表する「深川親睦園」としたものである。さらに大正十二（一九二三）年九月一日の関東大震災や昭和二十（一九四五）年三月十日のB29による東京大空襲の時の避難場所として、多くの人命を救った所でもあると記されている。都心には貴重な避難場所だったろうとうなづいた。これからも重要な避難所になると思う。

大きな池の中は私の周りに一mを超える真鯉緋鯉が餌を求めて集まってきたがあいにく餌を持ってなかった。大きく口を開けた餌を求める鯉の群れを見て気の毒になる。亀も三十㎝以上もある大亀である。島が三つあり東屋が建っている。富士山の築山があり、「古池や　かはづ飛び込む　水の音」の芭蕉の句碑は、隅田川岸から移転したものだそうである。一回りして正門近くまで来た所に売店があって、そこに鯉の餌の麩が売っていた。

もう十二時半になっていた。庭園で四十分使ってしまったわけである。事務所に入って、職員に、

「芭蕉庵跡はここから四百mぐらいのところと聞いてきたのですが、どっちへ行けばいいのでしょうか」

「芭蕉記念館のことでしょうか、芭蕉庵は分かりにくい所だそうで、よくわかりません。芭蕉記念館の近くでしょうから、そこで聞いて下さい。ここに近くの略図がありますので差し上げます」

芭蕉庵が分からないとは都の職員としては不親切なと思いながら、略図を見ると芭蕉庵跡が載っていた。あの職員はこの略図も見ていないいんじゃないかと腹立たしくなった。門を出て左へ中村学園沿いの道を進むと、隅田川にそそぐ小名木川に架かる万年橋の路に出る。そこを右に曲がって橋を渡り、左へ曲がるとすぐ赤い旗が沢山立ったお稲荷さんがあった。それが芭蕉稲荷すなわち芭蕉庵跡だった。旗には「芭蕉稲荷大明神」とあった。俳句の神様に祭り上げられたわけかと思った。鳥居を潜ると奥行きはなく、五坪（十五平米）もない狭いお稲荷さんであった。すぐ側は隅田川の土手であった。お稲荷さんだから手を合わせなければいけないかと思い。あらためて合掌する。拝むというより、

「芭蕉先生今日は」

という挨拶代わりのような気持ちである。十二時五十分になっていた。

万年橋に戻り、橋沿いの道を進むとすぐ芭蕉記念館があった。入館料百円割引なしであ

る。ちょうど午後一時であった。

鉄筋三階建てで、二階三階が展示室になっている。もともと、芭蕉にも、俳句にも深い興味もなく、「おくのほそ道」を歩こうと思い立った、邪《よこしま》な下心で、いわば邪心から芭蕉に近づき、俳句に興味を持った「善《よ》からぬ輩」である。この深川は芭蕉が芭蕉庵を売り払い、ここから隅田川を千住まで船に乗り「おくのほそ道」に旅立った所ということで、今日私はここを訪ねたわけで、芭蕉を慕い、俳句を愛する人からすると、まさに「不逞の輩」である。であるから展示物への関心もへそまがり根性からである。芭蕉自筆の軸も肖像画も一見だけして素通りである。一番興味を引かれたのが、「石で彫った蛙」であった。ガラスケースに収められた相当に痛んで　傷ついた石の蛙であった。説明によると、

「大正六（一九一七）年の大津波の後、常盤一丁目から『芭蕉遺愛の石の蛙』（伝）が出土し、同十年に東京府は、この地を『芭蕉翁古池の跡』としていました」

そこに芭蕉記念館を立てたわけである。

傷だらけの四つん這いに構えた石蛙の三百年間変わらぬ面構えが気に入った。二階展示室入口に「おくのほそ道」の経路と道中で芭蕉が詠んだ俳句の一覧が大きく展示されていた。

「これと同じ印刷物は売っていないのですか」と側の職員に尋ねると、

「下の事務室で十円出せばコピーしてくれます」といわれたので、帰りがけに事務所に寄ると、「それはプラスチックのルーズリーフなんですよ。その表面に印刷されているもの

ですから……。一部三百円です」と言われたので、買い求めた。

一時三十五分だった。さあ、深川丼にありつこうと、日照りが眩しい外に出た。ここからは下調べで地下鉄の「森下駅」へ出ることになっていた。この近くには深川不動尊や富岡八幡宮があり、田河水泡の「のらくろ館」そして「深川江戸資料館」があるが、今日は全て割愛して、今は深川丼である。新大橋通りと清澄通りの交差点にある「森下駅」付近を三十分ばかり歩き回って、深川丼の店を探したが、影も形もない。乳母車に子どもを乗せた主婦に、

「恐れ入りますが、この近くに深川丼の店はありませんか」

「深川丼？　ドジョウのご飯ですか」と深川の人は深川丼を知っていない。泥鰌《どじょう》は江戸時代から深川名物であったので、今、マスコミではアサリを沢山乗せた深川丼を紹介しているが、案外、深川では新しい食べ物なのかも知れないと感じた。商店街では「木曜定休日」の看板が多い。今日は休日が多いために深川丼の店も休店かも知れない。昼飯は抜きかと諦め、森下駅に向かうと地下鉄入口の地下階段の前に「寿司弁当」の店があった。何か適当な食べ物はないかと写真入りメニューを見回すと、一番終わりに「深川丼五百二十五円」とある。すし屋の深川丼という違和感と値段が安すぎる不信感があったが、ともかく、店に入った。私はそこを食堂と勘違いしたが、カウンターだけがある弁当だけを売る店だった。仕方がないと思い、

「深川丼って、ありますか」

「はい」
「二つ下さい」と注文する。家へ持ち帰るよりしょうがないと思った。プラスチックの丼の中のご飯の上にたっぷり大振りの粒のアサリが並び、量の多いわさびがついていた。味噌煮のアサリをご飯の上に乗せた「深川丼」とは違うようであった。アサリをわさび醤油で食べる「深川寿司」のようなものかも知れないと、リュックに入れて店を出、すぐ前の地下鉄入口の階段を下りていった。

芭蕉は、寛文十二（一六七二）年、二十九歳のとき、伊賀上野から初めて江戸に出てきた。江戸では日本橋の幕府御用達の魚卸問屋、俳号を杉風と号した鯉屋の主人が世話をして、鯉屋の隅田川の生簀の番小屋に手を加えて、芭蕉を住まわせた。それを第一次芭蕉庵と言う人もいる。そこは火事で消失したが、多くの弟子や俳人が募金して同じ場所にいわゆる第二次芭蕉庵を建てた。そこに植えた芭蕉がよく実ったところから芭蕉庵と呼ばれ、俳号も芭蕉となった。芭蕉四十六歳のとき「おくのほそ道」へ旅立つのに先立ち、芭蕉庵を売り払い、深川から舟で隅田川を千住まで遡り、そこで舟を降りて奥州街道日光街道を歩き出した。今では深川と千住の間を舟が通っていない。特定の観光のための水上バスが月に二、三回運行しているようだが、今日は出てない。そこで今日は地下鉄で千住まで行くことにしている。

大江戸線「森下駅」二時二十五分発、上野御徒町に二時三十五分着、仲御徒町で日比谷線に乗り換え南千住へついたのが二時五十分過ぎであった。

ともかく、今日の最終目的地千住大橋近くまで着いた。ここから千住大橋まで歩き始めたが、もう三時である。どうも、深川丼を買ってリュックに入れて歩き出した頃から今日は木曜日で孫の夕飯を作らなくてよい日だから出かけてきたことをすっかり忘れてしまって、「夕飯作り」の条件反射が蘇ったようであった。遅くとも五時には家に帰宅して夕飯の支度をしなければの思いで頭が一杯になっていた。これは明らかに老化現象である。この深川丼を孫に食べさせなければと、すぐに千住大橋行きを止め、南千住駅に引き返してしまった。

そこは、地下鉄ではなく、「つくばエキスプレス」の南千住駅であった。終点が秋葉原だから、東京駅に近いと思い、すぐに改札に入った。こういうときに「ＳＵＩＣＡ」は便利である。東京駅ではちょうど三時三十五分発の快速熱海行きがあったので乗り込んだ。平塚駅には四時三十分に着いたが、快速は大磯には停まらないので平塚で下車した。駅前から大磯方面国府津行きのバス四時四十分発に間に合い、五時ちょうどに自宅につくことがはっきりした。「化粧坂《けわいざか》」バス停から自宅近くの坂道を登ると、犬の鳴き声がした。見ると息子のお嫁さんが犬の散歩に出かけるところだった。あっ、今日は木曜で休診日だった。私は突然、朝の記憶を取り戻した。

「今日は木曜日だ。孫の夕飯の支度はしなくてよい日だったから出かけたのに、すっかり忘れていた」のに気がついた。何処でどうしてこうなってしまったのか。

ここで報告は終わりなのだが、読者の皆さんから「あの深川丼はどうなったの。気になるなあ」という声が聞こえてきましたので、本当はプライバシーに関することなのですが、あの深川丼の結末だけは報告することにしましょう。というわけで今日の木曜日の夕飯は老夫婦だけになったので、ちょうど二人前の深川丼を夫婦の夕飯にした。アサリは出汁《だし》と醤油の薄味で煮てあって、淡い醤油の香りと塩味を感じさせないからとの味加減がよかった。それだけで食べても美味かった。わさび醤油で食べるわさび味もほどよく鼻にきてよかった。ご飯は酢飯になっていて、深川丼と言うより「深川寿司」か「深川ちらし」と言ってもよかった。そして結論として安くて美味い夕飯だった。「とっても美味かった」

平成二十三（二〇一一）年九月十日

深川、千住を船で往く

芭蕉は深川の芭蕉庵を売って、すぐ側を流れる隅田川から舟で千住まで往き、奥羽街道へ上がって「おくのほそ道」の旅に出発した。元禄二（一六八九）年旧暦三月二十七日（新暦五月十六日）、四十六歳の時、曾良《そら》を供に江戸深川を出発して、舟で千住大橋まで行き、奥羽（日光）街道で陸奥、出羽、北陸を訪ねる旅に出た。全日程百五十六日間、四百七十六里歩き（一里を四㎞とすると約一九〇〇㎞、芭蕉記念館には約六百里、約二四〇〇㎞とある）旧暦八月二十一日（新暦十月十二日）に美濃の大垣についた。

私は先日九月八日（木）に深川の芭蕉庵を訪ね、芭蕉記念館を見てきた。続いて深川から千住まで芭蕉と同じように隅田川を舟で渡って見ようと思っていた。なるべく気の変わらぬうちにと、今日九月二十三日（金）深川に近い両国から千住まで水上バスに乗ることにした。

芭蕉記念館で見つけた公益法人東京都公園協会の発行する「東京水辺ライン」というパンフレットで調べてみると、隅田川の定期水上バスは河口の「お台場海浜公園」から「浅草（二大門）」の間を往復しているだけで、浅草より上流の千住には定期水上バスは通っていなかった。何とかないものかと、さらによく調べると特定日運行の「江戸東京ぶらり旅」と「いちにちゆらり旅」という土曜日、日曜祭日の特定日に出ている水上バスが運行していて、浅草より上流の「小豆沢」まで行き、岩淵水門から荒川へ出て河口の葛西臨海公園まで行き、東京湾を隅田川河口へ回り隅田川を遡って「小豆沢」まで一周する水上バスがあった。電話03-5608-8869で問い合わせをし、秋分の日の九月二十三日（金）、「いちにちゆらり旅」の両国十四時三十分発、千住十四時五十五分着の水上バスに乗船する予約をした。乗船券は五百円であった。後で知ったのだが、ＪＴＢなどの旅行社でも乗船引換クーポン券を買えたので、そこで調べて貰えばこんなに苦労はしなかったのにと思ったが、後の祭りである。

前々日まで台風十五号が上陸していたので、当日の朝、電話で、「今日は水上バスが運行していますか」「大丈夫運行しています」と確認してから、正午に家を出た。ＪＲ東海道線大磯駅十二時二十七分発東京行きに乗り、新橋に十三時二十五分についた。前回同様、地下鉄大江戸線の汐留駅十三時五十六分に乗り、両国に十四時十六分に着いた。A3出口から国技館の北側を通って行く。今日は大相撲十三日目で国技館は混雑しているだろうと思ったが閑散としていた。隅田川の手前に乗船券売り場があった。予約してあった両国から千住五百円の乗船券を受け取り、乗り場まで急いだ。もう乗船時間の十三時三十分間際になっていた。隅田川は台風直後で薄茶色に濁り、乗船場の堤防ぎりぎり足元近くまで増水していた。間もなく隅田川の橋にあたらない様に高さを低くした平べったい屋根の水上バスがスクリューとエンジンの音を立てて下流からやってきた。両国での降船客は少なく、乗客は二、三十人並んでいたので、座席は百五十名か二百名ほどのようであるが、座る席がないほど混んでいた。水上バスは流れに逆らって満員の乗客を重そうに上流に向かって進んでいった。

芭蕉は曽良と二人だけが乗るために雇った舟か、水上バスのような当時の乗合船で上流に向かって、人の力だけでは、相当にきつい竿か重い櫓《ろ》を漕ぎながら千住に遡っていったはずで、小さな二、三人乗りの釣り船か渡し舟だったのだろうと想像する。まだ、確定していないが、もし私が「おくのほそ道」を歩くとしても三百年も前の芭蕉と同じに歩くつもりもないが、歩くことは想像も出来ない。一番違うのは道そのものである。「おくのほそ道」を読んでも、道は雨が降るとぬかって、足をとられたり、泥に足が潜ったり大変な道であった。現在では舗装されていない道はないだろうから、その違いは大変なものである。そのこともあって、当時、奥羽街道には駕籠《かご》はないらしく、芭蕉も駕籠に乗った記録はない。ただ、よく馬に乗っている。ことにぬかる道は馬に乗って旅をしている。藩幕政治の時代、藩境ごとに関所があって、関所ごとに手判《てはん》や入出国税がかかり、多くの川には橋がない時代であったから、渡し舟などの渡し賃が取られた。芭蕉は宿ごとにその地方の俳人に会い、そこで句会を興行している。その謝礼などが芭蕉の旅費である。芭蕉は旅費を稼ぎながら旅をしたのである。

馬は旅立つ時に宿の俳人が馬を貸してくれるのもあった。特に芭蕉は名所旧跡をみて歩く物見遊山の旅を兼ねていた。源氏の判官びいきのようで、源義経の源九郎判官が兄頼朝から追われ、平泉の藤原兄弟を頼って、奥州へ逃げる源九郎判官の遺跡を追い駆ける寄り道が多く、その寄り道で句会を興行するから、時間がかかっている。しかし一日の歩行距離が十里（四十㎞）以上である。一日四十㎞以上毎日歩いている。旧陸軍歩兵の行軍も一日四十㎞であるから、芭蕉と曽良の脚の強さと速さは恐るべきものであった。そのために、芭蕉が伊賀上野出身者ということもあって「芭蕉忍者説」が生まれることになったのである。汽車も自動車もなかった昔の人の足は強かったのであろうと思う。現代人には、ましてや八十四歳の私には到底そのような歩行力はない。私の予定は一日二十㎞までである。

水上バスの停船は両国の次が浅草の二大門であるが、その間の十分間にスカイツリーが右舷のほぼ真上に見えてくる。船が右に傾くかと思われるほど、乗客の大部分が右舷に集まってくる。皆携帯とデジタルカメラを構えて、後ろから人を押しのけてくる。何かと年寄りは邪魔者扱いである。スカイツリーより前にアサヒビールのビルの上の金色のビールの泡を模したものかおかしなかたちの看板が右舷に現れる。アサヒビールの副社長は旧陸軍士官学校の同期生だったが、その社長が先輩だったと聞いている。アサヒビールのビルの後ろから、スカイツリーが現れだした。右舷は乗客が重なるようにカメラのシャッターを一斉に押している。一つのカメラのシャッター音は小さいのだが、大集団のシャッター音は大放水を浴びたように異様な騒音である。右舷の窓は人とカメラで塞がれて私にはスカイツリーが見えない。舟の右舷の真正面がスカイツリーになったとき、舟は浅草乗船場についた。半分以上の乗客が浅草で降りてしまった。疎らになった乗客の座席から、舟の右舷の窓のスカイツリーを独り占めしてたっぷり拝ませてもらった。あまりに近過ぎて、仰向けた顎が痛くなったほどであった。顎を痛めてまで何故人々は眺めるのか、それほど、ただ高いだけのこの塔が貴重なものか白々しくなってきた。質素な襤褸《ぼろ》を纏った芭蕉たちがスカイツリーに集まる大集団のシャッター音を浴びたらどのように思うだろうか、一句浮かぶような情感にはならないだろう。芭蕉が驚き呆れて異様な口をあけているのが目に浮かぶようである。私も俳句を詠むような情感は踏みにじられ、烏合の衆の騒音で神経を逆撫でさせられただけであった。

浅草を過ぎると船内はついさっきの騒音がかき消され、乗客も疎らで、リズミカルなエンジン音と静かな川面の風景に戻っていった。次は五分で桜橋乗船場、さらに桜橋、白髭橋を潜って十分で、予定より五分遅れの十五時ちょうどに千住船着場についた。

千住の船着場は、都会のビル群もなく、人家もなく、殺風景な雑草に覆われているところだった。千住で降りる乗客も私一人であった。右へ往くのか、左へ往くのか見当もつかなかった。下流へ戻る方向に学校のような建物が見えたのでその方向へ歩いてみた。〈シテイヌープ北千住〉というマンションであった。そこが行き詰りなので、足を止めると、地元の人らしい年配の男性がいたので、

「千住大橋か、四号線はどっちですか」

「ずっと上流だよ。千住大橋を通っているのが四号線奥州街道だからね」

これだけで、今日の目的の全ての答えが出てしまった。私の今日の目的は、芭蕉が深川から千住まで隅田川を船で向い、千住で降りて、ここから奥羽街道で「おくのほそ道」を出発した。その区間の経路、隅田川の深川から千住までの船乗りと、千住の奥州街道、現在の四号線の出発点を確かめることだったからである。

「千住大橋までは京成線で一駅だから、結構あるよ」と遥か向こう上流に見える千住大橋を指さした。

「あの小屋の」と指さすところ、雑草の中に小屋が見えた。

「あの前の道を京成線の高架のほうへ行って、京成線沿いの道を往けば千住大橋さ」と教えてくれた。私はその通り雑草の中の道を進むと、角に荒川郵便局がある広い道に出た。その道を横切ったところ、そこは京成線の関屋駅だった。私はそのまま関屋駅の改札に入って、千住大橋まで電車で往くことにした。

電車に乗るとしばらくして、大きな広い道路の先に大型のアーチ型の橋が見えた。これが四号線であれが千住大橋だなと分かった。

「これでよし」と、私は次に停車した「千住大橋駅」で降りなかった。「今日はここまで」隅田川を舟で深川から千住まで往き、千住大橋と奥羽街道を確かめたので、今日の目的は達したと結論して、そのまま、家路についた。日暮里まで行き、山手線で池袋まで、池袋からＪＲ湘南快速で大磯まで一直線である。

平成二十三（二〇一一）年九月三十日（金）

第一日目　平成二十四（二〇一二）年五月十七日（木）

千住―越谷

いよいよ五月十七日（木）越谷にホテルの予約が取れたので出発することになった。最初は無難な土、日曜日の五月十九、二十日を選んだが、土曜日のホテルが満員だったために、ウィークデイの木曜日になってしまった。第一日目の予定は、東海道の経験から足慣らしが必要と考え、「一日歩行距離目標二十km予定」を越谷まで十五、七kmとし、計画した。

「一日目、千住―八・七km―草加―七km―越谷計十五・七km（一泊）
二日目、越谷―十一・一km―春日部―六・二km―杉戸計十七・三km（帰宅）
三日目、杉戸―六・七km―幸手―八・二km―栗橋・中田―八・一km―古河計二十三km（一泊）
四日目、古河―二・八km―野木―六・九km―間々田―六・四km―小山―室の八島―小金井
二十六km」

深川の芭蕉庵を訪ね、両国から千住まで、舟で隅田川を遡ったのは、昨年の平成二十三（二〇一一）年九月三十日（金）だったので、もう八ヵ月前である。隠忍自重と妥協点を探り粘り強く続けて「『一回一泊二日限度』を繰り返す旅なら好い」の細君と息子の公認を勝ち取った。「鉄は熱いうちに打て」相手の気が変わらぬうちに、既成事実を作ってしまうのが勝負と一気に準備などはせぬまま、東海道五十三次のときそのままの身支度で飛

び出す。

目覚ましを四時半にしたが、ｏｆｆのまま寝てしまった。しかし緊張していたためか四時二十分には眼が覚めた。冷蔵庫で冷やしてあった冷水を二本ポットに詰めてリュックに入れ、奥さんが用意してくれた握り飯とインスタント味噌汁で朝食を掻き込む。すぐ朝五時二十分になり、

「じゃあ」と家を飛び出す。駅までこの服装で歩いていると条件反射で五十三次歩き旅で身についた慣性の延長が徐々に戻るような気になってきた。無意識に足も前に出、肩の重みも当たり前になっていた。天気予報は晴だったが、晴天ではなく、薄曇であった。ＪＲ大磯駅も当たり前のように五十三次歩き旅の条件反射が戻り、無意識のうちにホームに立っていた。五時四十九分発湘南快速、本数の少ない貴重な大磯止まりの「籠原行き」で池袋まで直通である。

車中、つい最近古本屋で見つけた三木 清の『人生論ノート』を読む。ドイツ留学仕込みの翻訳調文章表現は、通常の日本文法上から見るとかなり変形である。極端に言えば日本語になっていないものである。例えば「死について」のなかで、

「伝統の問題は死者の生命の問題である。それは生きている者の成長の問題ではない。通俗の伝統主義の誤謬――この誤謬はしかしシェリングやヘーゲルの如きドイツ最大の哲学者でさえも共にしている――は、すべてのものは過去から次第に成長してきたと考えることによって伝統主義を考えようとするところにある」

私は、そこで「伝統の……」にもどり読み返した。死者とは生命《いのち》をなくしたものである。その「死者の生命」とは「使者の生命は無くなったが、民族とか人類の伝統の中に死者が生きているときに創ってきたものが息づいて生命をのこしている」ということなのかなと思った。一般の人が直ぐこのことを理解できるだろうか？ 例えば「伝統とは」「伝統主義とは」ましてや「通俗の伝統主義とは」などの専門用語は一般のドイツ人だって理解できないだろうと思う。ましてや我々日本の哲学者以外の非専門家が、どう読み取るか考えてしまう。こんな言い回しは日本語ではないと思うからである。故人である三木 清という哲学者はドイツ語文法の否定の否定法では人に通じる文章を表現することで、「発禁」「発禁」で自由に思想を表現できなかった軍国主義時代のなかで、専門外の日本人にはわからなくても、分かる日本人には分かる思想を伝え残したいために、難解な表現で発禁を免れたのかも知れない。しかし、専門外の私には、意味不明のまま「死について」「幸福について」「懐疑について」まで読む。睡眠薬である。目が覚めると渋谷を過ぎていた。七時六分に池袋へ着いた。山手線に乗り換えて、日暮里で降りる。分かりにくい乗換えであったが、工事中のような陸橋を渡って東武線のホームに出た。ここからは「新三河島」「町屋」を通って「千住大橋」である。七時三十五分に千住大橋駅に着き、出口の目の前が往復四車線の四号線の大通り、即ち旧奥羽街道、日光街道である。右へ行くのか左へ行くのか迷ったが、自転車の女子高生に聞くと右をさしてくれた。

「有難う」と会釈して歩き出すと、二、三百ｍも行かずに隅田川に架かる千住大橋に着いた。

奥羽へ向かうのとは逆に日本橋へ向かったのである。芭蕉は隅田川からここで舟から降り、私が今歩いた方向とは逆に「奥の細道」を歩き出したわけである。私が今千住大橋まで来たのは、芭蕉が歩き出した「奥の細道」の出発地点に立つためだから、それを確認し、すぐ回れ右をして奥羽に向かって歩き出した。次は荒川に架かる千住新橋を渡ったところから旧奥羽街道・日光街道に入るところまで目指すわけである。直ぐ「日本橋より八㎞」の標識が出ていた。回転式階段の歩道を登り千住新橋の歩道を渡り、分かりにくい旧街道へ導く歩道を左へ折れて進む、日蓮宗の善立寺のある角が、旧奥羽街道・日光街道の狭い道の入口である。八時十五分になっていた。ここまで四、三八七歩、二・六㎞歩いた。

旧街道は活気ある商店街であった。まだ開店時間には早すぎてか、開いている店は少なかったが、東海道のようにシャッター通りではなかった。皆営業をしている店ばかりのようであった。それが当たり前なのに、シャッター通りではないのが不思議に感じている私自身の異常さに気づいた。「布団屋」「畳屋」「呉服屋」「履物屋」が目についた。どの生業も東海道では閉店している業種がめだったのにも驚いた。ここは東京二十三区の北端足立区の下町である。「布団屋」「畳屋」「呉服屋」「履物屋」を必要とする生活が今でもここにはあるのだということがたまらなく貴重なものに思えてきた。

東武線梅島駅を通り竹ノ塚、谷塚など三、四㎞の長い旧街道の終わりで草加バイパスを潜り、四号線と合流する。十時四十五分になっていた。一一、八六八歩、七・一㎞歩いた。四号線を左へ折れると直ぐ毛長川に出合う。この橋を渡ると東京から埼玉県の草加市に入ったことになる。四号線を進み谷塚駅があり、道の向こうに浅間神社が見え、しばらくすると「火あぶり地蔵」の小さな祠も見えた。しばらく歩いて二股道にぶつかり、左が旧街道と調べていたので迷わず旧道へ進む。草加煎餅の大きな店が幾つも目立つようになった。鰻屋も何軒かあった。おせん婆さんが団子を薄く延ばし焼いて出したのが評判になり「おせん婆さんの餅」が「せんべい」になり、草加煎餅を作ったのは文化文政の頃一八〇〇—一八三〇年代だから、芭蕉が草加を歩いたのは百年以上前の元禄二（一六八九）年だったから草加煎餅はなかったので、芭蕉は煎餅を知らなかったし、当然食べてはいなかった。鉄筋の大きな建物は草加市役所だった。二・五㎞ほど歩いたら小さなお宮があって、昨日「五月十六日芭蕉奥の細道出立の日」と張り紙がしてあった。私も、「あっ」と気がついた。元禄二（一六八九）年五月十六日は、芭蕉が奥の細道へ出立した日だったと思い当たったからである。そのために、歩く季節からも五月には歩き出したいと考えていたし、十九日土曜日に出発したかったが、宿が予約できなかったので十七日今日になってしまった。偶然である。境内に旅姿の芭蕉翁の銅像が建っている。隣に芭蕉が知らなかった小さな煎餅屋で砂糖をまぶした煎餅を買った。十二時ちょうどになっていた。一六、〇四四歩、九・六㎞歩いていた。前回の東海道を歩いた時より、大量の汗が吹き出る。下着も上着も通して、雨のなかを歩いたように、ぐしょ濡れである。前回は晩秋から春はじめを歩いたためか、余り汗を気にしなかったが、五月の初夏、大自然を巡る季節気候が私の体温を上昇させるのであろう。

四号線と合流する角に大きな中華飯店があったので迷わず入った。中華定食の看板が目についたからである。黒褐色をした見るからに濃厚そうなジャージャー麺に餃子がついていた。大汗をかいて、少々出っ張りだした腹が今日ばかりはひっこんだ気がしたから、濃厚な食事をしたかったためである。この食事にも汗をかいた。窓を通して道の向い側の小さな公園にも、北の奥羽に向かって歩く芭蕉の旅姿の銅像が建っていた。自分が大きいのを棚に上げて、芭蕉は小ぶりだったのかと思った。普段は少食の私がジャージャー麺と餃子、それに奥さんが作ってくれた握り飯まで平らげたために、胃袋がはちきれそうに膨らんでいた。こんなに満腹になっても千八十円とは安いものである。

四十分食事時間を費やし、四号線を芭蕉と同じに北へ向かって歩き出した。今日は初歩きということもあるし、前回より二歳年寄りと言うこともあって、足の運びが鈍くなっていることを感じている。しかし足慣らしがすめば元に戻るかも知れない。その望みは二、三日歩いてから分かるだろうと思う。しばらく歩くと道の向こう側に小さいがこんもりした林が見え、古い江戸時代のものを復元したと思われる木造十ｍぐらいの常夜灯が林の上に頭を出しているのが見えた。常夜灯の側の道を渡り、林のなかを歩いていくと、直ぐ綾瀬川沿いの道になった。今はどうなっているか知らないが、二十年前までは全国の河川の水質測定のランクで常にワースト・ワンだったのが、綾瀬川であった。だからこの川の名前は古くから知っていたが、こんなに間近に見るのははじめてであった。川は泥色に濁っていた。普段でもこんな色をしているのだろうか、昨夜雨が降ったのだろうか、綾瀬川の清流の姿を是非見たいものである。四号線は綾瀬川に沿って走っており、川と国道の間は石畳で舗装され、二つの陸橋が川に架かるのではなく遊歩道の石の太鼓橋としてあり、一つは「百代橋」もう一つが「矢立橋」と名づけられ芭蕉の「奥の細道」の書き出しの名文句、

「月日は百代《はいだい》の過客にして」の「百代橋」であり、終わりの、

「行く春や　鳥啼き魚の目は涙

これを矢立の初めとして、行く道なお進まず」

からとった「矢立橋」である。芭蕉も草加市にここまで観光に利用されて驚いていることだろうと思う。子供より大人の散歩やランニングでその橋を渡る姿が見られた。その贅沢な遊歩道の松林公園が川沿いに二㎞ばかり続いていた。先生に引率された小学生低学年の一団が私とすれ違って、南に歩いていった。

草加は江戸時代まで、湿地帯で道路に石を敷き詰めようとしたが石がなく、草を刈って敷き詰めて道を作ったところから、草加の名がついたと伝えられている。草加煎餅があるから草加ではないようである。松林公園の遊歩道が切れて四号線に戻り、蒲生大橋を渡り県道四十九号線と合流、街道を進み、武蔵野線南越谷駅を潜る、西側には東武伊勢崎線の越谷駅が近くにあるはずである。と直ぐ〈ホテルサンオーク〉の看板が目に入った。今日の宿に予約してあったホテルであった。初歩きで足がよれよれに弱って越谷が今日の宿だから早く着きたいと思っていたところだった。フロントに駆け込むと、

「チェックインは午後四時ですが、清掃整備が終わっていますから、どうぞ、お部屋へお入り下さい」と言われた。「チェックインは四時ですから一時間半お待ち下さい」と言われたらどうなっていただろうと思うとぞっとする。直ぐ部屋に案内されて、ぐしょ濡れの衣類を剥がすように脱ぎ捨てる。急に両足の脹脛《ふくらはぎ》と太腿が硬直して攣《つ》ってきた。足がもぎ取られるような痛さより、このまま死ぬのかと思うほど突っ張った両足が動かなかった。六十七年前、陸軍士官学校の行軍訓練で訓練終了解散後、洗面所で水を一斉に飲むと、仰向けに倒れて四肢を硬直痙攣させる戦友が必ず五、六人出たことを思いだしていた。彼らはこんなに辛かったんだと六十七年ぶりに思い知った。私にはそのようなことはなかったが、その頃は倒れた戦友がどうして四肢を硬直痙攣させるのだろうと同情はしたが、自分は頑健なので起こらないのだろうと確信していたが、鈍感だっただけなのだと思い知らされた。

奮起してリュックから貼り薬を出したが、攣って硬直した足は三十分以上、実感的には一時間以上治らなかった。完全に硬直が収まらなかったが、風呂で温めれば、硬直を軽減する効果はあるだろうと、風呂に入らなければと思い直し、風呂桶に湯を入れた。自宅の風呂と違って、小さい風呂で足が伸ばせないが、じっとして湯に浸かっていた。足が断続的に攣るので、十分も浸かっていられなかった。やはり痛み止めかと、風呂から上がり、足脹脛と太腿に八枚の貼り薬を貼り付けた。そのままベッドに入り二時間ばかりした。夕食は食べる気力もなかったので、自動販売機でハイ酎を二本買ってきて、飲み干した。冷

第１日目2012年５月17日（木）
予定コース：千住―越谷15.7㎞　天候：晴れ、薄曇

時分	出発場所	到着場所	歩数	距離(km)	買物	金額	適用
5：20	自宅	JR大磯駅					
5：49	JR大磯駅	新宿駅					湘南快速
7：06	新宿駅	日暮里					山手線
7：25	日暮里	千住大橋駅				1,280	東武線
7：35	千住大橋駅	千住大橋				150	
8：15	新千住大橋	善立寺角	4,387	2.6			日本橋から9km
8：45	旧日光街道	東武梅島駅	5,846	3.5			旧日光街道
9：00	東武梅島駅		7,000	4.2			
9：20	小休止						
10：45	竹ノ塚草加バイパス		11,868	7.1			突き当たり4号線
11：00	草加宿毛長川	埼玉県に入る	11,960	7.2			
12：00	紅虎房飯店	新旧4号線合流	16,044	9.6	昼食	1,080	
12：40	出発			14.6	煎餅	630	
13：25	綾瀬川		24,324	17.5			
14：40		ホテルサンオークラ	29,233			9,050	
日計			29,233	17.5		12,190	
累計			29,233	17.5		12,190	

えていて美味かった。アルコールの効果でまたベッドで一眠りした。足の硬直や痙攣は治まっていた。

東海道の経験から、初歩きの初日は、このくらいのトラブルはあって当然と、ほろ酔いの勢いもあって強気になった。もう一本とハイ酎を呑み足した。このまま朝まで寝てしまえと、六時に目覚ましをセットし、一気に寝てしまった。

今日歩いた歩数は二九、三三三歩、十七・五kmであった。初歩きの足慣らしなら、上々だったと思っている。問題は明日である。貼り薬で足の痛みが治まっているだろうか。

第二日目　五月十八日（金）

越谷―一一・一km―春日部―六・二km―杉戸計一七・三km

六時にセットしておいた目覚まし時計で眼を覚ました。何年も目覚ましを使ったことがなかったので、何十年も前に戻った新鮮な気分を味わった。朝風呂に入りたかったが、下肢に貼り薬が六枚も貼ってあるので諦めた。朝食が七時からなので、真っ先のつもりで食堂に行くと、すでに女性が三人食事をしていた。時間厳守は陸軍仕込みなので、時間を決めておきながら、決めた時間を早く破っても遅く破っても破ることはよくない。

味噌汁、半熟卵、納豆、おひたしの標準的和食であった。日本茶は焙じ茶であった。コーヒーがあったので甘くして呑んだ。部屋に戻り歯磨き用便を済ませ八時の朝ドラ「梅ちゃん先生」を見る。今、敗戦直後の日本人のドラマは時宜に適していると思っている。すでにB29による一晩で十万人が殺された東京大空襲も知らない日本人が主流になっている時代である。昨年、東日本大震災に直面したが、その大災害の被害が大きかったのも事実である。六十七年前の太平洋戦争による中国大陸、東南アジアと満州、沖縄の戦線と本土空襲と広島長崎の原爆攻撃による戦闘要員、非戦闘員合わせて三百万人の被害を受けた日本人、そして、その復興を成し遂げてきた日本人の悲惨さと強さを忘れてはならないと思う。「梅ちゃん先生」が毎朝、戦争の悲惨さと復興の力強さを再現してくれることを期待している。

八時二十三分チェックアウトする。

「下調べによると、ホテルの前の四十九号線を北へ進むと道が二股に分かれているところがあることになっていますが、ここから歩いてどのくらいですか」

「さあ、自動車で十分くらいといわれています。歩いてではどうでしょう」

「まあ、見当はつきます」歩く客などあまり居ないのであろう。車で十分なら二、三十分はかかるだろうと思っていたが、歩いてでも十分で二股道（瓦曽根町）に着いた。カウンターガールは歩いたことがないだけである。左の道が旧街道なのである。昨日の草加は煎餅屋が多かった。越谷の町並みは余り印象に残っていない。コンクリートの大きな高架線が見えたので、東北新幹線かと思ったが東武線の高架であった。一時間ほど歩いたので、十分間小休止を陸橋の下で取った。九時二十八分、五、八二二歩、三・五km歩いた。昨日も書いたが、東海道を歩いた時と違って汗が吹き出て困るほどである。そして、そのぶん水をよく飲むようになった。しばらく高架と平行して歩き、高架を潜る。四、五十分ほど歩くと東武伊勢崎線の踏み切りを越えた。さらに進むと四号線の新道に合流した。十時五十分、九、二〇〇歩、五・五㎞歩いていた。四号線を進んでいくと新方川の橋の工事にぶつかった。工事の人に聞くと、「上流の仮橋まで回り道をしてくれ」と指示された。川沿いに上流に歩き仮橋を渡ったところで、すれ違いの町の高齢の女性に、

「もう、ここは春日部ですか」

「そうです春日部市です」と教えてくれた。春日部市大枝というところであった。ちょうど十一時になっていた。一〇、〇二〇歩、六㎞ちょうど歩いていた。四号線に戻ったところにコンビニの〈ミニストップ〉があったので、アイスコーヒーをのんだ。歓喜天という大きな神社かお寺か知らないが、神社仏閣には深く興味がある以上に、歩くこと、歩ききることが第一目標なので横目で見るだけで素通りする。大きな四号線新奥羽街道は東海道一号線より走行台数は少ないが、車は常時ラッシュであることに変わりがない。今朝も褐色の痰が出た。しかし、東海道の痰は黒かった。そして、歩道の自転車は東海道を歩いた時より格段と増えている。歩道を歩いている奴は邪魔だと言わんばかりに、おじちゃんおばちゃんが自転車で追い越して行く。

そのまま歩いていくと〈トンQ〉という店構えが大きい豚カツ屋があった。東海道も同じだが、食べ物屋やラーメン屋が目立って多いが和食堂はないといった方がよい

ほど少ない。和食ともいえないが豚カツ屋も珍しい方である。ちょうど十二時である。一三、六〇八歩、八・二㎞歩いた。

自分でも孫によく作るので、カツ丼を頼んでみた。少々待たされたが、出来てきたカツ丼の出来具合、外見で「ああ駄目だ」と思った。それでも味がよければと口に入れたが、中途半端な味で、美味くも不味くもない。タレに出汁が効いてない。豚肉は悪くなかったが、卵が白身しかそれも半分ぐらいしかかけてない。カツ丼は卵の溶き方と煮る時間が大事なのに、その気遣いがない。肉がよいと思ったとたんに、小骨が出てきた。カウンターで黙って食べて、黙って出てきたが煩い客なのである。十二時四十分に店を出る。このあたりは春日部市備後という地名である。地元の人も「びんご」と発音していた。備後は現在の広島県の江戸時代以前の藩名である。何か関わりがあるのだろうと思うのだが、寡聞にして知らずである。

四号線を歩き続け、十三時二十分東武野田線鉄橋下を通る。一六、五八〇歩九・九五㎞歩いた地点である。五〇〇mほど進むと旧道への分かれ道を左旧道に進む、旧道といっても、千住、草加、越谷の旧道と違って、古い町並みというより近代的洒落た賑やかな町並みになっていて、意外な感じを受けた。その道を一㎞先に進むと交差点にぶつかり、右に曲がると古利根川があり川に架かる古利根川講演橋（新町橋）を渡って四号線、十六号線と合流する十四時二十分、二〇、六〇〇歩、十二・四㎞歩いた。四号線を進むとすぐ「日本橋から四十㎞」の道標があった。さらに進むと石造の地球儀のある小さな公園にぶつかった。

「北緯三十六度線」の上になっていて、杉戸宿と春日部の境になっていた。十四時四十分、二三、二七三歩、十三・四㎞歩いていた。小休止のあと、今日は余力があれば、杉戸宿の次の幸手までと思ったが、昨日の足の攣《つ》れ具合と今日の足の痛み具合から、杉戸泊まりと考えた。杉戸行きは、四号線から左へわかれ旧道を歩いて東武動物公園駅までと決めていた。もう直ぐ歩け歩けと先を急いだ。それから一時間半、もう直ぐもう直ぐと歩いたが、東武動物公園駅までは意外と遠かった。足も幸手は無理無理と泣き出していた。同じ方向へ歩く年配の女性に、

「東武動物公園駅まではまだ相当ありますか」と聞いたが、

「次の信号ですよ」と答えて、私をさっさと追い越し足早に去っていき、そのまま姿が見えなくなっても、信号は見えて来なかった。やっとかすか向こうに青信号の明かりが見えた。しかし、そこまでも相当歩いた。途中教会があって、その裏に高校があって、終業時間か、男女の高校生が私と同じ方向に大勢歩き出し、道の両側を塞いできた。この後に付いて行けば駅に着くとのろのろと足を運ぶ。信号を左折しても駅は見えなかった。そこから駅までは一㎞はないがそれに近い距離はあった。大きな駅で高校生の後について、駅のエスカレーターに乗ると、電車の発車時間が表示されていて「中央林間往き」と表示されているのを見て驚いた。あの田園都市線の「中央林間」ではないだろうと思ったが、そうだったのである。いつも馴染みの「溝の口」を通る田園都市線の駅であった。十六時十三分発にあと二分しかなかったが、ホームに降りると同時に電車も滑り込んできた。もう一度電

第２日目2012年５月18日（金）
予定コース：越谷―杉戸17.3㎞　天候：晴れ、薄曇

時分	出発場所	到着場所	歩数	距離(km)	買物	金額	適用
6：10	起床						
7：00	朝食						
8：23	出発	二股瓦曾根町					
8：40	瓦曾根町左へ	東部伊勢崎線	2,232	1.3			
9：28	東部伊線陸橋	東部伊線踏切	5,877	3.5			
10：20	東部伊線踏切						
10：40	越谷上間久里						
10：50	4号合流点		9,200	5.5			
11：00	春日部市大枝		10,020	6.0			
11：10	ミニストップ		11,257	6.7	アイス コーヒー	100	
11：35	歓喜天前		11,368	6.8			
12：00	とんQ（昼食）		13,608	8.2	カツ丼	940	
12：40	出発						
13：20	東武野田線下		16,580	9.95			
13：57	越谷旧街道	突当り	18,845	11.3			
14：20	４号16号合流	北緯36度	20,600	12.4			
14：40	杉戸入口	中央林間往き	22,273	13.4			
16：13	東武動物公園		29,213	17.5	乗車券	1,000	
19：20	大磯駅				乗車券	590	
19：30		帰宅			タクシー	710	
日計			29,213	17.5		3,340	
累計			58,446	35.0		15,530	

車を眺め回しても急行「中央林間往き」であった。飛び乗ってともかく終点まで行こうと思った。歩数計は二九、二二三歩、十七・五㎞ちょうど昨日と等距離を歩いた。偶然である。東武線から色々な線と駅を停まり通過して半蔵門から田園都市線に入って、普通電車になり、鷺宮で急行に接続して十八時半ごろ終点に着いた。乗車運賃は千円であった。うそのように安かった。次回は来週の木・金、五月二十四・二十五日の予約も取れた。なんとなく東海道の慣れが呼び戻されつつある感じである。

第三日目　五月二十四日（木）

杉戸―幸手―栗橋―中田―古河、二十三㎞を歩く予定

第三日目を歩く前に、千住から杉戸まで一泊二日を歩いて感じたことは、東海道は初めてのところでも、なんとなく馴染みを感じていたが、奥羽街道、日光街道は未知の異国へ来たような不安が拭いきれなかった。現役時代を含めて、東海道新幹線は何十回も乗り慣れているが、東北新幹線は数回しか乗ってない。私の東北への馴染みなさが反映しているものと考える。もちろん、歩く道は初めてのところばかりである。芭蕉も千住から日光まででは、ひたすら歩いて、俳句も創っていないし、「奥の細道」にも殆んど書いていない。私自身の目的も「歩く」ことであるから、俳句など創ろうと考えていないし、ただ無心に歩くだけであった。まだまだ、第三、四日目も初めて歩く道は間違えていないかどうかに

気を使うことばかりで、神社仏閣も土地の目印とすること意外、気を配ってみている余裕はないだろうと思っている。

第二日目の終わりに田園都市線中央林間から帰ってきた逆を今日の出発の経路にするため、早朝三時半に起き、ＪＲ大磯駅の四時四十七分の始発に乗った。始発列車など乗ったことはあるかないかである。早朝自宅から出てきたと思われる乗客もいるが、駅のベンチで着の身着のまま寝て過ごしたようななんとなく乱れた服装のサラリーマン風の人、路上生活者を思わせる一切の生活用具を担いで早朝移動しているような風体の人、何か人生、社会の縮図が乗り合わせているような、通常の列車の雰囲気と異なった雰囲気が濃厚にあった。直ぐ藤沢に着き、小田急線に乗り換える。中央林間に着くと五時半になったばかりである。栗橋往き六時十九分には時間が有りすぎるので、案内所に入って、早く出る栗橋往きを聞くと、急行でない五時五十分発があったので乗る。八時二十分に東武動物公園駅に着く、二時間半かかった。乗り物だけでも馴染みのない路線や時間に戸惑った。次はやはり湘南快速利用のがよいかという迷いも湧いていた。駅の〈ロッテリア〉でハンバーガーの朝食をとる。

駅を出て古利根川を渡って、この前と逆に街道の十字路まで歩く。八時五十分になっていた。十字路を左折して北に向かって奥羽街道、日光街道の旧道を歩く、九時に新奥羽街道四号線に合流する。もう、汗が吹き出ていて、全身汗が流れている。手の施しようがない。九時四十七分、約一時間歩いたところで東武線高野台駅入口の交差点に着く。東武動物公園駅から九、〇五二歩、五・四km歩いた。直ぐ道が二股に分かれ、左が旧道でここが幸手市入口で杉戸との境界である。一〇、二三六歩、六・一四km歩いた。一時間歩いたので小休止する。拭いても拭いても汗は吹き出て、タオルはぐしょ濡れになる。歩き出して地方の大きなスーパーがあるT字路に突き当たり、右折する十時三十五分、一二、三六五歩、七・四二km歩いた。東武線踏み切りを渡ると幸手街道の六十五号線に突き当たり、左折すると直ぐ松倉川に架かる志手橋を渡る。十時五十分、一三、六一一歩、八・一七四二km歩いたことになる。

小休止ごとに、水筒の水を飲むようになったのは、東海道を歩いたときと全く異なることである。汗を激しく掻き、喉が渇いて水を飲む、一日で二本の水筒を飲み干してしまう。東海道のときは秋冬に歩いたが今は初夏五月である。幸手の商店街を歩く。ここもシャッター通りにはなっていなく生活感のある活気が感じられる。コンビニの〈ローソン〉があったので、缶入りのカフェオレを飲む。十一時二分、一四、九七八歩、九km歩いた。家並みがなくなり中川に架かる行幸橋を渡ると、四号線は平らな車道だけの道になり、歩道は水平な車道の脇の五、六m下を、長い長い上り下りの烈しい狭い脇道になる。このあたりは埼玉県茨城県、栃木県が入り組んでいるようである。杉戸、幸手、栗橋は埼玉県で、古河市と古河市中田は茨城県、小山市は栃木県になっている。

この歩道で体力を極度に消耗する。汗は吹き出るし、店は何もない。困ったのは食堂がないことであった。雷電神社というお宮があって、日本橋より五十一kmの標識が出ている。十二時四十八分、小右衛門一里塚を見つける。日本橋から十四里目（約五十六㎞）、二二、四七三歩、十三・五㎞歩く。長い歩道の上下道がさらに続き、相変わらず食堂がない。十三時十四分、二五、五〇五歩、十五・三㎞歩いたところで、やっと利根川大橋の手前に食堂を見つけた。ともかく飛び込んだ。おばさん二人でやっている小さな食堂であった。メニューも手作り定食様のものであった。「ミックスフライ定食」というのを頼んだ。手製どころか、冷凍のインスタントのフライを揚げたものであった。このようなところで高望みはする方が悪いのかも知れないが、美味さどころか味気ない定食であった。私より若い女性をおばさんと呼んでは失礼だが、おばさんが私の異様な風体を見て、

「何処まで歩きます？」

「今日は古河まで」

「利根川を渡りますね。それなら四号線を向こう側に渡って、土手伝いに行くと橋が近いですよ。渡って、左へ行けば栗橋、右に行けば中田、古河ですよ。お疲れ様ですね」おばさんの言葉通りに土手伝いに行けばよかったが、あの土手か、こっちの土手道か、迷っているうちに、結局おばさんが教えてくれた通り単純に土手に登ればよかったことが分かった時は、無駄な道を遠回りしていた。どうも、そこが東海道とは勝手が違うところのようである。土地勘が全く働かない。やっと、大利根橋を渡り四号線から分かれた旧道に出るとそこが旧中田宿で、茨城県に入ったところであった。一日の短い時間と距離で利根川で埼玉県幸手と茨城県古河市、中田宿は古河市中田になっているので。明日は栃木県小山市

に入るので、今日明日はこの三県を歩くわけである。

こんな歩き方をしているので、汗はおおげさであるが滝のごとく出る。後ろに日除けをつけた前鍔の長い帽子を冠ってきたが、一回目を終わって、息子が言った一言が、

「なにその日焼け、親父歩いてきたのか」

これでは秘密行動は出来ないはずである。そんなに強い日差しではない。薄く雲が覆って、薄日でも陽に焼けるのである。地番はすでに古河市になっているので、今日の終着の古河には着いているのであるが、東北本線の古河駅、ホテルの〈山水〉は、余り変哲もなく、人家も少ない旧街道を延々と歩くことになっていたのである。

利根川を渡ったところで左栗橋、右古河の分岐点で十五時、三〇、二二五歩、十八・一kmに達していた。バス停があったので、説明板を見ると古河駅までのバス停が二十カ所ぐらいある。両側は木立が多く、日照りの少ない道であった。三百から五百mぐらいごとにあるバス停を一つ一つ次のバス停を目指しながら歩いた。歩いても歩いてもバス停があるが終点が近づかない。東北本線の踏み切りにぶつかり、そこで十五時二十五分、三一、八三八歩、十九・二kmになっていた。少し歩いていくとT字路にぶつかり「日光街道」の赤い旗が道の両側に続いていた。

どちらへ行けばよいのか分からないので、自転車の女子高校生に聞こうとすると顔を避けて逃げるようにすり抜けて行ってしまう。男子高校生に聞こうとしても同じである。帽子を脱いで頭を下げている前を顔を背けてスピードを上げて通り過ぎて逃げる。古河か栃

第３日目2012年５月24日（木）
予定コース：杉戸宿―古河宿　天候：晴れ薄曇り

時分	出発場所	到着場所	歩数	距離(km)	買物	金額	適用
4：10	自宅						
4：47	JR大磯	JR藤沢				320	
5：06	JR藤沢	中央林間				270	
5：50	中央林間	東武動物公園				1,000	
8：30	東武動物公園	ロッテリア（朝食）				390	
8：50	杉戸出発	旧奥羽街道					古利根川
9：00	旧奥羽街道交差	４号合流					
9：20	４号合流						発汗激し
9：47	杉戸高野台入口		9,052	5.45			
10：00	左旧道幸手市境	小休止	10,236	6.14			
10：24	突当り右折	スーパー	12,365	7.42			
10：35	東武踏切						
10：50	65号線左折	松倉川志手橋	13,611	8.17			幸手街道
11：02	ローソン		14,978	8.99	カフェオレ	120	
11：50	中川行幸橋		18,391	11.04			歩道険し
	雷電神社	日本橋51km					
12：48	小右衛門一里塚	日本橋14里	22,473	15.3			
13：14	利根川橋食堂	左栗橋右中田	25,505	23.4		850	
15：00	中田宿古河市			18.1			中田)茨城県
15：25	東北本線踏切	手前	30,215				
16：00	古河市街地		31,838	19.2			
16：30	東北本線古河駅						
17：20		ホテル山水	40,088	24.1		7,950	
日 計			40,088	24.1		10,800	
累 計			98,534	59.1		26,330	

木の奴は不親切な奴ばかりであると腹立たしくなった。ホテルに電話して聞いてみる。

「ここの人は、道を聞こうとすると逃げるんですか」とぶちまける。

「道を右に曲がって、古賀駅を通り越し、次の道辺りを左に入ると〈ホテル山水〉です」と確かめたが、この辺かこの辺かと古河駅を探しながら、随分と歩かされたが、電柱に〈ホテル山水〉左折の看板を見つけほっとした。結局十七時二十分に着いた。四〇、〇八八歩、二十四・一km歩いたことになっていた。今日は二十四km歩いた。三日目で一日二十km以下の限界を四キロも超えたという実感が強かった。

部屋に案内されたが、出入りに鍵をかけ外しする古いタイプのドアであった。シングルベッドの洋室であったが、このホテルはかなり古いなと思った。思い切り旅装をベッドの上に投げ出した。最後に足のサポーターや靴下を外し脱いだ。第一日目に激しく起こった足の痙攣や痛みを予想したが、何も起こらなかった。こんなに早く足が慣れるとは思ってもいなかったので驚くとともに拍子抜けもした。バスに湯を入れ、からだと足を湯船につけた。少し自信を取り戻した。ここは夕食、朝食つきで比較的安いホテルである。夕飯に缶酎ハイと燗酒一合を飲んだ。九時ごろになっていたのか、倒れるようにベッドの中で熟睡した。携帯用の目覚ましで六時にアラームがなるまで、よく寝た。寝覚めもよかった。

第四日目　五月二十五日（金）

古河―野木宿―間々田宿―小山　十六・一㎞　出来れば「室の八島」へと

七時からの朝食を食べに食堂に行くと、出張工事のために数人で宿泊している人、単身出張の人などがちらほらと食事をしていた。見受けたところ洋食が多いようであった。私は米の飯が専らの和食である。味噌汁、鯵の小さな開き、玉子焼き、蕗の薄味の煮物、うどの白和《しらあ》えなどが点いて来た。私は納豆が朝食の必需品だが、ないのが残念だった。洗面、用便、朝ドラを見て、急いでカウンターでチェックアウトを済ませると、八時二十五分になっていた。日光街道へ出る道を聞き観光ガイドを貰いホテルを出たのは八時二十八分になっていた。

昨日「ホテル山水左折」の看板のあった電柱の交差点が日光街道で、そこを北へ野木宿、間々田宿、小山宿方面に左折する。昨日駅近くの古河のメインストリートは通ってしまったので、このあたりは野木に近い古河のはずれになる静かな町並みのようである。三十分ほど歩くと三つの道が四号線に合流する。そのまま四号線沿いに進んでいく。「日本橋から六十三・九㎞」の標識があって、ここが茨城県古河市と栃木県下都賀郡野木町の境界になっているようである。九時二十六分、歩き出して一時間が過ぎたので小休止する。喉が渇き水が呑みたくなったのである。六、一二二歩、三・七㎞になっていた。この頃から、ポツポツ雨が振り出してきた。傘や雨具を必要とするほどでなく、汗に濡れたシャツのまま、雨のなかを歩くことにした。

次の一時間を歩いた所に「野木一里塚」があった。日本橋から十七里目（約六十八㎞）の一里塚である。ホテルを出てから二時間十時三十九分、一一、七六二歩、七・一㎞を歩いていた。このあたりが、栃木県下都賀郡野木町と栃木県小山市間々田、旧野木宿と間々田宿の境界である。間々田の旧道商店街を進むとコンビニの〈ローソン〉があった。十一時二十五分になっていた。一番小さい冷たいコカコーラを飲んだ。コーヒーよりのどを潤す炭酸飲料が欲しかった。

昨日、食堂のない道で苦労したので、今日は、余り欲張らず、選ばず早めに昼食の店をと心掛けて歩いた。〈すきや〉という名前はよく聞くが、入ったことのない店があったので、興味もあって、飛び込んだ。すき焼丼だけかと思ったが、色々なメニューがあったので、ハンバーグ・ランチを頼んだ。ちょうど十二時過ぎたばかりで、食堂は満員だった。十二時三分、ここまで一五、五四七歩、九・三㎞歩いてきている。近所で働いているビジネスマン、ビジネスウーマンが様々な好みのメニューを注文している。通いなれた若い常連客たちである。年齢は私の二分の一以下ばかりというところである。値段からもそんなに上等の食べ物は期待していなかったが、空き腹には何でも美味いものである。私には好き嫌いは殆どない。新鮮で健康に害を与えない食べ物なら何でも食べる。美味い不味いの感想はいうが、不満は言わない。

　ここは間々田宿で東北本線間々田駅もあるが、現在は小山市間々田である。どうも間々田宿にいるんだけれど小山宿ではない小山市にもいるということが、歩いていて進んでいるのか停まっているのかはっきりしない感じが付きまとって、歩けど歩けど間々田で小山の四号線歩きが長々続いたが、移動に余り変化がないから、動く歩道を歩いているようである。やっと、右小山市街地と左四号線の分かれ道に来たので、小山市街地へ行かず左の四号を進んでいった。東北本線の陸橋を潜ると、右新四号線となっていたが、左へ進んだ、しばらくすると小山市役所の出先出張所の矢印があったので矢印の路地を入り、さらに右に曲がって、出張所の窓口で、

「道をお聞きしたいのですが」と言うと、受付の女子職員が奥の男性職員を呼び、私に対応させた。

「ここから、『室の八島』というところ、小山市ではなく下野市の惣社町というところなんですが」

「室の何とかなんて、聞いたことないね」

「芭蕉が奥の細道を歩いたときに、寄ったところで、有名なところと聞いて来たのですが」

「知りませんねえ。惣社町が下野市なら、下野市で聞いてもらわないと。お持ちの地図からすると、ここから十二・三㎞ありますね。この先の道を真っ直ぐ行きますと、交番がありますから、交番で聞いてもらうのが、一番いいですね」仕事中これ以上迷惑はかけてはいけないと思い。礼を言って出張所を出た。元の道に戻って、ともかく交番まで行ってみ

第4日目2012年5月25日(金)
予定コース:古河―野木―間々田―小山　天候:雨

時分	出発場所	到着場所	歩数	距離(km)	買物	金額	適用
6:00	起床						
7:00	朝食						
8:28	ホテル山水出発						
9:03	栃木県野木町	茨城県古河市境	4,146	2.9			日本橋63.9
9:26	野木一里塚	日本橋17里	6,121	3.7			同　68
10:39	野木間々田境	小山市間々田	11,762	7.1			
11:25	ローソン				コカコーラ	120	
12:03	すきや(昼食)		15,547	9.3		540	
12:40	出発						
14:30	小山市役所		25,000	15.0			
15:05	湘南快速		26,089	15.7			
17:30	平塚					2,450	
17:50		自宅				1,160	
日計			26,089	15.7		4,270	
累計			124,623	74.8		30,600	

ようと思った。もう午後二時が過ぎていた。雨も霧雨か小降りというところだが、降り続いて止みそうもない。歩道橋があって、直ぐ左手に大きな鉄筋コンクリートのビルがあった。それが小山市役所であった。十四時三十分になっていた。二五、〇〇〇歩、十五㎞歩いていた。交番まで行くより、ここで聞こうと道路から玄関まで五十mぐらいありそうな奥まった建物に入っていった。受付嬢に、

「観光課の窓口はどこですか」と尋ねると、どんな用件かと聞かれたので、「下野市の惣社町の室の八島への行き方をお聞きしたい」

「下野のことはここでは分かりません。下野市へ行っていただかないと」お役所的ということを絵に描いたような返事だった。これは駄目だと即断した。今日は雨も降っているし、ここで止めようと決断した。

「じゃあ東北本線小山駅はどちらですか」これには、声が一オクターブ高く明るく変わって即答が返ってきた。市役所の東側十分ほどのところにあった。小山駅まで十五時二分、二六、〇八九歩、十五・七㎞、今日はここまで歩いた。もう帰ろう。何かほっとしていた。

「室の八島」は次回、ここだけで一日がかりになるだろうと思った。次は小山から歩くか次の小金井駅からにするかなど考えていた。駅の案内に湘南快速逗子行きの次の発車時刻を聞くと、十五時五分であと一、二分で出ることが分かった。座席があいて座れたので、戸塚までぐっすり二時間以上眠った。帰宅したのは十七時五十分になっていた。もう足腰の痛みは大げさに騒ぐほどのことは無くなった。そろそろ体の慣れが、東海道並みに戻り

つつあるように思った。

第五日目　六月七日（木）

小山―室の八島―壬生

東海道は東京、神奈川、静岡と京都に向かって、右に見え、左に見え、前に見え、後ろに見えていたのが富士山であった。箱根連山はじめ起伏に富んだ山々の峠を歩き、南には愛知まで太平洋を見ながらの歩き旅だったが、東北道、日光道は四日間、東京、埼玉、茨城、栃木と歩き続けたが、当然、海は全く見えない。そして、前後左右、山も岡も見えない平坦な道ばかりであった。さすが関東平野は広い。国道四号線の幹道の車道はほぼ水平にならされていたが、はじき出された歩道は起伏の多い歩きにくい手抜きのと思われるような舗装で狭い道が多かったというより、大部分であった。第五、六日目の二日間も歩道は車道からはじき出されて仕方なく作られたというより残されたたんぼ道になっていることは同じであった。

朝四時に起こされ、五時半に家を出、ＪＲ大磯駅を五時五十八分に乗り、大船駅から湘南快速横須賀線、宇都宮行きに乗る。座席はたった一席空いていた。六時二十六分発で小山には八時半まで二時間、電車はラッシュで混みっぱなしであった。小山駅のトイレで用を足し、八時四十八分に駅を出て、前回の終着点、小山市役所前の国道四号線交差点から北に向かって歩き出す。二、三の現代の「奥の細道」を歩いた人の記録を読むと、小山から大神神社《おおみわじんじゃ》の「室《むろ》の八島《やしま》」へ向かった道順は「喜沢」の交差点で左折すると記されている。簡単な地図も載せてある。それを私が読み、観察した感じでは、せいぜい小山駅から十分ぐらい歩いた近くにあるような印象が強く残っている。前回の終わりに市役所出張所で聞いた感じでも、「国道四号線の途中に交番があるからそこで聞けばよい」と教えてくれたので、もう交番は直ぐそこに見えるように思って歩き出したが、交番も喜沢の交差点もなかなか現れない。歩き出して一時間近くたったところに小山警察署の比較的大きな建物があった。どこへ行っても警察署は大きい。まさかこれが教えてくれた交番ではあるまいと思いながら通り越す。国道四号線標識には「日本橋より八十一㎞」となっていた。国道沿いの家並みはぎっしりというほどでなく、田園と家並みが疎らに連なっているという街道である。しばらくすると、家の前庭に年配の男性が立っていたので、

「喜沢の交差点は、あとどのくらいですか」と聞いた。

「もうすぐ東武線の陸橋があるから、それを越してしばらくすると交差点の信号が見えてくる。交番のある大きな交差点だから分かるよ」と教えてくれた。例の交番とはそこのことだなと思う。人それぞれに思っているイメージは互いに同じものより違うことのほうが多いのかも知れない。それを個性と呼んで尊重するが、多様性もよいが、大きな共通性がないと「絆」もないものである。すぐ東武線の陸橋があった。陸橋というより緩やかに盛り上がった車道という感じで、電車は下に小さく見えた。さらにすぐ立体交差している大

きな交差点に出たが、角に交番がなかったので喜沢の交差点ではないと判断した。「角に交番のある交差点」という教え方は、この付近にはそこ以外ない極めて特徴的な点で、簡潔にして迷わせない伝え方であると思う。十時五分になっていた。小山駅を出てから約一時間二十分、九、二四七歩、五・五㎞歩いた。これが記録による「すぐ」である。人それぞれの印象で個性である。リュックの折りたたみ椅子をひろげ、交番脇で水筒の水を飲む。

出張所の教えのごとく交番に入り、

「大神神社《おおみわじんじゃ》へ行く道を教えて下さい」と尋ねたが、数人の警察官は誰も知らないという。

私は、

「それでは惣社《そうじゃ》と言うところを教えてください。地図だと栃木市になっていますが」それを聞いていた奥の年配の私服警官が出てきて、

「惣社、それは、下野市か栃木市になるんじゃないかな。あの辺は入り組んでいるから、ここは小山管内だから、大神神社とか『室の八島』なんてのは聞いたことはない。この十八号線を飯塚から思川《おもいがわ》を渡るんだったら、ここここ」と詳しい市街地図のコピーで指差してくれた。「多分、総社はこの辺だよ。この地図上げますよ」

地図には大神神社も室の八島も載っていなかったが、何十回と調べまわしているから、地図上に浮かび上がるほどの見当がついていきた。ぼやけていた目標の輪郭が一皮一皮剥がれてはっきりして来るようであった。私は警官たちに深々と頭を下げて礼を言った。少年のような警官から私服の年配警官まで、私の異様な出で立ちをいつまでも凝視していた。

自分の容姿が見えないので、自分がどのように異様か分からないが、警官達の目は戸惑っているようであった。日常から服装には無頓着で気を使わない方だし、軍隊の厳しい服装検査で銃剣の革帯まで点検を受けた時代以外、弊衣破帽、硬派のバンカラで通してきたから、迷彩を施した自衛隊払い下げの折りたたみ椅子付きリュックを背負って、汗臭い古着の日除けの長袖のシャツに物入れチョッキ、双眼鏡に携帯ラジオを入れたポシェット、何ルックというのだろうか、警官さえ異様と見るのだから、道中、車中では「汗臭い乞食爺」に見られても仕方あるまいと観念した。

交番を左折して、十八号線壬生街道を歩き出した。もちろん交番の前に座って、何より水筒の水をがぶ飲みしたことは忘れないで記録しておく、東海道を歩いたときには、水を飲まないことを自慢げに書いたが、この暑さと汗かきでは、必然的に水を要求する。汗が引き、息切れが治まるほど休憩時間はない。西に向かって歩き出すと左側すなわち北側は「小山ゴルフ場」であった。十時三十分、ゴルフ場の内側に「西一里塚」の表示があった。道の両側にあるようだが、向こうの右側の一里塚は見えない。喜沢から一里と説明されていたが、交番から十五分しか歩いていないので、一里も離れていないと思えるのだがよく分からない。十一時にT字路にぶつかって、扶桑歩道橋の表示があった。左へ曲がってすぐ十分も歩かないうちに橋が架かっていて姿川と書いてあったが、橋を渡った二股道の歩道橋には「半田川歩道橋」となっていた。十八号線は右折「右壬生線」となっていた。

右へ曲がって歩き出す。空は青空が見えてないが、頭の後ろに下げた日除けを通して薄い雲から日照りを感ずる。そして汗は間断なく流れ出ている。気がつくと左西方に、薄く遠く低い山並みが見えた。今回歩き始めてはじめてみる山である。おそらく日光連山だろう。このあたり道の両側は黄色く実った麦畑と、田植えの終わったばかりの小さい稲苗の青い田んぼが疎らにある。七十年も前、戦時中、農村動員で麦踏みも、田植えも、麦刈り稲刈りも、手伝わされたが、今は機械化が進んでいるので、この半世紀の進歩の落差は想像もつかない。

十八号線は二車線で四号線の四車線より狭い、その上、昔の畦道をそのまま歩道にしたような凸凹の昇り下りのある道が車道と潅木で隔てられてある。その道を歩いていると何となく気疲れがして、その歩道が長いので、平坦な道を歩くより疲労が溜まる。芭蕉や曾良の歩いた江戸時代の舗装されていない道に比べたら、そんな不平も贅沢もいえないが、文明とは人間の体力としては退化させていることがよく分かる。この贅沢な道を一日二十㎞（約五里）以内しか歩けない私と、橋のない川を渡渉し、雨で泥沼と化した道を一日四十㎞（十里）も歩いた芭蕉や曾良の健脚を考えると、二人は「忍者」だったと言われれば、そうかも知れないと思う気持ちもうなづける。

十一時四十五分、このあたりは地名としては飯塚になったところのようである。「そば」の看板が目に入った。時間は十一時四十五分になっていた。また、食堂探しはいやなので、「そば屋」へ入ろうと思った。一六、〇二〇歩、小山駅を出てから九・六㎞歩いていた。人の記録と事実とは歩いてみないと分からない。記録だと小山から室の八島まではほんの二・

三kmという印象だったが、十km歩いても、まだ何処だか見当もついていない。ミニかつ丼そばセットというのを頼んだ。

「そばはもりか、かけになさりますが」と言われ、何となくこの暑い日なのに暖かいものが食べたいと思って、

「かけ」と言ってしまった。周りは皆もりそばを食べていて、かけそばを食べているのは私だけであった。そばそのものは腰が強く歯ごたえがあって美味かった。私以外の客がもりそばを食べているように、この暑い日にかけそばを食べる私の方がおかしかった。次はもりそばを食べよう。ほうじ茶だったが二、三杯お代わりをした。

〈よろずや〉という蕎麦屋を出たのは十二時二十分であった。道沿いにすぐ摩理支天塚古墳、琵琶塚古墳、伝紫式部墓、下野国分尼寺、などの標識が次々に現れた。もちろん、目的は「室の八島」なので、素通りする。十三時、やっと飯塚（花見が丘。愛宕塚古墳）の交差点に着いた。小山駅から二〇、一〇八歩、十二・一kmになっていた。左折して蓮花寺を通り三十分歩いた頃、思川に架かる大光寺橋に達した。芭蕉の頃は橋がなく、曾良と二人は思川の流れの中を歩いて渡っている。二二、〇四一歩、十三・二km歩いてもまだ室の八島はない。記録でも、芭蕉たちも思川沿いに北へ向かって歩き、田んぼの中を西に左折していっていたが、私は勘で川沿いに行かず、橋を渡ってそのまま真っ直ぐ歩いて、途中歩道のような裏道のような間道を幹道と平行して歩いていった。幹道と交差した大きな道に突き当たり、これまた勘でおそらく惣社の方向と思われる北に向かって右折した。すぐ左側

の道沿いに倉庫のような小屋があって、そこからお婆さんが出てきたので、すぐ道を尋ねた。

「大神神社へ行きたいんですが、こちらでよいのですか」

「ああ、それよりよ、冷たい水でも飲んで、少し話をしてったらどうよ」と言われて驚いた。

「もう、昼も過ぎて、急いでるんですが」

「そうか、あんた私より若いんだろう。わしは昭和九年生まれだが」

「私のほうが兄貴ですよ。昭和三年ですから」年下の女性をおばあさんと勘違いしたのは申し訳ないと思いながら。彼女は警官と同じように異様な風体の私を凝視した。

「この道真っ直ぐ行って最初のコンビニのある信号をバイパス沿いに左へ行って、最初の信号を右に曲がると、そこが大神神社の鳥居だ」あまりに自分の勘が当たっていたので、

「そんなに近いのですか」

と疑うより自分自身の勘に感心した。何十回と下調べして得た勘である。バイパスの交差点の〈セブンイレブン〉に着いたときは十四時ちょうどだったので、小休止して水を飲んだ。ここまで小山駅から二四、四二六歩、十四・六㎞歩いて来た。すぐ信号を渡り、左折して次の信号を目指した。信号について右を見ると道沿いに「県社大神神社」の石標と石の鳥居が建っていた。幾つかの記録報告で、皆「大神神社」近くへ来て、迷った経験ばかり読まされていたので拍子抜けした。年下のおばさんが「左折して次の信号の前」と言った道順の教え方が簡にして要を得ていたのである。私の何十回の下調べの勘も働いていた

と思う。鳥居を潜り北に向かって森に囲まれて薄暗い参道らしき道を進んで行った。というのも、まだ半信半疑だったのである。三百mほどの間に横道があって、人家なのか神社関係の建物なのかよく分からず。その横道に二つほど入っていったが、人の家のようなので引き返し、参道らしき道を進むと、やっと両側に赤い灯篭が並ぶ参道に着いた。正面に社殿が見えたので、間違いないと思った。小さな山門に直径二mほどの笹の輪があり「輪を正面から潜って左へ回り、また正面から輪を潜って右へ回りお参りして輪を潜る」作法の説明通り、参拝して輪を潜り社殿に来て賽銭を上げ「二礼二拍手一拝」のお参りを済ませた。神社そのものの規模は驚くほど大きい物ではないが、近隣六社の総社になっていて、国府の中心になっているようである。神社社殿南前庭の西側に堀池があり、箱庭のように八つの畳二畳ほどの島に祠が祭ってある。ここが「室の八島」であった。

池は南東から北西に細長く、入り口は南東からで最初の石橋を渡ると筑波神社の島、次の北側の橋を渡ると天満宮の島、次に西の橋を渡ると鹿島神社の島、次いで北へ渡ると雷電神社、西に浅間神社、さらに西に熊野神社、北側に二荒神社、東に最後八つ目の香取神社があって最後の石橋から東の出口になっていた。全体は池の水より島の面積が広い人の手で作った「室の八島」になっていた。芭蕉も「おくのほそ道」で、

「室の八島

室の八島に詣す。同行曾良が曰く、『此神は木の花さくや姫の神と申して富士一躰なり。無戸室に入りて焼給うちかいのなかに、火々出見のみこと生まれ給ひしより室の八島と

申す。また煙を読み習し侍もこの謂也』将、このしろという魚を禁ず。縁起の旨世に伝うことも侍し」(「おくのほそ道」芭蕉より)と曾良から聞いた由来を書いている。八島とは竈《かまど》のことで、「室の八島」は煙の枕詞、特に「恋の煙」として古くから歌われていたと言われている。

「このしろ」を禁じているというのは、この地方の名主に奇麗な娘がいたが、好きな男がいたのに代官に見初められ、嫁にと言われたが、名主は娘のために、棺の中に焼くと人と同じ臭いのする「このしろ」を入れて焼き、代官に「娘は死んだ」と偽ったことから、この地方では「このしろ」を食べることを禁じたという伝説があったことを曾良から聞いた話を書いている。いつの間にか私もこんな民話まで調べていたのである。

曾良は「おくのほそ道」で芭蕉に同行するために、吉川惟足から学んだ「延喜式」から神名帳を抄録し「題字名所和歌集」や「楢山拾葉」にのっとって巡歴予定の歌枕を下調べしていた。その「神名帳抄録」や「歌枕覚書」が「曾良旅日記」に書かれている。芭蕉は荒れ果てて見る影もない「室の八島」を見て、発句も出来なかったようであったが、「曾良旅日記」のあとに書かれている「俳諧書留」の冒頭に、

「　室の八島
糸遊に結びつきたる煙哉　　翁(芭蕉)
あなとうと木の下暗も日の光　　翁(芭蕉)後略　」

と記録しているように、「曾良旅日記」の「俳諧書留」には芭蕉が「おくのほそ道」で

初めて発句したことが記されている。「糸遊に結びつきたる煙哉」の句は室の八島の入り口の句碑に刻まれていた。しかし、芭蕉の「おくのほそ道」には、芭蕉自身が「室の八島」で発句したことが載っていない。そのために「おくのほそ道」で芭蕉が発句した俳句を抜粋したものにもこの二つの俳句は記載されていない。二、三の芭蕉研究家の憶測的評価でも、「室の八島」を見た芭蕉は、池もなく煙もなく跡形もなくなっていたあまりの荒廃振りに、殆ど発句の感興が湧かなかったのではないかと憶測している。

現在のミニュチアのような池が復元されたのは大正時代になってからというから、曾良の知識から聞いた「室の八島」は芭蕉が見ることは出来なかったというべきだろう。私には「煙り」の歌枕に心轟かせていた芭蕉の落胆振りが伺える。「曾良旅日記」の「俳諧書留」にある二つの芭蕉の句も、古くから多くの歌人に歌枕にされてきた現実の「室の八島」を見て湧いた神秘さ、荘厳さ、の感動が伝わってこないような気がする。調べて得た歴史的知識で捏ね上げた観念的な句になっているような気がすると感ずるのだが、「おくのほそ道」で芭蕉自身が「室の八島」で発句したことを書かず、「曾良旅日記」の「俳諧書留」には芭蕉が二つの句を書いたという、この食い違いについても何もないはずはなく、繊細で微妙な俳諧師の心技体の即興的感興で五・七・五の文字に浮かぶ俳諧の世界を構築する一句を記録するかしないかは、重要な意味があるはずである。曾良は「曾良旅日記」の「俳諧書留」の芭蕉の最初の二句として記録したにも拘らず、芭蕉は「おくのほそ道」には記載していない。芭蕉しか分からない微妙な何かがあったのだろう元「旅」編集長で、横浜商科大学教授の岡田喜秋氏によると曾良は信州生まれで、養子に出て岩波庄右衛門という武士になった。三十歳で脱藩して江戸に出て、吉川惟足に神道を学び始めた。この頃近くに住んでいた芭蕉と知り合う。地理に詳しく長島を流れる木曾川の「曾」と長良川の「良」から「曾良」という俳号をつけたことも芭蕉は気に入っていた。曾良を「おくのほそ道」の同行に推薦したのは江戸での芭蕉の生活を援助していた弟子でもある杉山杉風《さんぷう》である。

「芭蕉は旅費のこともあり、曾良を推薦した杉風の提案に妥協した。吉川惟足の支持もあり、岩波庄右衛門（曾良）が同行するなら、幕府から、道中の神社仏閣の調査と言う名目で出張旅費を出してもよいということになり、曾良は、姿を僧侶に変えて『おくのほそ道』のたびにでたのである」

と岡田喜秋氏は書いている。こんなことも芭蕉、曾良の幕府隠密説や忍者説が出る根拠になっているのだろうと思う。

私も「おくのほそ道」を歩くに当たって、日光は省いても、「室の八島」は一般的には知られていないが、芭蕉にとっては「おくのほそ道」を歩いた重要なテーマの一つの歌枕の地であり、最初に出会うところという期待があったが、現実の「室の八島」を見て発句する感興も感動もなかった。むしろ現実の箱庭化した「室の八島」に多くの歌人が描いていた歌枕の地の夢が破られたというのが正直な感想である。

歌枕の　夢破れたり　室の八島

煙りなく　室の八島に　真鯉棲み

芭蕉の時代には日光東照宮は一般人は参詣が禁じられていたのに、芭蕉も曾良も参詣しているのには、それなりの伝手があったからである。また、藩閥時代に諸国を歩くには、一つの藩から他の藩に入るには関所があり、関所を通るのには藩札が必要であった。「曾良旅日記」に関所を通ることは簡単だったと曾良は書いている。幕府が岩波庄右衛門（曾良）に与えた道中の神社仏閣の調査という役割を果たすために、そのような特権を与えたことは容易に考えられることである。そのようなことを考えても、私の日光行き削除はよいことだと思っている。しかし、日光の入口の今市までと、今市から矢板は芭蕉たちのあとをなぞって歩いてみようと思っている。

「室の八島」は大神神社の裏参道の近くにあり、そのまま裏参道から外に出る。この近くは東武日光線の「野州大塚駅」の近くである。私のようなへそ曲がりの歩き旅でない人は、野州大塚駅から室の八島へ来るのが便利である。鳥居を出て真直ぐの道が車の烈しい比較的大きな道で東武日光線と平行して走っているような勘で、壬生に通じているにちがいないと東北に向かって歩き出した。十五時になっていた。小山駅から二六、五二〇歩、十六㎞歩いていた。ホテルの女将は三十分か一時間でホテルに着くといったが、私の勘ではもっとかかる二時間ぐらいだと思った。東武日光線の踏み切りを渡り、思川の保橋を渡り、東北自動車道のバイパス交差点を渡り壬生の町に入った。まだかまだかと待ちに待った「壬生駅」に着いた。ホテル〈みぶグリーン〉は駅の向こう東側だった。十六時半、

第５日目2012年６月７日(木)
予定コース：小山―室の八島―壬生　天候：薄曇

時分	出発場所	到着場所	歩数	距離(km)	買物	金額	適用
5：30	自宅						
5：58	JR大磯駅						
6：18	大船宇都宮往						
8：45		小山着９時発	9,247	5.55		2,520	日本橋81 小山警察
10：05		喜沢交差点					
10：15	喜沢交番	壬生街道へ 左折					18号線
10：30		西一里塚					
11：00		扶桑歩道橋	13,038	7.82			
11：15		半田川歩道橋					
11：45		よろずや	16,020	9.61		1,100	
13：00	花見が丘 交差点	左折44号線	20,108	12.07			
13：30	思川、大光寺 橋		22,041	13.22			
14：00	東北道信号	セブンイレブン	24,426	14.66			
14：30	東北道信号	大神神社	26,520	15.91			
14：55	大神神社	室の八島			飲料	240	
16：30		みぶグリーン ホテル	33,284	20.0			
19：30	夕食						
20：00	就寝						
日計			33,284	20.0		3,860	
累計			157,907	94.74		34,460	

三三、二八四歩、ちょうど二十㎞が今日の終点だった。話し好きの女将に捕まり、一しきりお喋りをしたあと、部屋に入り、風呂に浸かって、十九時半夕食にありつけた。晩酌は熱燗一本で、食後ベッドで倒れ込むように熟睡した。

第六日目　六月八日（金）

壬生―鹿沼　日光街道一本道を十七・八㎞歩く予定

六時起床、七時三十分朝食、洗面用便、旅支度を終え、八時半にホテルを出る。夕食朝食つきで七、六六五円也。

ホテル前の東武日光線踏み切りを越え、右折してしばらくいくと国道三五二号線、日光道に出る。ホテルからもう一、六一七歩、約一㎞歩く。今日はこの道を左、西北方にひたすら歩く旅である。九時二十分、四、一九〇歩、二・五㎞歩いた路上の道路標識で「鹿沼まで十七㎞」であることが分かった。今日はこの通り十七㎞をこの道だけを歩く。左手に日光連山の薄曇の中の遠景がついてきている。昨日から黄色い麦畑と田植えの終わったばかりの青々とした稲の田んぼが続いている。三号線、北関東自動車道と交差する。十一時になった。壬生町と鹿沼市の境のようである。一一、五八九歩、約七㎞歩いた。今日も背中から薄陽が差し、すでに汗まみれで、喉が渇く、ホテルで入れてくれた水筒の氷水を瞬く一本飲み干し、沿道の飲料の自動販売機が目にちらついて仕方がない。東北自動車道と交差してすぐ、〈中華山口〉の看板が目に付き、十二時二十分迷わず昼食に入る。一六、七二三歩、ちょうど約十㎞歩いてきた。「八宝菜・ラーメン定食」を頼む、コップの水を二、三杯がぶ飲みする。ウエイトレスが大きな氷水のボトルを置いてくれる。

「何処まで、行かれます」

「鹿沼まで」

「新鹿沼駅ですか、遠いなあ」

「あと五、六㎞ですか」

「そんなものじゃあないですよ」

「じゃあ、十㎞ぐらい」

「そんなにもないと思うけど」ウエイトレスと私の会話である。

十二時四十五分出発する。足が軽いとは決していえない。東海道の年より二歳年をとっただけ、足が重い。まだまだ十㎞ちかくは歩かなければ今日の目的地には着かないと歩き出す。日光道といっても国道三五二号線の自動車道で東海道にあった歩道はなく、昨日と同じ田んぼの畦道を付け足した凸凹道で歩きにくい。芭蕉たちが歩いた古道よりは遥かによいには違いないが、体力の退化した現代人には左右上下の凸凹道は足に応える。「楡木町」辺りのガソリンスタンドの前の大きな木の木陰で小休止した。十三時二十五分、一九、六八四歩、約十二㎞歩いていた。この辺から道は二一三号線に変わっていた。これも日光道である。

第６日目2012年６月８日（金）
予定コース：壬生—鹿沼　天候：晴天 暑し

時分	出発場所	到着場所	歩数	距離(km)	買物	金額	適用
6：00	起床						
7：00	朝食						
8：30	ホテル出発					7,665	
8：50	日光街道	352号線	1,617	0.97			
9：20	鹿沼まで17km	標識	4,190	2.5			
11：00	３号交差点	宇都宮亀和田線	11,589	7.0			
12：20	中華山口（昼食）		16.722	10		780	
12：45	出発						
13：25	GS楡木	小休止	19,684	11.8			
13：35	出発						
14：40	上殿Ｔ字路	293・352号	24,915	15.1	飲料	240	鹿沼市街まで２km
15：30	新鹿沼駅	渋谷	27,841	16.7		1,390	
20：30	大磯					1,110	
						950	
日計			27,841	16.7		12,135	
累計			185,748	111.44		46,595	

十四時四十分、上殿町T字路に着く。二四、九一五歩、約十五km歩いた。「鹿沼市街まで二km」まで来た。交差点について標識を見ると、左を差す矢印に「新鹿沼駅」と出ていた。見ると駅舎がすぐそこに見えていた。

今日は終わりだ。余力があれば今市までと計画になかったわけではないが、「続けるためには無理はしない」も年寄りの知恵、老婆心である。思い切りよく、今日はここでやめる。十五時三十分、二七、八四一歩、十六・七km歩いて今日は終了。東武日光線浅草往き十五時三十九分発に乗る、北千住で乗り換え、半蔵門線で渋谷に出、JR湘南快速で大磯まで二十時半に自宅に着いた。

六日目で一八五、七四八歩、百十一・四四km、百kmを越えた。

芭蕉主従も壬生から楡木、鹿沼までは同じ道順を歩いたようであるが、鹿沼から板橋へ日光街道、現一九一号線で今市を通り、日光山麓上捨石町の「仏五左衛門」方に宿泊する。「仏五左衛門」は正直者で乞食巡礼などを助けている。

「唯無智無分別にして偏固の者也。剛毅木訥の仁に近きたぐい、気稟の清質、尤尊ぶべし」と芭蕉も書いている。

明日、私はとんでもない別の道を行くことになる。

第七日目　六月十六日（土）

鹿沼―今市　約十八㎞を歩く予定

六月十日（日曜）、細君の体の具合が悪くなり、今週は中止を決めていたが、週の後半、「具合がいいから出かけなさいよ」と機嫌よく言われたので、機嫌がよいときがチャンスと、十六日の土曜日にホテルを探したら、すぐ予約が取れたので、思い切って出かけることに決めた。準備が十分でないのは、往きの東北本線「栗橋」乗り換え東武日光線「新鹿沼」の乗り換え時間と、今市から矢板の四六一号線北日光街道の行程がおおざっぱなことである。帰りは東北本線「矢板」から宇都宮で東北新幹線、東京から大磯までこれは距離がジパング適用だったので利用することにした。

ＪＲ大磯駅五時五十八分発、大船始発六時三十一分、湘南快速宇都宮往きに乗り換える。栗橋には八時三十分に着いたが、乗換えと特急時間の都合で、新栃木で特急に乗り換え、「新鹿沼」に着いたのは十時八分になってしまった。乗車賃片道二千三百十円だった。今日の歩く距離も曖昧で十八から二十㎞ぐらいと思っていたが、とんだ誤算だった。鹿沼から今市は一二一号、三五二号線（日光街道）一本であることを再三調べたので、これを真っ直ぐだから距離も余り予想は外れないだろうと思っていた。

小雨だが、降りしきる雨の中を十時十分、新鹿沼駅前から一二一号、三五二号線は二股に別れていたが、先でまたつながることは調べていたので、右が旧道かと思ってそちらを選んで進んだ。道が一緒になり左折すると十時五十五分大谷川に架かる御成橋に着く、七、五八二歩、四・六㎞歩いたところである。橋を渡ると道は左右に分かれ一二一号、三五二号線は左折する。例弊使街道も同じ道である。十五分ばかり昇り道を歩いたところに、〈セブンイレブン〉があったので、十一時十分から二十分まで小休止する。八、二七八歩、約五㎞である。雨が止みそうもないので、ビニールの雨合羽を買ったが、使わなかった。コーラを飲んだ。

歩き始めて間もなく手打ちそばの店が二、三軒あったが、昼飯には早すぎると素通りしたが、そば屋も食堂もないまま十二時半に例弊使街道の杉並木の入り口についてしまった。「松平何某が杉苗を寄進して例弊使街道の杉並木」が出来た立て札が建っていて、そこから「日光杉並木」が始まる。一四、四五〇歩、八・七㎞歩いたところであった。そこから難行苦行の十五㎞になった。日光杉並木の保存運動から四、五十年経つのだろうか、数百年の杉の大木が両側にびっしり並ぶ杉並木は壮観である。降り止まぬ霧雨と汗で全身びっしょり濡れていて、空は雲が埋めている上に杉でさえぎられている並木は薄暗く、車はひっきりなしに通るが人は一人も通らない、全体の雰囲気が身も心も暗くさせる。その上、歩道がなく、ところどころ、杉の大木の裏に畦道のような凸凹道が断続しているだけである。畦道のないところが殆どで、車道の中を歩かなければならない。対面交通で右側を歩いたが、対向車は石垣に体を避ける私すれすれに唸りを上げて通っていく。危険この上ない。

杉並木を歩いている間、終始、鶯の鳴声が聞こえた。「梅に鶯」と言うくらい、梅の咲く二月ごろに鶯をきくのに、何故六月に鶯なのだと少しおかしいと思ったが、杉並木の終わるまで、終日、鶯の鳴声だけが付いてきた。都会の喧騒の中で住むと鶯の鳴声は聞こえるはずのないものを聞くほどの珍しさがあるが、一日中薄暗い杉並木を五時間歩きながら聞かされた鶯は重苦しささえ感じてきた。

帰宅して次の日曜日、末の孫息子と裏山に昇った時も、ケキョ、ケキョ、ケキョ、……ッと啼く鶯を聞いて、孫が意外な顔をした。隣の平塚市田村小学校に通学している孫にはこの鶯の谷渡りの声は初めてだったようだ。

「あれが鶯の谷渡りと言う啼き声なんだ」

「へえ、あれでも鶯」と孫も口笛で、

「ホーホケキョ」と鳴き返すと、すぐ見事な美声で、見えない真上の木の梢から鶯が、

「ホーホケキョ」と返ってきた。

「うっめーなあ」と孫はすぐそばから聞こえた鶯の美声に感嘆した。

「あっ、これが自然って言うのか」

生意気な小学五年生が言った。そして、また口笛で呼応すると、鶯も負けじと美声を返してきて、孫は本当の「自然」を堪能したようだった。日光の例弊使街道の杉並木のじめじめした鶯の声とは全く違うのびのびとした、孫の口笛と競い合う爽やかな鶯の声をしみじみと聞いた。

日光杉並木の保存運動は結果として、人が通れない車道の保存運動になってしまっていた。しかし、鶯だけは杉とともに残っているようであるということは極めて皮肉なことである。私は杉並木を歩いた五時間に何十台、百台を越えたかも知れない車にすれ違ったが、土曜日の遊休日なのに人には一人も遭っていない。東海道五十三次の高速自動車道を歩いた経験者でも、大袈裟に言えば、五時間日光杉並木で恐怖にさらされたと言っても過言ではない。姿の見えない鶯の声だけは「俺を忘れるな」としつこくホーホケキョと啼き続けていた。

十三時三十分、一時間歩いた。一九、三九五歩、十一・六㎞歩いたところである。進行方向左側に「野点《のだて》そば」の小さな看板が出ていたので、そこまでいくと、「この奥、林の中百m」とあった。確かに細い道を進むと林の中にそば屋があった。そこには二、三人の客と三人の蕎麦屋の人間がいた。そばより人の姿を一時間見なかったのに、そこには人の姿があったことでほっとした。人の温かみと言うが、この言葉を実感した思いであった。車でなく人なのである。しかし、よく考えて見るとそば屋にいた人々全て、そこまでには車で来た人ばかりである。私のように二本足で立体歩行してきた人間はいないのである。この場合どちらを異邦人と言えばよいのか、私が異邦人か、他の人が異邦人か、民主主義的多数決で言えば、私は完全な異邦人なのである。俺が現代の例弊使街道を徒歩で歩くことなのである。

「ざる天」と言って、問題のすき腹の要求に戻った。

「何処からお出でなさって、何処へ行くんですか」

ゴーギャンは「人間は何処から来たりて、何処へいく」と哲学めいたなぞめいたことを言ったが、まるでゴーギャンの言葉のような、哲学店員である。

「鹿沼から来て、今市へ行きます」まるで私の言葉は恥ずかしながら、哲学的ではない。

「今市。例弊使街道を歩いて、そりゃあ大変だあ、あと十㎞はないけど、それに近い距離はあるから、何しろ歩道がないから」何もかにもご存知なのである。

そこを出てからあとは、歩道のない歩道を歩けど歩けど巨代杉並木を車が来るたび身を避けて、黙々、とぼとぼと歩き続けた。それ以外にないのである。約四時間半歩いて、時計を見ると十七時五十分になっていた。まだ陽は明るかったが、やっと杉並木の切れ目が見えた。踏み切りだった。ＪＲ日光線か、東武日光線かわからない。そこでホテルに電話した。歩数系は三七、九〇〇歩、二十二・七㎞歩いていた。今日の歩行予定は完全に外れた。十八㎞以内、多くて二十㎞と考えていたが、二十四㎞になっていた。車道専用の杉並木を十五㎞歩かされたのである。

近くに日光市役所があり、〈ホテル村山〉には二㎞ぐらいあった。今日は四〇、一四四歩、二十四・一㎞歩いた。

小さなホテルで土曜日なのに客も二人だけだった。夕食朝食つきで六千七百円で贅沢はいえないが、余り美味いとはいえなかった。ポットも故障でお茶も飲めなかった。それでも洗面は歯ブラシ一本だけであったが湯に浸かり、十九時夕食、二十時には死ぬように寝

第７日目2012年６月16日（土）
予定コース：鹿沼―今市　天候：終日雨

時分	出発場所	到着場所	歩数	距離(km)	買物	金額	適用
5：25	自宅						
5：58	JR大磯						
6：31	JR大船						湘南快速
8：30	栗橋					2,310	東武日光線
10:08	新鹿沼					1,000	121、352号線
10:55	御成橋	大谷川	7,582	4.6			左折
11:10-20	セブンイレブン		8,278	5.0	カッパ、コーラ	520	
12:30	例幣使街道	杉並木	14,450	8.7			
13:30	野点そば		19,395	11.6	ざる天	950	
17:50	今市踏切	杉並木出る	37,900	23.9			杉並木9.4km
18:00		ホテル村山	40,144	24.1		7,110	
日計			40,144	24.1		11,890	
累計			225,892	135.54		58,485	

た。

書き終えて気がついたことがあった。ホテルでは「一一九号線が日光道」と繰り返し言い返していたことを思い出したのである。私は一二一号、三五二号線が日光道と思い込み続け、一二一号、三五二号線の二つ重なった道路標識を道しるべに鹿沼から今市までたどり着いた。それが私が強い口調で繰り返すので、ホテルの電話もどっちでもよいとやめてしまったようである。地図を見直すと、宇都宮から日光までの道が「『日光街道』一一九号線」となっており、私が通った小山、壬生、鹿沼から日光への道は「『日光線』三五二号、一二一号線」となっていた。私は芭蕉の歩いた「奥の細道」を辿りながら、宇都宮へは寄らず、小山から「室の八島」を見て壬生から鹿沼を経て今市へ来たために、本来の日光街道の一一九号線を通らず、例弊使街道の杉並木のある三五二号一二一号の日光線を通ったわけなのである。しかし、江戸時代、勅使でもない芭蕉、曾良の師弟が例弊使街道を歩くことは出来ない、打ち首になることを覚悟しなければ歩けなかった。

そこで大きな違いは芭蕉、曾良の師弟が例弊使街道は歩かなかったが、私は歩いてしまったことである。昔だったら打ち首になったかもしれない禁歩道を犯してしまったのは私の方であった。それでは芭蕉、曾良の師弟は例弊使街道を通らず、壬生から今市の間で日光街道（一一九号線）にまわり道をしたに違いない。

ともかく今日まで千住から二二二五、八九二歩、一三五・五四㎞歩いた。

第八日目　六月十七日（日）

今市―矢板　北日光道四六一号線を二十四km歩く

目覚ましを六時にして、七時に朝食を済ました。夕食も朝食も私一人だけ。給仕する人は昨夜は若い男、今朝は高齢女性で、親子だけでホテルを賄っているようであった。満室になっても十人か十五人、普段はお二人様御休憩専用ホテルなのかも知れない。今日は日曜日なのでＮＨＫの朝ドラはないので七時五十五分にチェックアウトする。出掛けに年配の女主人に、

「ここから矢板のほうへ行く北日光街道四六一号線に出るには、どう行けばよろしいんでしょうか」

「日光へは行かないのですか」

「ええ、日光へは行かずに、このまま引き返すような、矢板に行きたいのです」

「はあ」ここまで来て日光へ行かないおかしな人もあるものだという顔をして、「この前の道をずうっと昨日来た、日光街道の一九一号線の杉並木を戻って、市役所の通りを越え、東武日光線の踏み切りを渡って、二、三十分歩いたとこの信号が四六一号線の交差点だから、それを左へ真っ直ぐ行けばいい」

私は、ああこれが昨日私が通らなかった一九一号線かと思った。

ホテルを出て左へ行くとすぐ道は二股に分かれ、左手前の杉並木のほうに入っていった。この杉並木は「車乗り入れはご遠慮ください」となっていて、「人の歩行優先」で極めて歩きよい。昨日の「そこのけそこのけ車が通る」の一二一号、三五二号線の例弊使街道の杉並木とは全く違って道全体に大手を振って歩いても車が走って来なかった。こっちが芭蕉主従たちが通って日光へ行った道である。私は正規の日光街道一九一号線を通らず、違法街道一二一号、三五二号の例幣使街道を通り、ここから日光へは寄らずに矢板へ逆方向に行くへそ曲がり旅人である。二十分歩くとすぐ四六一号線にぶつかり二、五五四歩、一・五kmで、左折して、矢板に向かって歩き出した。

江戸徳川時代、徳川幕府開闢の祖、徳川家康を祀った東照宮は幕府との特別の関わりのない人間に参拝は許す筈はないし、一般人は立ち入り禁止だった。一介の俳諧師芭蕉と供の僧装束の曾良たちも、東照宮参拝は簡単に許される筈はなかった。その一般人の参拝が「立ち入りを禁ず」の日光東照宮を曾良の特別のお墨付きで社務所の参拝許可を簡単に済ませてお参りしたが、「奥の細道」にも「曾良旅日記」にも「俳諧書留」、殆ど何も説明をされていない。四月朔日（陽暦五月十九日）から五月二日（陽暦五月二十日）二人は神社仏閣をお参りし、日光中禅寺湖などの風物を堪能している。私は現在自由に参拝できる日光へは四、五回行っている。二十分歩くとすぐ四六一号線にぶつかり二、五五四歩、一・五kmで、左折して、矢板に向かって歩き出した。

芭蕉は「おくのほそ道」の「日光」で、

あらたうと青葉若葉の日の光

と。初めて芭蕉自身で自分の俳句を書いている。「室の八島」では曾良の「俳諧書留」に芭蕉が二句書いたと記録されているが、芭蕉は「おくのほそ道」には何も書いていない。続いて、

「黒髪山は霞かかりて、雪いまだ白し。

剃り捨てて黒髪山に衣替え　　曾良　」（奥の細道）

と初めて曾良の句も記載している。曾良にとって「おくのほそ道」で芭蕉が記載した俳句に選ばれたことは、こんな光栄なことはない。何故、突然こんなところで、芭蕉が曾良の句を載せたのかという問いについては、続いてこう書いている。

「曾良は河合氏にして惣五郎といへり。芭蕉の下葉に軒をならべて、予が薪水の労をたすく。このたび松しま・象潟の眺共にせんことを悦び、且は羈旅の難をいたわらんと、旅立暁髪を剃りて黒染にさまをかえ、惣五を宗悟とす。仍《よつ》て黒髪山の句有。「衣更」の二字。ちからありてきこゆ（中略）

しば時は瀧に籠るや夏の初　（日光裏見の瀧）　」（奥の細道）

と終わりに自分の一句を載せ、合わせて芭蕉の二句と曾良の一句を記載している。面白いのは芭蕉自身が、ここで初めて曾良の出所を「おくのほそ道」のなかで明らかにしたことである。曾良に敬意を表した言葉であり、曾良の俳句を讃辞し、評価した批評ともとれる貴重な記録であり、文章である。

現実の私は、日光に寄らずに今市から矢板に向かった。私も「おくのほそ道」をなぞって歩いているのであるから、芭蕉となるべく同じ経路を歩くようにしているのは当然である。芭蕉師弟は、日光の次に寄らねばならないのは那須の黒羽であった。黒羽には「おくのほそ道」を旅したなかで最も長い逗留二週間をしていることは、芭蕉研究者のなかでも注目されていることである。しかし、今市から玉生、矢板を経て那須・大田原までは芭蕉にとって旅の道であって、寄り道をする重要なところはなにもなかった。

今市と日光は合併して新しい日光市になったばかりで、標識にも今市と日光が入り乱れて、まだ充分に整理されていないように見える。四六一号線、北日光道を歩いて行くと、広い道の向かって左側西側には、スーパーや様々な大型店が軒を連ねていた。まだ開店前なので人も車も見えなかったが、日曜日の今日はこれから賑やかになるのだろうと思いながら日光合併市の新開地を歩いていた。大谷川《だいやがわ》の並木大橋を渡る。北に向かっている歩いている前方、大谷川上流左岸の雲の晴れ間に鬼怒川日光の連山が近くに見えている。八時五十五分、四、〇三八歩、一一・四㎞歩いたところに、今市消防署があった。その前で、小休止して氷を入れてきた冷たい水を飲む。リュックの腰掛けで消防署前で休む、異様な風体の私を朝の点呼に集まる消防署員が代わる代わる視線を送ってくる。どうも居心地がよくないので、椅子をたたんで出発する。二十分も歩かないうちに一二一号線と四六一号線の分岐点に来る。「右が玉生十六㎞、矢板二十四㎞」と標識が出ている。私のここ七日間の歩く速度は一時間三㎞である。矢板まで今日は八時間歩いて行かなければならないと思うと、自信の程が危ぶかった。九時二十分、まだ、今朝から五、三八五歩、三・二㎞しか歩いていない。ただ道は一本道で周辺は田植えを終えて間もない田んぼと林である。間もなく芹沼十文字という所に着く、左側に「富士浅間神社入口」という石標があり「厄払い大草鞋」とあったが、いつもは大きな木につるしてある大草鞋は今日はなかった。九時五十六分になっていた。八、三六四歩、ちょうど五㎞歩いていた。しばらく歩くと「轟交差点」という所があり、十時十分、角にコンビニ〈ファミリーマート〉があったので、アセロラドリンクを飲んだ。九、一三三歩、五・五㎞歩いた。交差点に「玉生十四㎞、矢板二十二㎞」と表示されていた。ホテルを出るとき、

「北日光道は山道だから」といわれたことを思い出した。確かにゆるいが両側が林に囲まれた上り坂で、何処までも続く登り道であった。それが矢板まで、十カ所以上も続くのである。そのまま歩いていくとT字路にぶつかり右折して、すぐ左折する。芭蕉は、玉生についいて「おくのほそ道」では何も触れていない。「曾良旅日記」には、

「(前略)鉢石奈須・大田原へ趣。常には今市へ戻りてお渡リト言所ヘカカルト云ドモ、(中略)日光より廿丁程下リ、左ヘノ方へ切レ、川ヲ越、セノ尾・川室ト云村ヘカカリ、大渡りト云馬次ニ至ル。三リニ少シ遠シ

○今市ヨリ大渡リへ弐リ余。

○大渡ヨリ船入(舟生)へ壱リ半と云ドモ壱里程有。絹川(鬼怒川)ヲカリ橋有。大形は船渡シ。

○船入ヨリ玉入（玉生）。未の上尅より雷雨甚強。漸ク玉生へ着。
一、同晩　玉入泊。宿悪故、無理ニ名主の家入テ宿カル。
一、同三日、快晴。辰上尅、玉入ヲ立。（後略）」（「曾良旅日記」）

芭蕉は、日光から一気に那須大田原へ行きたかったのが「曾良旅日記」でも読み取れる。玉生には、雷雨に降り込められたため仕方なく一晩泊まった。しかし、酷い宿だったので、無理に名主の家に泊まらせてもらったのだと書いている。夜が明けると早々に玉生をあとにしている。後世、私より芭蕉に心酔している研究者や俳人たちが「玉生参り」をするのは、芭蕉先生が一泊したからだと思う。しかし、芭蕉にしてみれば、一気に大田原まで行きたかったので、玉生は単なる通り道でしかなく、こんなところで道草を食ってはおられなかったのだが、烈しい雷雨に足を止められ、仕方なく一泊しなければならなくなり、酷く悪い宿で、名主の所へ宿を変えてもらったほどであった。私にしてみれば、日光は省きたかったが、「室の八島」は是非寄りたい。室の八島から大田原を省くかどうするかで迷ったが、「玉生参り」はどうも省けそうにない。すると「室の八島」から壬生、鹿沼、今市、玉生、矢板は、芭蕉のあとを歩かざるを得なかった。

「玉生十一km、矢板十九km」の標識が出ていた。二軒続いてそば屋が現れて、鬼怒川の大渡橋に着いた。橋を渡るとT字路で「船生」という地名で、昔の船着場である。左鬼怒川、右「玉生十km、矢板十八km」の標識が出ていた。十一時三十分、一四、〇九〇歩、八・五km歩いた。道幅が大きくなり、晴天ではないが、薄い雲間から陽が差し、コンクリートに照り返されて、体温がどんどん上がって来た。汗は拭う間もなく流れ出ている。十一時四十分、「玉生十㎞、矢板十八㎞」のところに来た。
一五、三五四歩、九・二㎞歩いたところで、異変が起きた。後ろから走ってきた軽自動車が急に私の脇で止まったのである。運転席から妙齢の女性が現れ、
「どうされたんですか」と私に声をかけた。汗まみれで歩くことに集中していた私は、咄嗟に何が起きたのか判断に迷い、茫然自失して声が詰まっていた。

「お乗りなさいよ」あっと気がついて、

「歩いていますから」と言ったような気もするが、自動車に乗ることに拒み続けていた自分の意に反して、「どうしよう」と迷っている私があった。東海道を歩いてきたとき以来、こんな迷いは寸時もなかった。乗車の誘惑を拒むことより、どこかで歓迎している自分があった。反射的に自動車のドアノブに手をかけていた。加齢の疲労を強く感じていた。乗ってもよい。乗っても歩けばよいと言い訳をしていた。乗ったら負けだという声は殺されていた。

「こちらから、お乗りになって」荷物が置いてない、空いた後部座席側のドアから乗るように指示されると、もう私の身体は私の意志より早く、催眠術にかかったかのように、「歩き旅」の目的に反していることへの良心を恥じることもなく、後部座席に座って味わったことのない安堵感に落ち着いていた。名も知らない婦人に恥も外聞もなく、自動車で拾われて、便乗乗車をすることなど、意表を突かれた出来事であった。

「どちらまで行かれるのですか」

「昼時で、食堂を探していました。それに玉生という所がありますね」

「私は玉生の者です」

「芭蕉が玉生で一宿していますね。そこを尋ねたいんです」

「知ってます。知ってます。小学生は夏休みには、芭蕉の記念碑の文字を写すのが宿題なんです。それじゃあ、私の近くの食堂を紹介しましょう。そこの人は芭蕉の碑についても私より詳しいですから」

私はなんとなく、「食堂まで」、「芭蕉記念碑まで」と二つの親切乗車せざるを得なかった理由を見つけたような気がして、「歩き旅違反」に対する情状酌量を見つけたような気もしてきたが、あくまで違反は違反だと厳しい私は、「絶対許さない」とだらしなく参ってしまった私を睨んでいた。

歩くと言うことはあくまで「辛く」、車に乗せて頂くことはこれほどまでに「楽」だということは、厳しい私の目が光っていても心底から実感したのも事実である。全身から力が抜け、疲れも遠ざかる快感に襲われていた。今日このあと、矢板まで十㎞以上歩けるだろうか、歩くつもりか、自信も失いかけてきた。

「この辺の過疎化なんていいますけれどもね。過疎なんていえないほど凄いんですよ」と運転席の婦人から話し始められた。

「そうですね。昨日も今日も、すれ違う人がいませんでしたからね」私の返事が間抜け過ぎていたのか、話は後が続かず途絶えた。何か声に出ないほど、女性の「過疎化」という何かが込められた声の響きに、過疎化の現実が鬼気迫る凄まじいものが迫ってきているように感じた。私も絶句した。運転席の婦人も何も喋らなかった。

「芭蕉や『奥のほそ道』など悠長な歩き旅などよくしていられますね」と厳しくなじられるような「過疎化」の声に込められていた鬼気が、喋らない婦人の背中に光輪がまぶしく輝いているような私への懲罰の怒りを発しているように感じていた。この戒めの鉄槌が私の脳天から足先に閃光のように貫通して行った。私の全身が硬直していた。全身に緊張感が漲り、烈しい瀧にたたかれているような叱責に打ちひしがれて、極めて謙虚な自分が取り戻せるような気がしていた。私の隣に積み込まれた買い物の山も、私が今朝通ってきた今市のスーパーまで、買出しに行った帰り道に違いない。それも過疎化のお陰であると買い物の山が私を睨んでいるような気がした。

もう、車の運転をしなくなってから四年が経ち歩くことが日常になっていたので、車のスピード勘もすっかり忘れ去っていた。私はどのくらいの時間車に乗り、どのくらいの距離を乗せてもらい走っているのか分からなかった。ただ、歩く早さに比べ、凄まじい速さで走っている感じは実感していた。町並みが見えてきて、コンビニが見える交差点で左折した。

「○○食堂はお休みだ。暖簾が下がってない」と食堂の前を通り過ぎた。すぐ速度を緩めて、左の方を差して、

「あれが、芭蕉の碑の入口です」と教えてくれた。さらに進み、寿司屋さんに着いた。「ここもありますが」と言われたが、昼飯に寿司を食べる気持ちは正直なかった。すぐそれを察したかのように寿司屋を離れて、通り過ぎたコンビニの方へ走った。車を停めると、「ここが私の家です。〈セブンイレブン〉でお弁当を買って食べる以外ないですね。うちを使って上がって下さい」

私は頭を下げて礼をいい、名刺を出し、出来たら住所を教えて戴きたいとお願いした。自著を贈りますからとお別れした。

自動車のスピード感もあったのであろう、「歩き旅違反」「過疎化」「芭蕉碑」「食堂」幾つもの刺激が一挙に押し寄せてきて、すぐ処理できない飽和点に達していたように思った。私はゆるゆると〈セブンイレブン〉に歩いていった。コンビニには近くの高校生が数人昼食を買いに入っていた。私は弁当を買い、店先に腰を下ろし食べ、芭蕉の碑のところへ戻っていった。ところが車であちこち走って案内されたが、いざ、歩いていくとにわかに方向音痴になったように、今教えていただいた芭蕉の碑の入り口が分からなくなっていた。出会った女子高校生に尋ねると、

「一緒に行きましょ」と一寸曲がったところまで連れていってくれた。矢印の奥の岡のような里山の裾に、「芭蕉一宿の地」と刻まれた小さな自然石がぽつんと置かれていた。

「○船入ヨリ玉入（玉生）。未の上尅より雷雨甚強。漸ク玉生へ着。

一、同晩　玉入泊。宿悪故、無理ニ名主の家入テ宿カル。」（曾良旅日記）

元禄二（一六八九）年四月三日（新暦五月二十一日）、三百二十三年前の五月二十一日、今日六月十七日とあまり違わない日に芭蕉は玉生のこの地で雷雨に会い、仮に泊めてもらった農家の納屋か何かに宿泊したのだろう、雨漏りでもしたのであろうか、「宿悪故（宿悪しき故）」名主の家を借りて宿にした。翌日は快晴だったので、早々に旅だった。小さな自然石の碑は「宿悪故」の侘しさを表していた。

コンビニの交差点に戻り、交通標識に「玉生まで何㎞」はなくなり「矢板まで九㎞」の標識を眺めた。車にずる乗りした分をどのように言い訳しようか迷った。私は歩数計を見た。歩数計には正確にずる乗りした分の歩数は出ていなかった。ああそうか、ずるも正直もないんだ。歩かなければ歩数計に示されない。歩数計に計上されなければ歩ていないと正直に出ないではないか。今日の歩いた歩数、距離には示されないから誤魔化しようがない。ずるもできないということである。だから、歩数計そのままが今日の歩行距離になるので、ずるも出来ないとわかった。私は地図上の距離や道路標識の距離で歩いてはいない。歩行計の歩数を一歩〇・六ｍで計算しているので、車にずる乗りしたとしても、私の歩行距離には計算されない。

玉生のコンビニのある交差点を出発する時は十二時四十分、歩行計は自動車に乗る前と同じ一五、三五四歩であった。昼食を食べた時、今朝、マウスピースを上歯に被せるのを忘れたことに気付き、昼食後マウスピースを上歯に被せた。歩き出すと、変化のない林と田植えあとの田んぼのあいだの長い上り下り道を繰り返し歩いていた。すぐ汗は噴出してきた。小休止を度々取るようになったのも、水筒の水を飲むためであった。二本の水筒の一本は空になっていた。十三時四十分交差点で小休止、一九、二三八歩、十一・五㎞、車のずる乗りを除いて歩いている。マウスピースの影響が出てきたのか、自動車のずる乗りで疲れを直したためか、足取りが多少軽くなった。またかと思うほど同じような長い坂道を歩き続けた。梍《サイカチ》橋、二時三十五分、倉樹の坂で小休止、ここまで二二、五五九歩、十三・五㎞歩いた。十五時ちょうど二四、四一六歩、十四・七㎞歩く。間もなく十五時三十分、幸岡坂の交差点に着く、二五、五三七歩、十五・三㎞まで歩いた。苺のハウス栽培農家で作業をしている人に、矢板駅までの道を尋ねると、

「ええッ、歩いて行くんですか？　まだ相当あるよ。五、六㎞ぐらい。でもすぐ分かるよ。足利銀行の信号を右に曲がったところだから」と教えられた。これはほぼ正確であった。それから二時間ぐらい歩いたところに大きな交差点があり、角にコンビニがあって、中学生が十人ぐらいアイスや冷たい飲み物を飲んでいた。ここでも矢板駅を聞くと、自転車で一緒について行ってくれるという。古河であった高校生は皆逃げたのに比べて、ここの中学生の親切さには感動した。

矢板駅には十七時ちょうどに着いた。三一、三九五歩、十八・八㎞歩いたことになった。自動車に乗った距離は交通標識から割り出すと十㎞前後だったと思う。これを加えると、ずる乗りしなければおそらく二十八㎞を歩かなければならなかった。果たして、今日、二十八㎞も歩けただろうか、ずる乗りしたことの是非を最後に考えると、私は今日家まで

第８日目2012年６月17日（日）
予定コース：今市―矢板　天候：薄曇

時分	出発場所	到着場所	歩数	距離(km)	買物	金額	適用
6：00	起床						ホテル村上
7：00	朝食						
7：56	191号から	461号					北日光道
8：15		461交差点	2,554	1.54			
8：35		大谷川	3,449	2.1			
8：55	上流左岸日光	鬼怒川連山	4,038	2.4			消防署前
9：20	121・461号	分岐点	5,385	3.2			右折
9：56	芹沢十文字	浅間神社	8,363	5.0			大草鞋
10：10-20	轟交差点	ファミリーマート	9,133	5.5		147	玉生14k 矢板22k
10：30		Ｔ字路右折					玉生11k・矢板 19k　薄日差す
11：30	鬼怒川	大渡橋	14,090	8.5			
11：40	Ｔ字路右折	玉生芭蕉碑	15,354	9.2		便乗	玉生10k 矢板18k
12：10-45	芭蕉一宿碑	玉生SV			弁当	496	矢板10k
12：45							マウスピース 入れる
13：40	サイカチ橋 交差点		19,138	11.5			
14：25	倉掛坂	小休止	22,559	13.5			
15：00	続く倉掛坂		24,816	14.9			
15：30	幸岡交差点		25,537	15.3	カフェオレ	198	
17：00		矢板駅	31,395	18.9			
20：20		ＪＲ大磯				4,170	
日計			31,395	18.9		5,011	
累計			257,287	154.4		63,496	

帰りつくためには、よかったと思っている。

ＪＲ東北本線「矢板」から宇都宮経由、宇都宮から十七時五十六分発東北新幹線で東京まで、東京からＪＲ東海道線で大磯まで二十時半には家に着いた。今日まで歩数計は八日間で合計二五七、二八七歩、百五十四・四㎞歩いた。

今市から矢板までの歩き旅は玉生で自動車に便乗したために色々なことが発生した。歩行数は歩かない距離の鯖を読むようなことはしなくても、本来の歩き旅の正道は厳格に守らなければ良くないことをあらためて反省し、今後はどんなに疲労しても負けないで歩き続けることを決意する。

次の週は、孫四人を預かるため、歩き旅は中止する。

第九日目　六月三十日（土）

矢板―大田原　快晴

間隔が二週間空いたので、足が元へ戻っていないだろうか心配である。旅前はあれやこれやあるので、いつも逡巡する。それを断ち切ったときの思い切りの決断が、旅支度をさせ、旅に押し出す。そこまで漕ぎ着けると、もう条件反射が出来ているので、自動的に目覚ましで四時半に起き、朝食は味噌汁を少し口にして、

「じゃ」と家を出る。

あとは足がひだり、みぎと前へ出る。気がつくと大磯駅についている。予定の上り列車のひとつ前に乗り、大船六時三十一分発宇都宮往きの湘南快速に乗り換える。宇都宮まで三時間である。宇都宮で九時三十四分発の東北本線で矢板まで行く。十時五分に着く。駅前を右へこの前歩いてきた四六一号線（旧北日光街道）に出る。大田原まで十二㎞の標識が見える。

今日はこの道殆ど一本だけを歩いて、芭蕉の所縁の地黒羽の那須与一神社と大雄寺の芭蕉の館に行くつもりである。芭蕉は現在の大田原市の黒羽に知人秋鴉とその弟の桃翠を尋ね、「おくのほそ道」の中で最も長い十四日間も滞在している。私は「おくのほそ道」の概略をなぞって歩くことが主たる目的なので、芭蕉のあとを忠実に辿るつもりはない。だから黒羽に十四日もいるつもりはない。出来れば今日明日で黒羽の芭蕉主従の臭いが嗅げればよいと思っている。さんざん迷った挙句選んだのが那須与一神社と大雄寺の芭蕉の館の二カ所である。殺生石と所縁のある九尾の狐を祀った玉藻稲荷神社に寄れたら寄りたい。「遊行の柳」は少し離れた「芦野」にあるので、芭蕉の足跡通り、那須温泉の殺生石を先に見て、黒田原から芦野に行こうと思う。それは次回の計画になる。地図だけでは計画に限界があり、現地へ来て、地元の人に聞き、「予定は未定にしてしばしば変更することあり」の実践的作戦要務令を今体験している。芭蕉は、

「**那　須**

那須の黒ばねと言う所に知人あれば、是より野越えにかかりて、真道をゆかんとす。

遥かに一村を見かけて行くに、雨降り日暮る。農夫の家に一夜をかりて、明れば又野中を行く。そこに野飼いの馬あり。草刈おのこになげきよれば、野夫といえども、さすがに情けしらぬには非ず。『いかがすべきや。されども此野は縦横にわかれて、ういうい敷き旅人の道ふみたがえん。あやしゅう侍れば、此馬の留まるところにて馬を返し給え』とかし侍りぬ。ちいさき者ふたり、馬の跡したひてはしる。独は小姫にて、名を『かさね』と云。聞きなれぬ名のやさしければ、

かさねとは八重撫子の名成るべし　曾良

やがて人里に至れば、あたひ馬の鞍つぼに結び付けて馬を返しぬ」

（「おくのほそ道」）

と書いている。今は舗装された四六一号線、日光北街道となっているが、芭蕉当時は雨が降るとぬかるみの泥道で、何処が道か分からなくなってしまったのである。『雨降り日暮る。農夫の家に一夜をかりて、明れば又野中を行く』とあるのだが、このことは当時の距離感覚だと玉生で一宿をしたことを言ってぃるのかもしれない。

農夫がこの馬に乗れば馬が熟知した泥道の中から本能的に本来の道筋見分け、黙って次の道まで乗せていくからと芭蕉に馬を貸し、その跡に子供が二人ついてくる。この子供を曾良が句に読む。馬が止まって芭蕉は馬を下り、鞍に口銭を結びつけて、馬賃を払い馬を返した。荒野の大自然と野馬と俳人二人と野に遊ぶ子供二人の野趣ある出会いを描いて一

幅の絵にもなっている。

この荒野の道なき道が現在の四六一号線に相当する。こんなことを思い描きながら、四六一号線を大田原へ向かって噴出した汗を拭きながら歩いている。四六一号線が国道奥羽街道四号線と合するT字路に着いたのが三十分歩いた十時三十五分、六、〇四一歩、三・六kmのところだった。ここを北に向かって左折して大田原へ向かう。三十分後針生で、矢板駅から十一時五分、四・八km、一時間歩いたので小休止して水を飲む。土屋という所で十一時十五分矢板駅から五・五km歩いている。左手西方に前回歩いてきた玉生、遥かむこうに鬼怒川、日光の連山が見える。青い空も広がった晴天である。暑い。

十一時四十五分箒川に着く、こちら側が矢板市、渡った向こう側が大田原市、この川が市境になっている。ここで四号線と四六一号線が別れ、立体交差して、四号線を潜り四六一号線は右に曲がる。間もなくそば屋の旗が見え、四百号線まで七km、大田原市街八kmの標識が出たところで時計が十二時を指していた。ちょうど昼時なので〈かけはし〉という蕎麦屋に入った。ここまで一二、〇五三歩、七・二kmになっていた。少し多すぎると思ったが、ざるそばと小天丼を注文した。やはり私の胃袋には多すぎた。そば屋に道順を尋ねると、観光地図まで提供されて、丁寧に教えてくれた。

「歩くんですか」と驚いて、何処でもそうだが、車に乗っていくのが普通で、歩いて観光したり旅行するということは現代では異常なのである。そこから話が食い違いだした。私は一日二十kmまでは歩く限度としているが、そば屋の主人も車感覚なら分かるが、歩いての感覚がつかめないらしい。

「那須神社も、芭蕉の館の大雄寺も往きはよいんですが、ホテルはすぐここのそばですから、ここまで戻ってこなければいけませんから、そしてまたここから歩くんじゃあ大変ですよ。戻るより黒磯まで歩き続けた方が、便利で効率もいいんですがね。ホテルがここじゃ、しょうがないですね」と攻めあぐんだ恰好だった。

大田原のホテルをインターネットで探した時、「TAMANO」というホテルが出て、土曜日なのに空いていたのですぐ予約した。しかし、ここは東北本線野崎駅前、矢板市境からすぐそばで、大田原市の市街まで二里（八㎞）もあるところなのである。

「どうもご親切に色々有難う御座いました。ともかく歩いて行ってみます。今までも大体こんな具合でしたから」と店を出て、午後の陽射しが強くなったなかを歩き出した。私のリュックの重量は、この前測ったら八kg以上あった。体重七十五kg・プラス・八kg計八十三kgを両足に載せて歩いているのである。一回一泊二日歩くと一kg痩せるが、一週間たつと元に戻ってしまうようである。やはり東海道を歩いた時のように、ハードに歩かないと二kg、三kgとは減量しない。それでも体が前後に曲がるようになり、柔軟性が少し増したようである。

地図上では那須与一神社は四六一号線沿い、芭蕉の館のある大雄寺は四六一号がぶつかった二九四号線を北へ右折したところ、その先へ行くと黒磯や遊行柳のある芦野に行く。ともかく二十㎞までは四六一号線を歩くだけである。左右の景色は田植えの終わった田んぼであるが、左側は自動車部品、修理の店、右側はパチンコ屋が何軒も続いている。パチンコ屋の駐車場には何台も車が止まっているので、日本中何処にもある同じような風景かと思う。歩いても歩いても七㎞先の四〇〇号線との交差点は現れない。殆ど人通りはなかったが、珍しく途中すれ違った高校生ぐらいの青年に、

「四〇〇号の交差点は」と聞いたが、

「知りません」であった。確か交差点の角に金燈籠があるように地図に載っていた。そこに着いたのがそば屋を出てから二時間半、十四時三十分、二三、五六一歩、十四・一㎞歩いたところであった。そこから大田原の市街地に入り、四六一号線から奥まったところの那須与一神社に着いたのは十五時三十分、三四、一〇五歩、二十・五㎞のところであった。大小の比較は何を基準にするかは分からぬが、大きなお宮というよりはこじんまりした古めかしいが、格式ばった山門もあり、社殿も質素であるが荘厳さがあった。最後の源平の合戦、壇ノ浦で那須与一が平氏の船上の扇を弓矢で射て、勝敗を決した逸話はあまりにも有名な話である。源頼朝に追われた壇ノ浦の戦いの源氏の大将義経がここを通ったかどうかは、寡聞にして知らぬが、義経判官贔屓の芭蕉がその思いを馳せたことが偲ばれる。そんな古めかしく悲しい雰囲気もあった。

神社の隣が「道の駅・与一の里」であった。そこには壇ノ浦の馬上から弓で矢を番えた与一の銅像があると聞いたが、先があるので割愛した。そこから、芭蕉の館までは四、五㎞と聞いていた。人里はなれた小高い山に挟まれた田園地帯を汗まみれに黙々と歩い

た。約三十分ほどすると二九四号線の交差点に着き左に曲がる。その遥か二十㎞ほど先が、芦野の「遊行柳」であるが、三十分も歩かないうちに賑やかな楽器や歌声が遠くから聞こえ始め、音が近づく方向に歩いているようであった。「第二十回くろばね紫陽花まつり」の横断幕があり、大勢の人が集まっていた。そこの小高い丘は「黒羽城址」で、その隣が大雄寺で、その間に「芭蕉の館」があった。もっとひっそりしたところと考えていたが、あまりの賑やかさに呆気に取られた感じであった。十七時三十分、四〇、二二三歩、二十四・一㎞歩いて来た。

館の前庭に馬に乗った芭蕉と曾良の銅像があった。あちこちに芭蕉の銅像があったが、年取った顔や壮年の顔があり、実像は想像もつかないが、ここの芭蕉は若々しかった。三百円の入場料を払って入ると、「おくのほそ道」の序章が最初に飾られていた。

「序　章

月日は百代の過客にして、行きかふ年も又旅人也。舟の上に生涯をうかべ馬の口とらえて老をむかうる物は、日々旅にして、旅を栖《すみか》とす。古人も多く旅に死せるあり。予もいづれの年よりか、片雲の風にさそはれて、漂白の思ひやまず」

を読んだとき、無条件に「漂白の思ひやまず」の言葉に胸を打たれた。あらためて、芭蕉は「家を売り払い捨て去って」死を賭して「旅を栖にした」のであると思った。ここに芭蕉の「旅を栖」にした一大決意が込められている。芭蕉の旅は単なる物見遊山ではない。「捨て身の旅」であった。我々は「おくのほそ道」をなぞっても、歩いても、帰る家がある旅なのである。芭蕉は家を捨て、捨て身で、死を賭して「芭蕉の俳句とは何かを超えて、俳句とは何か」に挑んだのではないかと思う。それが「不易流行」にたどりついたのかもしれない。元来俳句も知らない私が「おくのほそ道」を歩いても、そこまで知ろうとして歩いているわけではない。むしろ心より体力を試すことが主である。私の文学の師である山岸外史、八木義徳から「文学とは何か」をまともに聞いたこともない。文学の師弟関係は以心伝心である。作品の批評を受けても、多くを語らないのが教えである。「貶され、罵倒されることが教え」であった。しかし、私の表現に山岸外史、八木義徳の文学の血が通っているのであろう。私にとっては芭蕉は遥か彼方である。ましてや俳句は言わずもがなである。

「芭蕉の館」へ来たことを私は心からよかったと思った。「おくのほそ道」の序章は暗記するほど繰り返し読んだが、ここへ来て初めて芭蕉の心の一端に気付いたと思った。ここへ来なければ私には分からないことであった。俳句が分からずとも、芭蕉は分からずとも、芭蕉の「おくのほそ道」の心をまだ分かったとは言えないが、旅に賭した芭蕉の決意は私の心に響いた。振り返って、その芭蕉が死を賭して挑んだ俳句に対して、私の文学とは何であったのかを振り返らざるを得ない。

八木義徳に、

「君は、芥川賞とか、直木賞を狙って本当に作家になろうとして、作品を書く野心はないのか」と聞かれたことがあるが、

「私の本職は自然科学者にあります。私の文学は自分を確かめ、見つめるために書いているのです。作家になるつもりはありません」と言い切ったことがある。

いかにも宙ぶらりんなのである。よく考えて見ると、「自分を確かめ、見つめるために書いているのです」に嘘偽りはないと思っている。なぜそうなったのか、どうも「生きるということは何なのか」を「書くこと、文学に託したよう」である。その前を辿ると、敗戦で陸軍で生きる道を失ったことから「いかに生きるか」が始まったようである。貧困から目覚め、政治の革命を目指す政治活動に心血を注いだ二十年間があった、そして幻滅した。その幻滅の弁解に文学に頼った。自然科学はかろうじて工業学校、燃料選考の推薦を受けた士官学校、薬学、化学、細菌学を基礎にした公衆衛生学へとつながれていた。「合成洗剤」による水質汚濁調査はまさに「水を得た魚」のように実験化学細菌学の基礎を発揮できた。十年で学位を得た。もう六十歳近かった。しかし、全て迷いに迷っていた。迷いは文学で「確かめ、見つめ」ていた。そんなもので「確かめ、見つめ」ることなど出来はしない。あとは酒であった。私の酒は逃避である。太宰や外史のように死を賭して酒を飲む勇気もなかった。

山岸外史は、「ウンエンドリヒカイト」ドイツ語で永遠であるが、口癖のように嘯いていた。芭蕉の言う「不易」に通じる言葉である。「ウンベルト」日本語では、周囲の環境であるが、このドイツ語もよく口にされた。私が「自然環境問題」を専門にしていたこともあったが。芭蕉は新しく変化するものという意味で「流行」という言葉を使った。芭蕉は永遠なものも、常に新しく変化するものはつまり同じであるに達し「不易流行」にいたったと言われている。芭蕉は「不可能の探求者」と、周辺の文学者からは評価されていた。芭蕉は「不易流行」にまとめて言ったが、山岸外史は永遠からさらに敢えて不可能に迷い込んでいったのかもしれない。山岸外史はギリシャ哲学出身である。その元素は土、水、空気、火の四元素であった。現代は四元素から十九世紀に二百種以上の原子の発見があり、二十世紀は原子を構成する素粒子の時代、つい先ごろ十七種の素粒子の最後のヒグスが証明された。時代は宇宙の根源である素粒子よりさらに素粒子を構成する微小体、ナノ（十のマイナス九乗）のさらにナノ乗の世界にエスカレートしようとしている。この時代に「永遠」や「不可能」、ましてや「不易流行」の生命が続くのだろうか。

「家を捨て、死を賭して、旅を栖として、俳句を極めようとした芭蕉」の前では、私の文学など「宙ぶらりん」なもので、「漂科学の思いやまず」の一言で化けの皮が剥がされ、一撃を食らった思いであったと思う、私は自然泊の進歩のなかで、文学をどう考えたらよいのか、ふらふらしながら館を出た。係員が、

「西那須野か、那須塩原まで無料のシャトルバスが出ます」と喚く声が耳に入った。一日二十㎞までの制限に達した。今日はこれ以上歩いてはいけない、歩けないとうまく逃げ、ホテルに近い西那須野行きシャトルバスに乗った。自動車は二十㎞の道を座ったまま運んでくれる。本当に楽である。

西那須野駅から野崎駅は一区間で五分であった。今日の歩いた距離は芭蕉の館まで、

第９日目2012年６月30日（土）

予定コース：矢板―大田原―与一神社―芭蕉の館　　天候：快晴

時分	出発場所	到着場所	歩数	距離(km)	買物	金額	適用
5：25	自宅						
6：31	JR大船(宇都宮往き)						
9：34	JR宇都宮						
10：05	JR 矢板	大田原					
10：35	4号・461号	T字路	6,041	3.6			
11：05	針生		8,003	4.8	乗車券	2,494	
11：15	土屋		9,226	5.5			
11：45	箒川	矢板・大田原境	11,551	6.9			
12：00		かけはし(そば屋)	12,053	7.2		1,065	
14：30	400号・461号	分岐点	23,561	14.1			
15：30	与一神社		34,105	20.5			
17：30	芭蕉の館		40,213	24.1			紫陽花祭り
18：00	西那須野	シャトルバス					
18：30	野崎	ホテルタマノ				7,000	
日計			40,213	24.1		10,559	
累計			297,500	178.5		74,055	

四〇、二一三歩、二十四・一㎞であった。

第十日目　七月一日（日）

大田原―黒磯

ホテルで、玉藻稲荷神社の場所を聞いたが、知らなかった。歩いてきて感じるのは、地元の人は地元の歴史や所縁の場所を知らないことが多いということである。今日は那須の殺生石と所縁のある九尾の狐を祀る玉藻稲荷神社は、次回殺生石に行くので是非訪ねたかったが、また芭蕉も同じように訪ねているのでなお更見たかったが、地元の観光に詳しいはずのホテルに感興を殺がれて、「行くものか」と腹立たしくなっていた。途中であったら見てやると思いながら、ホテルを八時五分前に出た。出がけに、「四六一号線へ出るには」と聞いたが、反対方向を教えられた。そのため今日は出がけから四六一号線へ出るまで一時間以上迷わされてしまった。四六一号線は昨日と同じ道を歩くわけである。四〇〇号線との交差点、金燈籠のある交差点を右の四〇〇号腺に曲がらず、左の五三号線へ曲がり、那須塩原を通って、黒磯まで行こうと思っていた。芭蕉たちも黒磯から那須の殺生石へ向かったので、その道を追うつもりであった。五三号線交差点についたのは十時四十分、一三、二七〇歩、八㎞歩いたので、道路標識が示す距離とほぼ同じであった。しばらくしてT字路にぶつかり右「那須塩原」方面に曲がり、日赤病院の前を通り、次の交差点に差しかかった。交通整理の警察官が何人も立っていたので、「五三号線はこの道ですね」と確かめたのが、運悪く警察官の方が、私のそば屋で貰った観光地図を見ても分からなく、困って立ち往生している。

「お分かりにならないんですね。それでは結構です」と地図を返してもらい。感で五三号線らしい道を歩き出した。地元の交通整理の警察官が国道も知らないのでは何をかいわんやである。

途中バス停があり、「那須塩原」往きになっていたので、道は確かである。こんな道を知らない地元交通警察官が不思議であった。そのあとはバス停を辿って歩いていった。十二時五分、今泉バス停で、二〇、〇〇三歩、十二km、そこから塩原まで、食堂が一軒もなかった。那須塩原市に入ると道路標識が多く出るようになった。田んぼと杉林と疎らな住家があるだけの道で、芭蕉の頃にこの街道があったかどうかも分からない。道を挟んで大きな工場があり、新開発地らしさが見えてきた。その工場の間を通り、東北新幹線の那須塩原駅が見えてきて、その交差点の向こうにそば屋がやっと見えてきた。十四時になっていた。ここまで二五、〇五二歩、十五kmになっていた。そば屋では、某宗教政党の勧誘説得を工場の上司が部下に盛んにやっていて、食堂中話が鳴り響いていた。疲労がそんなこと気にならないくらいに達していたので、出された水を何杯も飲んでいた。そこを出て那須塩原駅まで行き、黒磯までは歩くのは諦めた。

十四時三十分、二七、六五七歩、十六・六km歩いて、今日ここまでで、新幹線に乗って帰

第10日目2012年７月１日（日）
予定コース：大田原―黒磯　天候：薄曇

時分	出発場所	到着場所	歩数	距離(km)	買物	金額	適用
5：30	起床						
7：00	朝食						
7：55	出発	黒磯					
8：55	461号交差点	一区十文字	6,012	3.6			
10：25	大田原中央		12,713	7.6			
10：40	461号・400号	分岐金灯篭	13,270	8.0			
12：05	53号	今泉バス停	20,003	12.0			
14：00		そば屋	25,052	15.0	掻揚そば	1,150	
14：30	那須塩原		27,657	16.6		4,620	
16：40	大磯駅						
15：00		自宅					
日計			27,657	16.6		5,770	
累計			325,157	195.1		79,825	

宅した。今日までの歩いた累計は三二五、一五七歩、一九五・一㎞である。

第十一、十二日目　七月七、八日（土、日）

殺生石（番外特別日）

今回は、細君に私の「独り歩き」を知って貰いたいと思い、那須温泉と殺生石に誘った。細君に言わせると、

「私が付き合ってやったのです」と反論された。言い返せば夫婦喧嘩になるので反論は飲み込む。これで我が家の力関係が丸見えである。

那須塩原温泉も殺生石も初めてなので、ＪＴＢ旅行社で殺生石近くの温泉旅館を取ってもらい、東京駅発午前十時代の東北新幹線の指定席を取り、那須塩原駅からホテルの送迎バスで行くことにした。芭蕉は東北本線の那須塩原駅から黒磯の次の高久駅のところを通る一本道で二里（約八㎞）を登って殺生石に行っている。

殺生石など私の歩き旅から省いてもよかった行程だったが、私もその道を歩いて行く予定ではあった。夫婦とも未知の那須塩原温泉や殺生石だったことだったので、ご機嫌取りのつもりで歩き旅とは違う乗り物旅を誘ったわけである。片道八㎞で往復十六㎞だから、昇りくだりの山道だが一日の歩く距離からするとちょうどよかったのだ。芭蕉は那須からの帰り道は黒田原駅を通り芦野の遊行柳までは約十㎞歩いている。私も次は黒田原から芦

野へ向かうコースを予定している。
我々の殺生石行は、バスの乗り物で移動したので、歩き旅とはほど遠い旅である。昼前に那須塩原駅に着いたころから雨が降り出し、この日は終日雨風に降られた。駅前の送迎バスに乗り、ホテルに着くと室内プールもあるマンモスホテルで、夏休みと土日と重なった日なので子供連れの客で満員であった。空いてる部屋に押し込められたように部屋に入り、手荷物を置くとこのホテルも経由する那須温泉巡環バスで私の目的の殺生石へ向かった。芭蕉は十四日間を黒羽で過ごした後、殺生石へ向かった。「奥の細道」には、

「**殺生石・遊行柳**
是より殺生石に行、館代より馬にて送らる。」

芭蕉は黒羽から殺生石の途中、松子村まで馬に乗って送ってもらっていたので、馬とバスの違いはあるが、この「奥の細道」夫婦乗り物紀行を独り歩きしないでいる後ろめたさは多少薄らぐというものである。
「此口付《このくちづけ》のおのこ、『短冊得させよ』と乞。やさしき事を望侍るものかなと、
野を横に馬牽むけよほととぎす
殺生石は温泉の出る山陰にあり。石の毒気いまだほろびず、蜂・蝶のたぐひ、真砂の色の見えぬほどかさなり死す。」
と書いている。芭蕉は馬を引いてきた男から、短冊を差し出され「一句お願いします」と言われ「やさしき事を望侍《のぞみはべ》るものかなと」と「野を横に馬牽むけよほととぎす」と一句

書いて男に渡したのである。

殺生石近くのバス停で降りたが、風雨が激しくなり、どちらへ行くのか分からず、足の湯の小屋から出てきた女性に尋ねると、目の前の川沿いの道を行けば温泉神社があり、そこを降りたところに殺生石があると教えてくれた。足が良くない妻に、

「ここで待っていてくれないか、俺だけ行ってくるから」と言ったが、

「せっかくここまで来たのだから見たい」というので、歩き出した。雨と風はますます強くなってきていた。広い道から温泉神社へ登るこんもりした林の中の道が分かれていたので、その道を登り始めて、神社の境内の広場までたどり着いたとき、後ろから自家用車が来て、声をかけられた。先ほど道を訪ねた女性だった。

「こっちの道にこられてしまったので、ここから殺生石への道は足の強い人でないといけませんので、追い駆けてきました。近くまで案内しますから、乗ってください」と追いかけてきた。お言葉に甘えて車に乗せてもらい、道を引き返し、さっきの広い道に出て、この道を曲がらず真っ直ぐに進んでいくと、小さな橋があって、橋を渡って左の山道を登ると、その上に賽の河原のような硫黄の匂いがし岩石重なった斜面が広がっていた。それが殺生石だった。

「殺生石は温泉の出る山陰にあり。石の毒気いまだほろびず、蜂・蝶のたぐひ、真砂の色の見えぬほどかさなり死す」

と芭蕉は描いているが、今から三百二十三年前芭蕉が旅した元禄二（一六八九）年の殺

生石はまだ火山の活発な活動期で硫化水素の噴煙が立ち昇り、周辺の蜂や蝶の昆虫が毒性の強い硫化水素で殺され、生々しい死骸累々とした『真砂の色の見えぬほどかさなり死す』状態だったと思うのだが、今日見る殺生石は湿気の多い雨の中で煙がよく見えるはずなのに、煙は殆ど見えず、強烈な臭気も幽かに匂う程度だった。箱根の近くに住む私は大涌谷の噴煙をよく見ているので、大涌谷と比較するのもおかしいが、遥かに小規模の岩石と噴煙であった。

殺生石で芭蕉が詠んだ句は「曾良旅日記」には、

「石の香や夏草赤く露あつし」

とあり、その碑が雨に濡れて建っていた。少し前に見た温泉神社では、芭蕉は、

「湯をむすぶ誓も同じ石清水」

を詠んでいる。

殺生石には「九尾の狐」にまつわる伝説があり、殺生石の近くに「玉藻稲荷神社」先日通った大田原にも「玉藻稲荷神社」があったように、那須地方では信仰が厚いようである。

那須町の公式ホームページには、

「**九尾の狐**

平安の昔、帝の愛する妃に「玉藻の前」という美人がいたが、これは天竺（インド）、唐（中国）から飛来してきた九尾の狐の化身でした。帝は日に日に衰弱し床に伏せるようになり、やがて、陰陽師の阿倍泰成がこれを見破り、上総介広常と三浦介義純が狐を

追いつめ退治したところ、狐は巨大な石に化身し毒気をふりまき、ここを通る人や家畜、鳥や獣に被害を及ぼしました。やがて、源翁和尚が一喝すると、石は三つに割れて飛び散ったといわれています。そのうちの一つが殺生石であると伝えられています」

奥さんには「九尾の狐伝説」の方に興味があったようである。やはり「狐は女性の化身」いや「女性が狐の化身」なのか、やはり女房は怖いものなのである。

これで、歩きを誤魔化した殺生石の乗り物旅は終わり、芭蕉の殺生石参りの追尾の目的は果たしたことになる。次は八月末か九月始めに、黒田原から芦野の遊行柳を通って、栃木県、関東地方を終わり、東北地方の福島県「白河の関」へ進むつもりである。

〈番外特別日〉

第十一日目　七月七日（土）　予定コース：　天候：雨

第十二日目　七月八日（日）　予定コース：那須塩原、殺生石　天候：雨

第十三、十四日目　九月八、九日（土、日）

遊行柳—境の明神—白河の関—関山（万願寺）

前回の殺生石行きは、特別に仕立てた旅で、細君同行の乗り物旅であったから、歩いてはいない。「歩き旅」の目的から外れるので歩数も距離も経費も除外した。その上家庭の

事情から二ヵ月の夏休みが入ったため、この二ヵ月間、図上想像歩き旅ばかり続けていたので足も身体も鈍ってしまっている。

第十三日目　九月八日（土）
遊行柳―境の明神

「奥の細道」では芭蕉主従は十四日間も滞在した黒羽から、現在の東北本線の「高久」駅近くを通って殺生石へ登り、「黒田原」近くへ降りてきて、芦野の遊行柳に向かっていたので、私は殺生石の続きを東北本線の「黒田原」から歩き始めることにした。九月八、九日の往復切符はジパングで事前に買い込んだ。

九月八日朝、五時四十五分自宅を出て大磯駅に向かった。大磯は晴れていたが、天気予報だと関東北部は曇り午後は雨となっていたので雨具は準備した。二ヵ月ぶりの旅装なので、リュックは肩に食い込み、足も重かったが大磯駅まで約二㎞歩いているうちに、条件反射が目覚めたか、左右の足は自然に交互に前へ出て重くは感じなくなった。大磯駅を六時十六分発、東京東北新幹線七時四十四分発、那須塩原八時五十二分着、乗り継ぎの東北本線は黒磯行きしかなく、黒磯乗換えで黒田原へ着いたのが九時四十八分であった。驚いたのは本州縦断の鉄道開設の国鉄以来の東北本線が黒磯から北は、客車の開閉は手動のボタンになっていた。乗るときに◯開のボタンを押し、乗った後に◯閉のボタンを押して閉める。もっと驚いたのは、この日の終わりに乗った白坂駅は無人駅になっていたことである。

結局、黒田原駅へは十時近くにやっと着いた。歩き始めが十時では遅すぎた。これなら大磯を始発で出て、始発の東北新幹線へ乗るべきだったと後悔した。確認のため、黒田原の駅で芦野への道を尋ねた。一口で道を指差して頂ければと思っていたが、地域文化か、慣習か、丁寧に略図のコピーを出して説明して頂いたが、都市時間とローカル時間の差でテンポがのんびりしている。やっと駅を出たのが十時八分になっていた。駅前の地産売り場の店で食堂がないことに備え、握り飯二個を買う。日曜日で多くの店は閉まっていたが、駅前商店街が約四百m、二十八号線にT字路でぶつかるまで続いていた。左折して東へ芦野に向かう。両側は寂れた商店街であったが、駅を遠ざかるにつれて、商店も民家も歯の抜けたように疎らになっていく、何㎞か何千歩か歩いても、車は行き来するが人には会わない。途中栃木県立那須高校の前で、電動車椅子を操る高齢の女性に会っただけであった。民家がなくなり、田んぼの後ろの林とそのまた後ろの里山の間の道が二十八号線で、この道を六㎞以上歩く予定である。天気予報に反し晴天で、かんかん照りであった。日陰を探して歩きたいが日陰も無い。情け容赦もなく、一人歩く乞食老人を照りつけ、残りの水分を搾り取るように、汗を噴出させている。那須高校を通り黒川という地名の峠道の上り坂の日陰を見つけ、十一時になっていたので一時間の小休止を取った。朝詰めてきた氷水が、のどから全身を内側から冷やしてくれるようなのど越しが有難い。駅から八、〇六一歩、約五㎞歩いていた。遊行柳の近くまで歩いてきたなと思っていた。十分も休まず、峠を登りきり、降り切った所に小学校が見えた。芦野小学校と看板があり、はるか南の方の校庭では小さいテント数十が組み立てられ「芦野小学校大運動会」の張り紙があった。思わず空を見上げた。炎天下の「大運動会」かと溜息が出た。関東地方栃木県の最北端のこのあたりは雪深いのかもしれない。九月、二学期初めに運動会をやらざるを得ないんだろうと推測する。ともかく今年の暑さは長続きし過ぎている。峠を逆に登ってきた自転車に乗った二、三人の男子中学生に会ったので、

「遊行柳って知っている」と尋ねると、

「ああ、あの信号を左へ曲がって、真っ直ぐ行くと直ぐ左の田んぼの中に見えます」と教えてくれた。もう遊行柳のそばまで来ているのだ。中学生に教わった国道二九四号線を左折、北方へ向かって歩き出した。道沿いには次の目的地「境の明神」まで、奈良川が道の右に来たり左に来たり並行していた。国道の左側一帯は田んぼである。直ぐ右側にラーメン屋があったので迷わず入る。ラーメン屋から道の向こうの田んぼの中に数本の木が生えた孤島のようにこんもりした場所が見えた。

「あれが遊行柳ですか」と聞くと、

「そうですよ」と女の店主兼調理人が答えた。道の向こうに「遊行柳」を眺めながらラーメンを食べられる場所だった。風情があったのかなかったのか妙な具合であった。気温は最高に達していたので「冷やし中華」以外に食べられないと思った。出された冷たい麦茶

を三杯お替りした。

「お客さん、今日はどちらまで」

「境の明神まで」

「歩いてですか？　三時間以上かかるでしょう」隣の客に同意を得るように言った。皆さんも頷いていた。

「ええ、約十二kmで、僕の足では四時間だと思います」

店の前の国道を横切り、田んぼの中の遊行柳に踏み込んでいった。田んぼの中の三百mの畦道はほぼ自然に近い。〝清水流るるの柳〟とあるが、畦道に沿って小川とも思えない流れがある。十五、六本の大きな木が茂っている田んぼの中の孤島のようなところがそれであった。

入口の碑文の『遊行柳伝説』によれば、

「遊行巡化を生命とする時宗の遊行上人と時衆が、この地で朽木の精霊を済度した仏教上の広義の史話と伝説地の史跡が重なって伝説化した。遊行上人の杖が根付いて朽木になり、『枯れ木の柳』と呼ばれるようになった。遊行一九代　尊皓上人の文明三年（一四七二）、生地遊行の中に『遊行の精が老弱と化して現れ、上人も古来の道を教え化益を授けて成仏し、その歓びに『草も木も誠れめ御法の声さけは朽ちぬべき後もたのもし』上人返して『おもひや我が法の会にくる人は柳の髪のあとたわむれのあとは』そして柳の精は消えうせた。以後遊行柳と呼ばれた』

と書かれていた。
「奥の細道」の「**殺生石・遊行柳**」の章には、
「（前略）又、清水流るるの柳は、葦野の里にありて、田の畔に残る。此所の郡守戸部某の、『この柳みせばや』など、折々にの給ひ聞え給ふを、いずくのほどにやと思ひしを、今日此柳のかげにこそ立より侍つれ。
田一枚植て立去る柳かな　」
と書かれている。お恥ずかしい話であるが、「遊行柳」という言葉が枕詞であったことも、実在の柳であることも、「奥の細道」を読むまでは、浅学非才、無趣味な私は「遊行柳」なる日本語を知らなかった。「奥の細道」の解説書にも芭蕉が師と仰いで私淑していた西行法師も奥州路を旅したとき、
道のべに清水流るる柳かげしばしとてこそたちどまりつれ
と和歌を詠んだことを知った。芭蕉は遊行柳を歌枕の地であり、恩師西行が歌にした歌枕の地として特別な感慨を持ってこの柳を見つめたという風に解説している。解説者である批評家のこじ付けかも知れないのに、どの解説もこの説を踏襲している。芭蕉も西行の歌った〝清水流るるの柳〟と書いて思いを表現していたと読むべきかも知れない。〝この柳みせばや〟と書いているのは謡曲「遊行柳」の一節なのだろうと思う。能も謡も無智な私には初めて出会ったことであった。たまたま、今、昭和史の鍵を握るといわれる「木戸孝一日記」を読んでいて、偶然謡曲「遊行柳」に出会った。

「昭和六（一九三一）年九月十五日（火）晴れ
出勤。
午後、喜之先生来訪、今日から『遊行柳』の稽古を始む。（後略）」
と出てきたので驚いた。私は始めて「遊行柳」は謡曲か能・狂言の題名だったのだと教えられた。数日後の日記には、
「九月十九日（土）
今朝、新聞に、奉天付近の満鉄路線を支那軍破壊したるにより我が軍之に応戦し、遂に北大営を陥れ、奉天城内を占領せりとの記事あり（後略）」
昭和六（一九三一）年九月十八日、満州事変の引き金となったいわゆる柳条湖事件の日である。『支那（中国）軍破壊』という日本関東軍によるでっち上げで「満鉄路線を支那軍破壊」を口実に奉天城を占領し、これを口火に日本軍が軍事的に中国へ侵攻し、太平洋戦争へ発展する重要な事件である。昨日今日の尖閣諸島を巡る中国国内のデモの発展も、九月十八日柳城湖事件八十周年記念のデモ拡大暴徒化を懸念されているのが、「木戸日記」では、天皇の側近はゴルフを遊び、「遊行柳」を唸って稽古していたわけである。木戸孝一は明治維新の長州（山口県）の勤皇の志士桂小五郎すなわち木戸孝允の息子である。公侯伯子男爵の華族で当時商務省臨時産業合理局第一部長、兼内大臣秘書官宮内省参事官であった。アメリカ視察や毎日のようにゴルフをやり、近衛文麿公爵や西園寺公望元老や秘書の原田熊男男爵と頻繁に情報交換をし、軍や右翼勢力の動向に対して、天皇の統帥権問

題まで苦慮している様子が日記でよく分かる。謡曲を唸ることも華族階級の教養の一つだったかも知れない。

横道に逸れたが、「遊行柳」は謡曲や能で古くから知られていたのを浅学非才の私は知らなかったという恥を書いた次第。能の「遊行柳」は広辞苑に「観世信光作、遊行上人が白河の関を過ぎ、老木の柳の精なる翁に会う」とあるが、詳しい筋書きは分からない。芭蕉の「奥の細道」と遊行柳しか知らなかった無知蒙昧の私が、こんなことまで知ったのも、「奥の細道歩き旅」を始めたからである。芭蕉には「歌枕と俳句の探求」という大きな目標があったが、私はどちらかというと「歩く」ことだけが目的である。いわば副産物であるが、謡曲もゴルフも上流階級の趣味道楽のたぐいで、我々には遠い存在であるので切り捨てておこう。

遊行柳から田んぼの畦道を横切り国道二九四号線へ戻っていった。田んぼの稲は葉も緑を草色に変え、黄色く重たい稲穂を垂れ下げたわわに稔っていた。道路沿いに遊行庵という無料休憩所があったが、先を考え割愛して道を急いだ。これから約十二㎞約四時間予定で歩いていくつもりである。あいにく天気予報は外れ、曇らず、雨も降らず、かんかん照りである。全身汗でずぶ濡れ、汗が目に沁みてくるが、一時間歩いて十分休むペースは崩さず歩く。十三時十五分、木陰があったので休む。休むというより水を飲むために休むといったほうがよい。二九四号線は何処まで行っても道の両側に田んぼが広がり、その後ろに森林の豊かな里山、道と田んぼの間を右に左に縫うように奈良川が流れている風景は境の明神まで変哲もなく続いていた。黒田原から一五、二〇九歩、約九㎞歩いた。次は十四時三十分、一九、五三七歩、約十一・七㎞で小休止。十五時になったとき歩道が広く歩き続けてきた道の左側に、公園のような広場があり、寄居宿の泉田一里塚の跡で小休止。二一、三六六歩、十一・七㎞歩いた。後どのくらいで「境の明神」に着くか見当もつかない。「寄居」という地名が何処までも続いている。もうじき、もうじきと思いながら時計も見ずに歩き続けた。急に田んぼが無くなり道の両側に林が迫り、そのためか道幅も狭くなったように感じ坂道になった。「境の明神駐車場」の立て札が見え、十六時二十五分になっていた。二七、五八五歩、約十六・四㎞歩いていた。やっと「境の明神」に来たと思った。手前関東側に「玉津島神社」があり、峠の頂点に奥羽側の「住吉神社」があった。この神社二つで関東と奥羽の境を分かっている「境の明神」なのである。現在は関東の栃木県と奥羽の福島県の県境になるわけである。芭蕉はどこまでそのことを意識したかは知らないが、私は歴史上の関東と奥羽の境の意味は、大和朝廷が北の蝦夷を防衛する砦を意味する「境」、そのことは、文化的には大和の弥生文化に対する蝦夷の縄文文化の防衛線としての「境」である。歴史的に民族成立や日本国家形成にとって極めて重要な「境」だということを意識した。ここだけ見ても日本民族は単一民族ではなく、土着民族と外来異民族が混合同化していった民族を推測させる。その意味でも重要な「境の明神」であると推測する意識を深く持った。

ともかく、関東に生まれ育った私は、八十四歳にして初めて関東と奥羽の境を足で越す体験をした。私は手前関東側の「玉津島神社」に脱帽して二礼二拍手一拝し、南の関東をつくづく眺めた。そして北向きの奥羽側の「住吉神社」にも二礼二拍手一拝し、北の奥羽を見つめた。関東には故里《ふるさと》があり、奥羽には物故した戦友や学友を思った。

私は北に向かって、奥羽へ、福島へ、東日本大震災の被災地、福島第一原発事故の被災地へ第一歩を踏み入れた。

ホテルには「十六時ごろチェックイン」と予約したが、「十八時ごろに遅れる」と訂正した。初めの計画はこの付近か白河の古関付近の宿を探したが皆無であったので、ここから近間の駅白坂付近も探したが駄目で、結局新幹線の新白河駅近くにしか宿は取れなかった。今日はここから白坂へ行き、東北本線で新白坂のホテルへ行く予定である。明日はまたここ「境の明神」から白河の古関へ向かって歩く予定である。白坂までは約四㎞である。国道二九四号線を白河方面に向かって黙々と歩く、三十分位歩いたところに交差点があり、左方向の矢印に「白坂駅」とあった。県道一八三号線である。この間一人も人には会わなかった。十七時が過ぎ薄暗くなってきた。道の両側に民家が増え、商店もちらほら見えてきた。三十分位歩いたところで、中年の男に出会った。

「すいません。白坂駅へはどう行けばよろしいんですか」と声を掛けた。

「ああ、突き当りですよ」と進行方向を指差した。「あの白い建物が駅舎です」やっと、今日の歩く終着点が見えたと思った。

駅に着いた。十七時三十分、三四、五〇五歩、約二十・七㎞歩いた。駅は無人駅で、「下り新白河方面」ホームは階段を昇り降りした向こう側であった。階段の途中で足が攣り出して動けなくなった。引きつる足を何とか誤魔化し誤魔化し、下りホームについたが、どこを探しても時間表がない。無人で駅員がいなくて時間表がない。ホームは薄暗く、電車は来るのか来ないのかも分からない。疲れ切っていたので、一つだけあるベンチに腰掛け、待つしかないと腹を据えた。急に大きな音でスピーカーがなって、上り列車が来ると告げた。しばらくすると貨物列車が隣のホームを止まらずに走り抜けた。スピーカーで操作するのが無人駅かと認識した。

これがJRの人減らし合理化であったかと遅すぎる認識をした。次のスピーカーも上り列車だったが、隣のホームにはいつの間にか、ちらほら人が立っていた。あの人たちは時間表を知っていて、到着時間に間に合うように集まっていた訳かと考えた。もう十八時を過ぎていた。間もなく「下り列車が来る」スピーカーが鳴った。やっと来るかと思ったら、貨物の通貨列車であった。もう一時間待たされた。いくら腹を据えたといっても暗闇の一時間はなんとなく不安である。十八時半になると人がいなかった下りホームに一人人が現れた。地元の人で時間表に合わせて下り列車に乗る人に違いないと思った。女性のようであるが、私の方には近寄らず離れて立っている。スピーカーが鳴って、「下り列車が来る」ことを報じて、まもなく列車が着いた。手動のボタンを押して東北本線下り列車に乗り込んだ。やっと今日の最後新白河までの列車に乗ってほっとする。しかし、あっという間に新白河に列車が着いてしまった。五分間も乗っていなかった。一時間待たされて、たった

第13日目2012年９月８日（土）
予定コース：黒田原―遊行柳―境明神　天候：晴れ

時分	出発場所	到着場所	歩数	距離(km)	買物	金額	適用
5:45	自宅	ＪＲ大磯					
6:16	ＪＲ大磯				往復JR切符	10,180	
7:44	東京						東北新幹線
8:52		那須塩原					
9:29		黒磯乗換え					
9:48		黒田原					
10:08	黒田原駅	28号線へ	2,445	1.5			
10:50		那須高校・黒川	7,498	4.5			那須町富岡
11:00	黒川、峠登		8,061	4.84			
11:35	峠降りた所	芦野小学校	9,057	5.45			
11:41	28号、294号交差	奈良川	11,244	6.75			
12:00		ラーメン屋					
12:30	ラーメン屋				冷し中華	750	
12:45		遊行柳	12,529	7.5			
13:15	小休止		15,029	9.0			
14:30	小休止		19,537	11.7			
15:00	寄居	泉田一里塚	21,366	12.8			
16:25		境明神	27,585	16.4			
17:30		白坂駅	34,505	20.7			
18:30		サンルート白河	35,067	21.0		12,500	
20:00	夕食						
21:00	就寝						
日計			35,067	21.0		23,430	
累計			360,224	216.1		103,255	

の五分間も列車に乗らない無人駅のＪＲ東北本線とは川柳にもならない。間の抜けた老人の一人旅である。

ホテル〈サンルート白河〉は駅前にあった。チェックインして、明日早朝のタクシーを頼んだ。部屋に入ると、両足の脹脛と太腿がグーんと攣り出した。足をもぎ取るような痛みで身動きできなくされてしまった。二ヵ月の休みをおいた歩き始めのいつもの洗礼である。今日の歩行合計は三五、〇六七歩、約二十一㎞であった。

我慢、我慢、我慢以外に手がない。三十分ももがいて風呂に足を入れ温めて何とか治めた。沈痛消炎のアドフィードのハップ貼り薬を脹脛と太腿にべたべた貼り付けた。八時過ぎになっていた。ホテルの和食食堂で天麩羅定食の夕飯を食べた。「〆張り鶴」熱燗一本を飲んだ。たった一本の酒が効いた。ベッドへ入るとき目覚ましが六時を差していることだけは覚えていたが、目を覚ますと六時過ぎていた。

第十四日目　九月九日（日）

白河の古関―関山（満願寺）を経て新白河駅まで

私は十時間熟睡したわけである。六時半からの朝食バイキングに慌てて急いだ。足の痛みは完全になくなっていた。納豆、生卵、梅干、干し海苔の和食朝食の定番で過ごす。年配のウエイトレスがおしぼりを差し出した。気がつかなかったが、おしぼりに血がついていて、鼻血が出ているのに気がついた。
「有難う」と礼を言った。出血は少なく、直ぐ止まったのを確かめた。
「コーヒーをどうぞ」鼻血にコーヒーは禁忌であるのに断れず、少し口をつけて、席を立った。

八時に予約したタクシーが来てしまって、フロントから呼び出された。
「分かってます。分かってます」と、慌ててフロントで支払いし乗り込んだ。タクシーで昨日の歩行終点であった「境の明神」まで戻ってもらった。その少し手前の左折の表示に、「白河古関」とあり、そこで降りた。歩くと大変な道のりだがタクシーではあっという間である。夕べの「境の明神」から白坂までの夕暮れの道と白坂駅ホームの一時間待ち、四分間の東北本線乗車が遠い昔のようによぎっていった。

そこから道幅の狭い登り坂になり、歩き始める。タクシーで体が沈むクッションの感触から、足の裏にずっしりのしかかってくる重圧の差に、歩き旅の重さを感じた。ここから白河の古関までは、左右林に覆われた細いくねくねと上下する山道であった。朝、汗はかいたが、木陰で比較的暑さも感ぜず気持ちよく歩けた。ちょうど十時、約一万歩歩くと山道から広い県道七十六号線へT字にぶつかり、すぐ右に旗宿の「白河古関跡」があった。

正確には不明であるが奈良、平安の頃、奥羽の蝦夷の侵入を防ぐ関所が三ヵ所作られたと、どの文献にもある。一つは同じ福島県のいわき市の「勿来《なこそ》の関」、勿来とは「夷人来るなかれ」「波越」の意味があるという。いわき市九面《ここすら》付近にあったといわれているが諸

説あり、「菊田の関」の説もある。源 義家も、

吹く風をなこその関と思へども道もせに散る山桜かな

と詠っている。

もう一つは「念珠《ねず》ヶ関（鼠ヶ関）」で山形県鶴岡市鼠ヶ関。越後と出羽の境にある。それに「白河の関」の三ヵ所を「奥羽三関」と呼び、古代大和朝廷が蝦夷侵入の防波堤としていたのであった。

「白河の関」も奈良から平安中期までは存在していたと推定されているが、その後不明になっていた。江戸時代中期、当時の白河藩主松平定信により考証され、この地を白河関跡と推定して寛政十二年（一八〇〇）に「古関跡」の碑をたてて現在に至っている。白河神社の鳥居を潜ると山林が鬱蒼として薄暗く、直ぐ右側に「古関跡」の高さ三、四mほどの大きな碑が立っていた。石段の上は白河神社で右側に、土塁跡や土器類が発掘された考証の跡である。後ろでは県道七十六号線を車の往来する音が轟いていた。

芭蕉が白河の関を訪ねたのは「奥の細道」の書き出しの冒頭から、

「（前略）やや年も暮れ、春立る霞の空に、白川の関こえんと、そぞろ神の物につきて心をくるはせ、（後略）」

と歌枕の地としても心ときめき、家を捨て、旅を住みかと志し立てた「奥の細道」の旅の大きな目的の一つであった。白河の古関に着いた時の芭蕉の感慨の大きさが伝わってくる。「奥の細道」には、

「白川の関

心許なき日かず重るままに、白川の関にかかりて旅心定まりぬ」

と白川の関について芭蕉は「奥の細道」の「旅心定まりぬ」と言い切っている。確かに私自身も千住から旅だって歩いてきて、奥羽と関東の境目に着くと「旅心定まりぬ」と腰が据わってくる感じは同じ思いであった。

「『いかで都へ』と便求めしも断也。中にも此関は三関の一にして、風そうの人心をとどむ。秋風を耳に残し、紅葉を俤にして、青葉の梢猶あはれ也。卯の花の白妙に、茨の花の咲そひて、雪にもこゆる心地ぞする。古人冠を正し衣装を改し事など、清輔*の筆にもとどめ置かれしとぞ。

卯の花をかざしに関の晴れ着かな　曾良」

＊平安末期の歌人・歌学者藤原清輔の著「袋創始」のこと。

白川神社の歌碑に三つの歌が刻まれていた。

「都をば霞とともに立ちしかど　秋風ぞ吹く白河の関　能因法師
便りあらばいかで都へつけやらむ　今日白河の関はこえぬと　平　兼盛
秋風に草木の露を払わせて　君が越ゆれば関守もなし　梶原影季」

「奥の細道」の『いかで都へ』は平兼盛の「いかで都へ」に思いを寄せたものである。

曾良の「俳諧書留」には、芭蕉は白河の関で、

西か東か先早苗にも風の音

関守の宿をくいなにとをふもの
の二句を作っている。私はメモ代わりに、「二八七八、大和から　蝦夷の護り　白河の古関跡」とつまらぬ俳句にもなっていないことを記した。私の血は縄文か、弥生かの想いの迷いを詠みたかったが。

白河の関は千年前から七、八百年前位まであったがいつしか消えてなくなり、二百年前に場所が考証され古関跡の碑が建てられた日本民族の歴史的史跡であった。芭蕉以上に現代の私にとって、「境の明神」とともに心に残るものがあった。

関山と満願寺

白河の古関跡を出て、県道七十六号線を東北へ進んだ。今朝からここまで十時過ぎ、一〇、八九二歩、六・五㎞歩いた。ここは白旗宿の街道である。商家はないが一軒々々の家は大きく立派な建物が多いのには驚いた。産業は米と農林業であったと思うのだが、都市生活者の家々はずうっとお粗末である。一二、六七〇歩、白河の古関跡から一・一㎞歩いたところに二股道があり、斜め右に折れて県道二八〇号線に進む。ここから三八八号線へ出るのに迷った。真っ直ぐ進めばよい道を左折してしまったためである。車が止まっていて、戸が開いている家に声をかけて関山方面の道を訪ねると、どうも元の道のようである。「郵便局があるから」と教えてくれた。この郵便局が目印らしい。地図を見直すと元の道真っ直ぐに「古関郵便局」が確かに目印にあった。安心して元の道に戻り、しばらく歩くと小さな「古関郵便局」があった。十時五十七分、一五、三三九歩、九・二㎞歩いたところだった。日曜日で郵便局は閉まっていたので、正面入口の石段に腰掛けて休ませて貰った。そこへ軽トラックが入ってきて、中年の男性が現れた。

「何か御用ですか」と尋ねられた。

「あ、無断で休ませて頂いております。申し訳ありません」

「いや、かまいませんよ。どちらへお出でです」

「関山の麓を回って、新白河へ抜けたいと思っています」

「満願寺ですか、それならこっちの道が近いですよ。ごゆっくり」と近道という方向へ車で去ってしまった。水を飲み体を休めた私も立ち上がり、近道といわれた小さな橋を渡った道を歩き出した。五分も歩かないうちに、郵便局で声を掛けられた人が、庭木の世話をしていた。

「お茶でも飲んでいきなさいよ」と私を誘い入れた。見事な松の盆栽が両側に立ち並ぶ庭に入ると、庭に粗末なテーブルがあって、「どうぞどうぞ」と椅子を勧められた。

「見事な盆栽ですねえ」まったくの素人の私は盆栽を褒めたが、その後が出てこない。

私は「家は二世帯住宅に建替えた後、庭を全部潰して、百日紅《さるすべり》が一本だけになってしまって」と弁解めいたことを言い繕った。その間に急須を出し、茶袋を出して、茶を入れた。

「暑い時は冷たいものより、熱いお茶がいいんですよ」と濃く色の着いたお茶を出された。一口含むとお茶のなんともいえない渋みを含んだ甘い味が口中に広がった。思わず、

「ああ、美味い」と叫びに近い声で言った。

「こんな美味いお茶は初めてです」お茶の袋には「静岡茶」と大きく書かれていた。「福島県でも、このあたりは震災の影響は少なかったんですか」

「とんでもない。この辺も被害は大きかったんですよ。もう、目には見えませんが、原発の風評被害だって大変な影響を受けていますよ。お宅さんのほうはどうなんですか」

「私は、神奈川県の真ん中の大磯から来たんですが、震災も、原発事故の影響もありません。旗宿を通ってきたんですが、あそこは街道に大きな家が並んで裕福そうに見えたんですが、このあたりの産業は何なんですか」

「あそこは宿場町だったから特別なんです。この辺の産業は米と、国有林を借りて植林した林業だったんですが、すっかり輸入木材にやられて、林業はさっぱり駄目になりました。若者も村を出ていなくなりました」

「私は飲み水の安全を専門にしています。十五年ぐらい前、阿武隈川の調査を頼まれましたが、あそこの上流は牛、豚、鶏の畜産が盛んで、数万頭の家畜が飼われていて、その家畜の屎尿処理がなされないまま、阿武隈川に流れ込んでいるので、測定できないくらい高濃度で大腸菌汚染があって困りました。改善しろといっても、金のかかる話ですし、皆さんの生活があるから、止めるわけにもいかぬし」

「あそこは戦後引揚者が入植したところなんですよ。この辺の水道も水源は阿武隈川なんですよ」

私は、これ以上無責任な話は出来なくなり止めてしまった。

「関山へ登るのは満願寺ですか」

「『奥の細道』をたどって歩いているんで、芭蕉がお参りしているので、関山の下まで来たのですが、もう歳ですから、止めようと思っています」

「登りなさいよ。あそこは義経も通って、関山を下って、ここへ降りたところです」

「鎌倉の頼朝に追われ、平泉の藤原氏の援けを求めて、ここを通ったんですね。芭蕉も義経判官贔屓で「奥の細道」も義経の跡をたどっているんです。それもあって満願寺へ寄ったのかも知れません」

「あそこへ登ると義経事跡も沢山ありますよ」と勧められたが、足に自信が持てなかった。喋りこんで四十分以上も長居をしてしまったことを詫びて、そこを辞することにした。別れ際に名刺を頂くと、白河市市会議員の肩書きがあった。

「合併合併で、その肩書きも前のもので、もう止めています」白河市表郷中野字柳橋の地域にも、元市会議員さんで古関郵便局長の高橋利雄さんにも、私には分からないが、どうにもならない寂しさを感じるのであった。

高橋さんの前の道を進んでぶつかったT路の峠道を左に越えていくと国道二八九号線へ出ると教えられた。峠道の木陰で小休止を取った。十二時十五分、一八、八六七歩、約十一・三㎞、高橋さんの所から二㎞しか歩いていなかったが、県道三八八号線の標識があった。探していた県道三八八号線をいつの間にか歩いていた。T字路にぶつかり左折して、酒造所の前を右折しろと教えられてきたが、そのとおりになっていた。峠は過ぎて田んぼ

第14日目2012年９月９日（日）
予定コース、白河の旧関、関山、新白河　天候：晴れ

時分	出発場所	到着場所	歩数	距離(km)	買物	金額	適用
6：00	起床						
6：50	朝食						
7：50	チェックアウト					7,780	
8：10	サンルート白河	境明神				4,600	
10：00	旗宿	白河古関	10,892	6.5			
10：20	関山入口二股	280号へ	12,670	7.6			
10：57	古関郵便局	小休止	15,339	9.2			
11：45	高橋局長宅茶馳走						
12：15	288号峠越え		18,867	11.3			
13：00	T字路酒屋右	関辺小目指	21,608	13.0			
13：50		289号線	22,487	13.5			
14：10	ラーメン味平				昼食	980	
14：25	バス停	小休止	25,526	15.3			
15：45		新白河	33,643	20.2	巨峰、他	2,000	
日計			33,643	20.2		15,360	
累計			393,867	236.3		118,615	

が開けてきたはるか向こうの岡の上に教えられたとおりの関辺小学校が見えた。歩く道は間違いなさそうであった。十五時三十分、二二、四八七歩、十三・五㎞歩いてぶつかったT字路が国道二八九号線であった。その角に〈味平〉というラーメン屋があったので入った。全身、汗などというよりずぶ濡れになっていた。氷水をコップに三杯続けざまに飲み干した。その上、水筒に氷水を詰めてもらった。ここからは「新白河」まで一本道である。路線バスも通っている。バス停の時間表を見ると一時間に一本ぐらいであった。途中南湖公園などもあったが寄る余裕はなかった。バスの運行に合わせたわけではないが、一時間ごとに小休止を取り、ラーメン屋で補給した氷水を飲んだ。新白河駅には十五時四十五分、今日の総歩行数三三、六四三歩、約二十・二㎞を歩いた。今日まで三十九万三千八百六十七歩、約二三六・三㎞歩き終わった。駅の売店に新鮮そうな巨峰（伊達みらい）が並んでいたのでお土産代わりに買った。

第十五日目　九月二十二日（土）晴れ

矢吹―鏡石

前回、遊行柳を抜け、境の明神、白河の関を越え、関東栃木県から東北福島県へ入った。今日明日は福島県内の新白河から矢吹、鏡石、須賀川から郡山まで歩く予定である。一日二十㎞以内にはおさまらない距離にはなりそうであるが、ほぼ中間の距離の鏡石にホテルがとれたのでほっとしている。

前回、東北新幹線をひと電車遅く出たために、午前十時から歩き出す失敗をしたので、出発を早くした。家を四時四十五分に出て、JR大磯駅五時十四分上り東京行きに乗った。六時四十分発、二階建のやまびこ二二〇号に乗り、前回より二時間早く新白河に八時六分に着いていた。二時間早く歩き出せることは夜六時に着く予定をまだ陽の高い四時に着くことになるので、これほど有難い旅の余裕はない。

ところが新白河駅から奥羽街道四号線に出るまでが迷いに迷った。やっと、四号交差点にたどり着いたのが八時半、四、五四五歩、一・七㎞もうろうろしていたわけである。睡眠不足だったのかもしれない。北に向かって歩き出す。まだ、店はあっても開いていない。国道沿いは自動車の展示販売店とガソリンスタンドしかない。歩道も整備されていない。歩道のある側右左へ移動しながら歩く、商店街がなくなってしばらく片側にしか歩道のない橋にぶつかる。橋の名も川の名も分からない。しばらくして四号と二九四号分岐点「薄葉」にきた。工事をやっている人に、今通った川の名を聞くと、ぶっきらぼうに、「阿武隈川」と答えた。やっと阿武隈川に出合ったという思いがあった。十年以上前、東京農工大の連中と阿武隈川を合同調査したので懐かしいが、私の調査した阿武隈川は今日見た白河の阿武隈川の数倍も大きかったので、白河四号線の阿武隈川を見て、これが同じ川だと言われるまでは分からなかった。川全体のどの辺りか見当もつかない。もう四号線では阿武隈川にはぶつからないかも知れない。芭蕉は奥の細道で、

「須賀川

　とかくして越え行くままに、阿武隈川を渡る。（後略）」

と記しているが、この阿武隈川と私が渡った川が同じであるかどうかは分からない。

「左に会津根高く、右に岩城・相馬・三春の庄・常陸・下野の地をさかひてやまつらなる。かげ沼と云う所を行くに、今日は曇りて物影うつらず（後略）」

と書いている。

九時二十五分新白河の交差点から一〇、一一七歩、六・一㎞歩いた。近くの「女石」に「福島80㎞、郡山35㎞、須賀川22㎞」の標識が出ていた。九時四十分、一一、九七一歩、七・二㎞歩き、約一時間たったので小休止、今朝は薄曇りで直射日光がなく、汗はかかないので凌ぎよい。喉の渇きも少ない。水は飲んだが、それほどの渇きも感じない。

　十時過ぎから陽が照り始めた。車道に狸の轢死体が転がっていた。口から血を吐き、毛はまだ艶やかなので、まだ早朝に轢かれたのだろう。夜中から早朝疾走する車には林から飛び出す狸は見えないだろうし、狸には車道も歩道もない。道は人の歩く道ではなく、人が邪魔な車の道である。しばらく歩くと二四目の狸の轢死体も見た。さらに歩道に干からびた狸の轢死体もあった。これが奥羽道、奥の細道なのかも知れないと思った。しばらくすると、歩道にまだ青い毬栗が散らばっていたし、茶色に色づいた栗も転がっていた。通り過ぎたが、栗の数が多かったので、拾ってもよいなと引き返し、毬を踏んで栗を出し拾い集めた。ビニール袋に二十個ほどあった。リュックに入れて歩き出し、「奥の細道栗拾いか」と一人苦笑した。次の日も二ヵ所で落ち栗に出会った。やはり奥羽道の秋であった。十一時二十四分「泉崎村境」の標識が出ていて、二〇、四五〇歩、十二・三km歩いていた。近くに〈ラーメン椿〉の看板が出ていた。ラーメンは余り欲しくなかったが、食堂が少ない街道歩きには発見した時のタイミングが大事と思い入った。熱い熱い味噌ラーメンにニンニクをスプーン二杯入れた。しかし、氷水はがぶ飲みしたいとは思わなかった。ちょうど、正午十二時に〈ラーメン椿〉から四号線に出た。

書き忘れたが、今日明日にかけて、今日は晴れ、明日は雨の違いはあったが、白河沿道には自動車販売店があったが、矢吹付近の沿道、須賀川にも商店は少なく、田んぼと林に囲まれた風景が続き、家の周りに葱、隠元などの小さな蔬菜畑の周りをコスモスが咲き乱れ、秋酣《たけなわ》を謳歌していた。

十二時五十五分、「日本橋から二百km」の標識が出ていた。二五、九四九歩、十五・六km歩いていた。小野、滝根の二股道で歩道がなくなりあちこち少々迷う。十三時四十分、「福島70、郡山25、須賀川12km」の標識が出ていた。今日は須賀川から五、六km手前の鏡石泊まりである。後七kmぐらいかなと思う。ここまで二八、五四八歩、十七・一km歩いた。次に十四時十分、三一、一七一歩、十八km歩いたところの矢吹町大林歩道橋の日陰で小休止した。十分休んで歩き出すと「矢吹駅」の右方（東）の矢印が出ていた。十四時三十分、三一、九七一歩、十九・二km歩いたところである。午後から日照りが強くなりのどの渇きより暑さで体が火照ってきたので、十四時四十分から十五時まで、三三、四七三歩、二十・一

第15日目2012年９月22日（土）
予定コース：新白河、矢吹、鏡石　天候：晴れ

時分	出発場所	到着場所	歩数	距離(km)	買物	金額	適用
4：45	自宅	ＪＲ大磯	2,410	1.5	往復JR切符	11,210	
5：14	大磯	東京					
6：40	東京	やまびこ 202号			パン、コーヒー	350	
8：06							
8：30	４号交差点		4,545	2.7			
9：25	阿武隈川	294号分岐点	10,117	6.1			
9：40	女石		11,525	6.9			
9：45-55	小休止		11,971	7.2			
11：24	泉崎村境	ラーメン椿	20,450	12.3		1,040	
12：00	出発						
12：55	日本橋から 200km		25,949	15.6			
13：40	福島70、 郡山25	須賀川12km	28,548	17.1			
14：10	矢吹大林 歩道橋		31,171	18.7			
14：30		矢吹駅	31,971	19.2			
14：40	セブンイレブン		33,473	20.1	ソフトアイス	198	
15：15	鏡石旧道		33,634	20.2			
16：30		第一ホテル	41,771	25.1		8,000	
日計			41,771	25.1		20,798	
累計			435,638	261.4		139,413	

km歩いた道の向こう側東側の〈セブンイレブン〉へ駆け込み、ソフトアイスにむしゃぶりついた。しかし身体は少しも冷えず、のどの渇きが倍増し、水ばかり飲むようになった。

十五時十五分、三三、六三四歩、二十・二km、勘で旧道と思われる鏡石町への分岐点へ右折した。その判断は間違っていなかったが、そこからホテルまでは思ったより長かった。後は鏡石の駅を目指し、ホテルを目指し黙々と歩いた。予約した〈鏡石第一ホテル〉からFAXで送ってもらった略図では距離感が分からず、小学校や役場がいつまで経っても現れず、一時間以上歩いた。何とか地図にある〈セブンイレブン〉を見つけ、地図と現在地が一致するようになり、やっとホテルにたどり着いた。十六時半、四一、七七一歩、今日は規約違反の二十五・一km歩いた。前回のように足は攣らず、痛まず順調であった。風呂で十分足を温めた。夕飯は七時、九時には寝た。

第十六日目　九月二十三日（日）終日雨

鏡石―須賀川―安積山―郡山

昨夜九時に寝て、一度目が醒めたのが二時頃、そのまま寝入って六時に目が覚めた。九時間寝たことになる。

七時からの朝食にあわせて食堂に行くと、同宿十人ほどはもう朝食を食べていた。二食付き一泊七千七百円の朝食はほどほどである。ただ納豆のないのが淋しい。昨日二十五km

歩いたので、予定で言うと今日は二十㎞前後で、昨日よりは楽であろうと身支度を整える。昨日の着替えが汗びっしょりでその分リュックが重くなっている。会計を済ますと、夕べ飲んだ熱燗一合は三百円しか取ってないサービスがついた。意地汚い呑兵衛は酒のサービスは必要以上に嬉しいものである。

玄関を出ようとすると雨である。小雨ではない。大雨でもないが、雨脚はしっかりしている。上下の雨ガッパで完全武装するほどではないと全身を覆うビニールのカッパをリュックの上からかぶる。上半身はよいが、ズボンから下が濡れそう。そのうち止むかも知れないと、その軽装で雨の中を歩きだす。

ホテルに着いて初めて知ったことだが、この鏡石というところは、小学唱歌にあったと思うのだが「牧場の朝」が作られた地だった。小さい町であるが私が泊まった〈第一ホテル〉もこじんまりしているが歴史があるホテルということだった。「もう起き出した牧童の」だったたか、忘れたが。

午前八時ちょうどである。昨日の旧街道を歩いて八時四十五分、四、四七二歩、二・七㎞歩いた高久田というところで新旧四号線が合流していた。そのまま、新道を歩いてしまったが、どこかで新道はバイパスで別れたらしいがそれも知らずに、私は今日一日の殆どを歩道もあやふやなバイパスを歩いたようである。

芭蕉は、須賀川の等窮の家で、四日間も逗留し句会も開いているし、歌枕の地安積山《あさかやま》も尋ねているが、私は素通りする以外にない。「奥の細道」では、

「すか川の駅に等窮というものを尋ねて、四、五日とどめらる。先ず『白河の関いかにこえつるや』と問う。『長途のくるしみ、心身つかれ、且は、風景に魂うばわれ、懐旧に腸を断ちて、はかばかしう思いめぐらさず。

風流の初めやおくの田植えうた

無下にこえんもさすがに』と語れば、脇・第三と続けて三巻となしぬ。（後略）」

連句、三巻も作ったと書いている。行基菩薩の古事も栗という字は西に木と書くので西方浄土に便りありとし、生涯杖にも柱にも栗の木を使ったなどと書き、「世の人の見つけぬ花や軒の栗」と記している。私が道中栗拾いが出来たのも、行基菩薩の栗の古事の「西方浄土に便りあり」だったのかも知れない。九時、大きな道と交差する陸橋の下で小休止する。雨で気温が低く喉も渇かない。五、七九〇歩、まだ三・五㎞しか歩いていない。ズボンから下はずぶ濡れになってきた。気持ちが悪い。仕方ないので歩き出す。

いつの間にか、交差点を渡る歩道がなく地下道になっていた。これがバイパスだったのかもしれなかったが、奥羽街道はこうなっているのかと迷わず歩き続けた。車のスピードが皆速く、歩道の人にお構いなく、水しぶきを上げて走り去る。特にトラックは全身に水しぶきを浴びせるようにはねていく。途中、九時三十分、道の西向う側に、よく手入れされた松林の公園が見えた。「旭が岡公園」と小さな文字は間違いかも知れないが、そう読み取れたが、その公園へ寄る気力がなかった。「郡山まで13㎞」の標識が出ている。七、四三五歩、四・五㎞しか歩いていない。雨は降り止まず、とめどなく降り続いている。交差点を地下道で渡っているうちに、左側西側の歩道を歩いていた。どこか喫茶店のようなところで雨を凌いで休みたいと思っていたところに、十時三十分、道の反対側に〈マクドナルド〉の看板が見えてきた。一二、三八一歩、七・二㎞歩いていた。ココアが呑みたかったが、〈マクドナルド〉にはなかった。アップルパイとカフェオレを頼んだが、カフェオレはコーヒーとクリームが分離して混ざらず、何を飲んだのか分からなかった。雨を凌いだ店の中で休憩できたのはよかったが、飲み物は期待はずれだった。ズボンから下はぐしょ濡れで、雨上がりを期待したが降り続いていて止む気配はなかった。

標識に「日本橋より二二〇㎞」が出て、安積町《あさかまち》の標識が見えた。十一時、一八、二六六歩、十一㎞歩いていた。芭蕉は等窮の家を出て歌枕の地、「安積山」へ向かったが、現代の辞書には「あさかやま」と引いても「安積山」は出てこない。「安積」を「あさか」と読めない人が多いのではなかろうか。「奥の細道」で一項目「あさか山」を設け「花かつみ」を人に尋ねても誰も知らなかったと書いている。安積山も、安積町も目の前に現存するが、短歌や俳句をやる人には歌枕の地として既存のことであろうが、あまり縁のない私は割愛することにしている。

十二時近く、大きな食堂が見えてきたが、そばまで行くと「焼肉と寿司」とあり、若い人が店の前で並んでいた。焼肉も寿司も好ましくなかったが、並んだ人を見て諦めて通り越した。次の食堂を待ったがなかなかない。遠くに「定食」の看板が見えたが、そばまで行くと「盆栽」であった。空腹による幻影かも知れない。歩道が右に分かれ下に降りる所

第16日目2012年９月23日（日）
予定コース：鏡石、須賀川、郡山　天候：終日雨

時分	出発場所	到着場所	歩数	距離(km)	買物	金額	適用
6：00	起床						
7：00	朝食						
8：00	出発						
8：45	新旧四号合流	高久田	4,472	2.7			
9：00	陸橋下		5,790	3.5			
9：30	旭ヶ岡公園	郡山13km	7,435	4.5			
10:30	須賀川西町	マクドナルド	12,381	7.4		290	
12:00	安積町	日本橋220km	18,260	11.0			
13:20	比内鶏ヤスケ	安積店	24,105	14.5		1,400	
15:30	郡山駅		33,167	20.0	土産	3,490	
	タクシー	大磯駅				710	
日計			33,167	20.0		5,890	
累計			468,805	281.4		145,303	

へ来た。

十三時二十分、二四、一〇五歩、十四・五㎞歩いたところで、大きな看板に「比内鳥サスケ」と出て、二百ｍ右とあったので迷わず右に曲がった。比内鳥の親子丼であった。鶏肉は柔らか味がなく、噛みでのある硬さがあった。親子丼にはタマネギを入れるが、タマネギ抜きの鶏肉と卵だけの親子丼であった。まあまあの納得のいく味と歯ごたえがあった。そこで、郡山駅までの道を聞くと、先ず四号線までの道を教えた。それが私の歩いて来た四号線と違うので質すと、「その道はバイパスですよ」と否定された。私は四号線バイパスを歩いて来たようであった。もう引き返すことも出来ないので、教えられたとおり、四号線まで出て、四号線沿いにある郡山駅まで歩くことにした。話だけ聞くともう直ぐそこのように思えたが、四号線にたどり着き北に向かってまだかまだかと歩いているうちに二時間以上も歩かされた。十五時過ぎに郡山駅についてみると三三、一六五歩、ちょうど二十㎞歩いて来た。昨日の二十五・一㎞とあわせて今回は四十五・一㎞歩いた。奥の細道の合計二八一・四㎞歩いたまだ全行程の十四％しか歩いていない。私の目標は後者であって、芭蕉の後追いや俳句はつけたしに過ぎない。

駅の土産店で適当に土産を買い、改札に行くと次の東北新幹線の発車まであと三分の十五時三三分発「やまびこ一四〇号」だった。自由席に何とか座れたが、途中宇都宮、大宮、上野しか止まらない特急で、東京に十六時五十分には着いてしまった。十八時には家に着いた。

第十七日目　十月八日（月）晴れ

郡山―二本松　二十五㎞歩く

五月から歩き始めて、七、八月は休んでしまったが、延べ十六日間二六〇㎞以上、東海道で言えば約半分の距離を歩いて来た。歩き慣れて、悪い方の「狎れ」だけで「歩くことだけが目的」になり、景色も見えず、汗や疲れや足の痛みだけに気を奪われ、無念夢想ならまだしも、腑抜けのように歩いている気がしてきた。ここであらためて、俺は、良い歳をして、家族に迷惑をかけながら、何故歩いているのだろうと考え直してみた。芭蕉が歩いた「奥の細道」をただ追いかけて歩いているだけでもよいが、私はそこになにかを期待しているのだろうか。期待はしていないと思う。東海道が約五百㎞なのでその約四倍の二千㎞を歩いてみようと単純に考えていたこともある。ただ「奥の細道」を読み直しているうちに、俳句や歌枕や義経やが出てくるので、あまり深入りせずに、興味を引かれれば、それも道草にしながらと考えていた。「殺生石」「遊行柳」など能や謡曲に取上げられた地名も辿っていることが分かると、趣味がない私には、もう手に負えないと思うようになった。ただ、無目的だが、先天的か後天的に鍛えられたものか、「負けず嫌い」「困難に無謀と知りながら挑戦する」気質が芽生え、目的が分からなくなっても、やりかけたことはやってしまう根性が、今の私を突き動かしているようである。「無償の行為」になっていると思う。私の好きな歌に、「憂きことの　なおこの上に　積もれかし　限りある身の　力ためさん」と三日月に祈った戦国武将山中鹿之介の歌がある。安易に楽をすることを厭い。好んで苦難こそ試練と立ち向かう気概を持った武将である。私はこの気概が好きなのである。確か七十年前、小学校五、六年の頃に習った読み方（国語）か国史で教わった古事が十一、二歳の少年時代の私に染み付いた歌というより根性になってしまったのかも知れない。で、始めてしまった「独り歩き旅」は、足が動かなくなるまでやり切る根性は少年時代と変わらないと考えている。

今日も朝四時に起き、四時半に家を出たが、常時入れておくズボンのポケットに携帯電話がないことに気付いた。携帯についている万歩計がないと、距離が分からないので、「独り歩き旅」の必需品なのである。体中探してもない。もう家から三百m以上歩いているが引き返した。予定より更に十五分間の余裕を持って家を出たことが、旅狎れの幸運だった。家に着き目ぼしい場所を探すと、前日はいたズボンのポケットにあった。この騒ぎで息子が目を覚ましてしまった。

「ごめん。ごめん」と謝った。息子は眠そうに階段を上がり戻っていった。五時十四分発には二十五分ある。充分に間に合った。東京駅では六時四十分の「やまびこ二〇三号」に乗り、郡山には八時二十分に着いた。駅で念のため用を足したが、快調であった。この用便で今日一日快適に歩くことが出来た。郡山駅前は近代的ビル街である。駅前からこの前の終着点四号線交差点まで西に歩いた。右折して二本松へ北に向かって歩き出した。郡山市は大都会である。街道の町並みは自動車各社の販売店が軒を連ね、「郡山に福島県庁を」というポスターと看板が随所に目に付いた。

今回の一泊二日は、一日目は郡山から二本松まで約二十五km、二日目は二本松から福島市まで約二十二km計四十七km歩く予定である。

前々回の「境の明神」から福島県に入ったが、あの大震災も原発事故の影も形も見えない。福島でも太平洋沿岸から離れているためとは分かるが、歩いていて何も感じないのは私が鈍感すぎることもあるが、影響が少なかったことは事実である。逢瀬川に架かる逢瀬橋を渡り、歩き始めて一時間過ぎ「日本橋から二二八・五km」の標識のところに「善宝池」が道の左（西）側にあった。しばらくすると大きな「総合南東北病院」があり、その前の歩道橋で、歩き始めて一時間、八、七五〇歩、約五・三kmになったので小休止、今朝詰めた氷水の氷がからからと鳴って渇いた喉を潤してくれた。

この頃から、田んぼがちらほら見え始め、稲刈りが終わって藁束が干された田んぼと、まだ稲刈り前の重い穂に頭を下げっぱなしの田んぼに取り入れの刈り取り機が動いていた。遊行柳の田んぼあたりから、黄色くたわわに稔った稲穂が垂れ下がり、秋の豊穣に満ちた景色が街道の両側にひらかれていたが、このあたりから、刈取り機が畝ごとに稲を刈取り、脱穀も素早くやってしまい、稲藁を吐き出している。七十年前、大戦中、農村動員で刈り取り後の乾いた田んぼの畝起こしをやらされ、一鍬土に入れて、重い田んぼの土がずっしり両腕と両肩に食い込んだ農村動員を思い出した。一畝の土起こしがどれほど大変だったか。冬になると田んぼの水を暗渠排水で抜いて、二毛作の麦を作るため、田んぼの周辺に穴を掘って中に土管を入れ排水する深さ一m以上の暗渠排水の側溝を掘らされた。カチカチに凍った土を掘るのは田起こしの辛さ以上に、スコップが凍った土にカチンと跳ね返され、上下の歯に響くほど辛いものはなかった。機械化された現代の人にはもう解らない。その次が春の田植え、夏の草取り、秋の刈取り、脱穀、そして冬の暗渠排水の穴掘り。全ての手作業を私たちは経験して知っている。その思いを胸に目の前の刈取り脱穀機のエンジン音がいとも簡単に刈取り脱穀し、藁束を吐き出す様を凝視していた。もう米は余って、暗渠排水で二毛作をする必要もなくなった。器械に投資した金額は大きくとも、このために農作業が軽減され、耕地面積を増やし、収穫高をどれほど増やしたことか、機械化の功績は計り知れない。何か自動車の便利さに逆らって人力の足で歩き旅を続けている私そのものであると思った。しかしと思ったが、田起こしで鍬にかかった土の重量が腕と肩に食い込んだ辛さ、暗渠排水の穴掘りでスコップが凍った土にカチンと跳ね返されるつらさの七十年前の記憶が、機械化の優位性には勝てないとからだに納得させていた。車道側で突っ走る自動車を見直す。時速三㎞の歩行と時速五、六十㎞の車の差は歴然としている。人手の鍬と鎌と刈取り脱穀機、そして田植え機の違いである。

ちょうど十時、「日本橋から二百三十㎞」の標識が出ていた。まだ郡山から九、四四六歩、五・四㎞しか歩いていない。私は二三〇㎞を徒歩で八泊十六日をかけてきたが、時速五十㎞の自動車なら四時間半で来てしまう。新幹線なら二時間で来る。このことに何故抵抗しているのだろう。抵抗ではないにしても。ジェット機、新幹線、自動車の便利さ有利さに、衰えているはずの人の体力はどのくらいになるのか。その衰えをためしているのである。この機械化自動化の時代に馬鹿げた話である。道理に合わない不条理かも知れない。

『憂きことの　なおこの上に　積もれかし　限りある身の　力試さん』恩師山岸外史先生は「不可能の探求者」といわれた。山中鹿之介は「不可能」か「不条理」かに諦めずに挑んでいる。「不可能」か「不条理」か両者は似て非なるもののような気がする。「不条理」は人生の「絶望状況」「限界状況」で「諦観」の境地である。しかし恩師山岸外史先生の「不可能の探求者」も山中鹿之介の「限りある身の　力試さん」も不条理を否定し、いかなる困難も克服し挑戦しようとしている。私も同じ意志で挑んでいる。

日本橋から二百三十㎞の標識の地点から一時間ばかり進むと十一時、一三、七九六歩、八・三㎞歩いたところに「仙台まで百十八㎞」「福島三十九㎞」「二本松十六㎞」の標識があった。今日はあと十六㎞歩かなければならない。さらに一時間歩くと五百川に架かる日本橋《ひもとばし》。日本橋と書いて「にほんばし」でなく「ひもとばし」と読ませる同字異名の橋があった。十二時、日本橋を渡ると直ぐ〈五百川食堂〉があったので飛び込む。十二時五分、一八、七一二歩、十一・二㎞歩いていた。朝食を駅弁のサンドイッチで済ましたので、少し昼食は多めにと「殿様カツライス」を頼んだ。巨大なトンカツに驚いたが、むりに平らげた。これが食べすぎで、あと午後の歩きに大いに影響した。胃が苦しいのである。もう何十年と経験したことのない苦しさであった。こんな時は年齢を強く感じるものである。一時間食事して十三時に食堂を出た。郡山市は大きな都市でまだ郡山市の北部のようである。「白石まで六十五km」「福島三十五km」「二本松十三km」の標識まで行き着いた。二〇、三三二歩、十二・二km歩いた。直ぐ郡山市を過ぎ「本宮市」との境界に着き、本宮市役所のある万世交差点に着いた。二五、五八五歩、十二・二km歩いて来た。しばらく歩くと安達太良《あだたら》川大橋にぶつかる。二六、一一二歩、十五・四km歩いたところである。このあたりから、やたらと安達太良の地名が続く。

「境の明神」を過ぎ、福島県に入ってから延べ三日間も歩いたが、東日本大震災や福島原発事故の被災痕跡らしいものに何もぶつからなかっが、郡山市を過ぎる頃から「本宮市」へ入る境界付近のところあたりから、余り目立たぬ大きさで「応急仮設住宅町村名」と路地への矢印があり「浪江町」とあった。矢印の方向を見回したが、それらしいものは見えなかった。郡山にも本宮にも福島市にも、この表示が数ヵ所に見えた。しかし、仮設住宅は街道からは見えなかった。仮設住宅はそれほど奥の方にあるのだろうと思った。私の視野に見えないところにテレビで放映される映像で想像する各地の仮設住宅を思い浮かべていた。これが被災地へ来て出会った初めてのかすかなものであった。今日も明日もそれ以上のものには出会うことが出来なかった。

私が歩いている街道の西側の広場に、安達太良の大小さまざまな多彩なテント小屋のフリーマーケットに出会って、「安達太良」の余り馴染みのない地名につられて入った。特別に地元産品が売られているわけでもなく、「安達太良」の何かがあるわけでもなかった。

奥に安達太良地産品即売の店があったが、ここにも特別な農産物はなかった。一人店番をしている女の子に、

「安達太良は何処に見えるのですか」と聞いたが、

「向こうに見える右端の山ですよ。外で直ぐ見えますよ」といった。私はその方向の山並みを見て、低い近くの低い山並み、遠い高い山並みがあり、それらしい山を探したが、分からなかった。要するにあの方向だろうと山並みを眺めて諦めた。

そこは「仙台へ一一〇km」「福島へ三十一km」「二本松へ九km」、「仙台へ一一〇km」と、仙台に近づいている事を知った。今日の二本松へも十kmを切ったところに来ていると思うだけで気分的に楽になった。しばらく歩くと、私が歩いている西側四号線（奥州街道）の向い側、東側に大きな桝折病院が見えた。十六時十五分、三三、六一六歩、郡山駅から十九・六km歩いたところで小休止をした。今日も明日も夏を歩いて来て初めて感じた汗をかかない歩き旅だった。日除け帽子を被らず陽射しを強いと感じない旅で、疲労感も感じないほどであった。

しかしそこから先、国道四号（奥州街道）線から用意した経路で指示する県道四五九号線、三六二号線などが何処まで歩いても出てこない。道は長い上り坂になり、大きなガソリンスタンドからその日初めて出会う地元の人らしい中年の男性に、道を聞く、もう日が暮れ始めていた。

「このまま道を進んで、三つ目の信号を左に曲がって、その道をしばらく歩いて、橋があ

るからそれを渡って、川沿いに右へ曲がっていくと川の向こうに二本松駅が見えてくる」

見たこともないことも歩いたこともない道の説明を聞いたが、一つは二本松に近づいている実感を感じたし、迷っても東北本線二本松駅を目標にすれば大丈夫だと確信した。歩き出すと携帯に電話が入った。家内からであった。

「ホテルに着いたの？」であった。「五時過ぎて真っ暗になったが、ホテルの近くに来ている。着いたら電話する」と切った。

教えられた三つ目の信号を二つ目の信号で曲がってしまったが、人家もなく、人も通らない道をかまわず進むと、遠くにコンビニの明かりが見えた。県道の車道のようであったが、コンビニの明かりを目指して進んだ。名も聞いたこともない地方のコンビニであった。コンビニに入ってアルバイトらしい女子高校生に二本松駅への道順を聞いた。川を渡ることはガソリンスタンドで聞いた道順と同じであった。礼を言って先を急いだ。途中人家が増え、街灯が増え、人が歩いて来たので、駅までの道を聞くと、近道を教えてくれた。細い山道だったが、左下に駅舎が直ぐ見えてきたので迷わず駅に着き、陸橋を渡って駅の向こう側に出ると明るい駅前広場に出た。タクシーの溜まり場で運転手に、

「アーバンホテル二本松は何処ですか」聞くと、「あそこ」直ぐ目の前を指差した。私は大きくため息をついた。もう十八時になっていた。フロントに着くと携帯が鳴り、また女房から。「ああ着いた着いた、ちょうどホテルに着いたところだ。一寸迷ってしまったんで、もう大丈夫」「ああよかった」

第17日目2012年10月８日(月)
予定コース:郡山―二本松　天候:晴れ

時分	出発場所	到着場所	歩数	距離(km)	買物	金額	適用
4:35	自宅	JR 大磯			ジパング	12,830	
5:14	JR大磯						
6:40	東京	やまびこ203号			サンドイッチ	360	
8:20	郡山						
8:40	四号線	(奥羽街道)					
9:00	逢瀬橋	(逢瀬川)	5,608	3.4			
9:21	善宝池	228.5 k(日本橋)	7,088	4.3			
9:43	小休止	総合南東北病院	8,750	5.3			
10:00	福島41km	230(日本橋)	9,446	5.7			
11:00	仙台118km	福島39、二本松16	13,796	8.3			
12:00	日本(ヒモト)橋	五百川	18,276	11.0			
12:05		五百川食堂(昼食)	18,712	11.2	トンカツ	1,680	
13:00	五百川食堂						
13:15	白石65km	福嶋35、二本松13	20,322	12.2			
14:30	万世交差点	本宮市役所	25,585	15.4			
14:50	安達太良川	安達太良川大橋	26,112	15.7			仮設住(浪江町)
	仙台110	福嶋31、二本松9					
16:15	桝祈念病院	小休止	32,616	19.6	柏屋	5,690	
18:00	アーバンホテル	二本松	41,600	25.0			
18:30	夕食						
日計			41,600	25.0		20,560	
累計			477,238	286.4		165,863	

フロントでは、「六時半、夕食が予約されていますので用意してます」と事務的な言葉が返ってきていた。

今日は四一、六〇〇歩丁度、二十五・〇㎞歩いた。今回の「奥の細道」歩きで一日歩行距離では最長になった。この日も、目覚めた次の日も、足も腰も何処も痛みも疲労もなかった。狎れてきたのか、気温が下がったためか、ともかく快調であった。

何か変ったことをしたかを振り返ったら、〈ワークマン〉で買った安全靴を東海道以来履いてきたが、傷んで、先日の雨降り歩きで水漏れしたために、靴を買い換えることにした。安全靴は航空機に乗る時の金属探知機で、腕時計まで外してもピーっと鳴ってしまうために、「靴を脱いで下さい」といわれ、靴を脱いでくぐったら鳴らなくなった。「安全靴ですね。鉄板が入っています」といわれ、さすが専門家だなと感心したが、安全靴で旅行する非常識を反省をしたが、そのままはき続けてきたのだから、雨漏りするまで反省などしていなかったのである。今回は東海道より長旅だから専門の靴屋といっても、安価な靴が並んだ靴屋さんに入って、防水を気にしながら、歩くウオーキング用で防水を完備した軽い靴を前回の倍の5千円で買ったものである。振り返ってみると、靴擦れもなく、靴も軽くなっているように思えた。

まだ充分検証してないが、靴を履き替えた効果かもしれない。

「奥の細道」では郡山から二本松までのことは芭蕉も曾良も一言も書いていない。

第十八日目　十月九日（火）

二本松―安達ヶ原―福島駅

前の晩、九時ごろに寝て、寝つきはよかったが、十二時過ぎに目が覚め、二時間ばかり寝付けなかったため、いつもは朝六時に起きなければならないのに、七時まで寝過ごしてしまった。朝食も遅く七時半になった。チェックアウトしたのは八時半になってしまった。マネージャーか、ウエイターか分からぬが、

「水は差し上げられません。自動販売機でお願いします。水は差し上げます」といわれ、水筒に入れる水を二本買った。水筒に水をいれてもらって買った水を入れた。「安達ヶ原へ寄りたいんですが、観光地図みたいなものありませんか」と聞くと、手書きの二本松市街図のコピーをくれた。青の蛍光ペンでホテル前の県道三五五号線から国道四号線へ合流する道筋も入れてくれた。安達ヶ原は合流点から少し進んだ四号線の東側、阿武隈川を渡ったところになっていた。

約五十分歩いたところで国道四号線にぶつかり、ガソリンスタンドの上の四号線陸橋と阿武隈川に架かる安達橋を渡った。長い階段を上がった。歩き旅には坂道と階段が難関である。九時二十七分、日本橋から二五一・七kmの標識がでていた。ホテルから三、九三九歩、二・四km歩いたところである。道路の西側の矢印に「智恵子生家」と出ていた。大正時代

白樺派の彫刻家で詩人高村光太郎の「智恵子抄」で有名な光太郎の妻の智恵子の生家である。地元では「安達ヶ原の鬼婆」の名勝は好ましくないように感じていたのだろう。「智恵子生家」や「霞が城祭り」の標示やポスターはあるが、「安達ヶ原」や「黒塚」の案内はないのである。「奥の細道」でも、「浅香山・信夫の里」の章で、

「(前略)二本松より右に切れて、黒塚の岩屋一見し、福島に泊まる。(後略)」としか書いていない。

「曾良の旅日記」には、

「(前略)二本松の町、奥方の外れに亀がいと言う町有。それより右之方へ切れ、右は田、左は山ぎわを通り一里程行きて供仲《くちゅう》の渡しと云いて、阿武隈川を越す船渡し有り。その向こうに黒塚有。小さき塚に杉植て有。また、近所に観音堂有。大岩石たたみ上げたる所、後に有。古の黒塚のこれならん。右の杉植えし所は鬼を埋めし所ならん。と別当坊申す。天台宗也。(後略)」

とやや詳しく記されている。

私も安達橋を渡りかけて、橋を渡りきると山の方に出て、地図から見ると安達ヶ原はもっと手前のように勘違いし、橋の途中の右階段を降りてしまった。それが黒塚とは逆の方向だったのである。そこからが迷いの始まりで、石碑があったのでそれを見たが、安達ヶ原とは関係のない碑であった。仕方なく阿武隈川の土手の道に上がったが、それらしいものは何もなかった。逆の方から小型耕耘機に乗った土地の中年の男の人が来たので、安達ヶ

原はどこか聞くと、あまりよい顔はせず、橋に戻って、橋を渡りきったところに、橋のこちら側でなく反対左側に表示があるから、それを見ていけばすぐだと教えてくれた。私は橋に戻り、橋を渡りきった。そこに「観世寺『黒塚』」の矢印があった。今私が降りた橋の反対側にあった。五十ｍも行かぬうちに観世寺があり、小さい門を入ると受付があり、拝観料四百円を取られて中に入った。鬼婆の棲家の岩屋の大岩や宝物館には千二百六十年前に鬼婆が人殺しに使ったぼろぼろの包丁や死体を埋める穴を掘るのに使ったぼろぼろの鍬などがあり異様であった。由来を私が又聞きで説明するより観世寺で貰った「奥州安達ヶ原『黒塚』縁起概説」をそのまま引用したほうが間違いがないと思う。

「歌舞伎や謡曲でも有名な『黒塚』である。ここ安達ケ原の『鬼婆』は、その名を『岩手』といい、京都のある公家屋敷の乳母であった。永年手しおにかけて育てた姫の病気を治したい一心から、『妊婦の生肝を飲ませれば治る』という易者の言葉を信じ、遠くみちのくに旅立ち、たどり着いた場所が、ここ安達ケ原の岩屋だった。

木枯らしの吹く晩秋の夕暮れどき、生駒之助・恋衣と名のる若夫婦が一夜の宿をこうたが、その夜、恋衣がにわかに産気づき、生駒之助は薬を求めに出て行った。

老婆『岩手』は、待ちに待った人間の『生肝』をとるのはこの時とばかり、出刃包丁をふるって、苦しむ恋衣の腹を裂き『生肝』を取ったが、苦しい息の下から『私たちは小さい時京都で別れた母を捜し歩いているのです』と語った恋衣の言葉を思い出し持っていた御守袋を見てびっくり。これこそ昔別れた自分のいとしい娘であることがわかり気が狂って鬼と化してしまったと言う。

以来、宿を求めた旅人を殺し、生血を吸い、肉を食らいいつとはなしに『安達ケ原の鬼婆』といわれるようになり、全国にその名が知れ渡った。

数年後、紀州熊野の僧『阿闍梨祐慶東光坊』が安達ケ原を訪れ岩屋の秘密を知り逃げた。老婆凄まじい剣幕で追いかけてくる。東光坊今はこれまでと、安座する如意輪観音の笈を下ろし祈願するや尊像は虚空はるかに舞い上がって一大光明を放ち白真弓で老婆を射殺してしまったという。

そしてその後、東光坊の威光は後世に伝わり、このあらたかな白真弓如意輪観音の功徳深甚なる利生霊験は、奥州仏法霊場〝随一〟と称する天台宗の古刹となり、千二百六十年の今日まで赫々の名を残したのであります。

鬼婆を埋めた塚を『黒塚』といい、そこには平兼盛の詠んだ有名な、

陸奥の安達ケ原の黒塚に
鬼こもれりと聞くはまことか

の句碑が建立され、その昔を物語っております。

境内には鬼婆の住んだ岩屋、鬼婆石像、夜泣き石他、又、俳聖正岡子規が黒塚を訪れ

涼しさや聞けば昔は鬼の家
（後略）」

と記されている。批評はしたくないが、文章表現も文学的とはいえない『縁起概説』である。

那須の「殺生石」、芦野の「遊行柳」、そして安達ヶ原の「黒塚」と陸奥と関東の境に千年も前から集中して、能や謡曲のドラマが展開している。それを芭蕉が追いかける。芭蕉には文学の歴史を辿ることも、俳句道を究める一つだったかもしれないが、その前に何故白河の関を挟んで関東側に那須の殺生石と芦野の遊行柳、陸奥側の二本松に黒塚（安達ヶ原）の三大演目が集中したか、不思議に思う。三演目とも「京都」が絡んでいることは伝統的日本古代文化は京都文化であるからに違いないが、大和京都朝廷権力による蝦夷防衛の防人による文化伝播か左遷公卿による文化移植であろうか、人民支配のための朝廷権力が人民の首を、牛馬と同様に首を繋いだ「絆」の一つだったのだろうと感じている。

なんとも鬼婆の棲家大岩も異様であった。この大岩を俎板に殺した人をさばいたことを想像するだけで背筋が寒くなってきた。寺から百mばかり離れた阿武隈川沿いの鬼婆『岩手』を埋めた「黒塚」は曾良が見たように杉が植えてあり、何の変哲もない小さな土盛りされた塚だった。帰る途中の橋の上からも小さな塚と杉の木はくっきりと河原に見えた。黒塚という標識もされていず、何処からも丸見えなのに誰にも気付かれないという風情であった。結局安達ヶ原の観世寺や黒塚には約一時間を費やしてしまった。黒塚を出るときは十時三十五分、ホテルを出てから六、五六四歩、三・九㎞しか歩いていなかった。橋を渡って四号線を進み油井の信号で右四号線と左一一四号線と別れ、左の一一四号線が旧奥羽街道になっていたので左へ曲がった。寺の人は「松川へ向かう道」と教えた。私は松川とは「松川事件」の松川なのかとふと思った。一一四号線は東北本線とほぼ平行して走っていた。途中、何ヵ所も「智恵子生家」の矢印が目立った。それはまるで「安達ヶ原（黒塚）」から目をそらせたいかのようであった。直ぐ安達駅があった。十一時、〈セブンイレブン〉があったので小休止した。あまり熱さを感じなくなったせいか、冷たいものより暖かいココアを飲んだ。九、一九二歩、五・五㎞歩いていた。今度の旅で気がついたことの一つに、何処のコンビニにも外側においてあった休憩用の腰掛けが全てなくなっていることであった。私のようにリュックについた椅子を使って腰掛けていると、私の前を店長のような男が荷物を運んで行き来する。知らぬ振りをしていたが、横目で白目を向けるのを見ると、店の前で腰掛けて飲み食いするのは止めろといっているようだった。そこまでコスト削減に神経をすり減らしている事が伝わってくる。しばらくすると、道路標識に「松川」や「松川駅」が出てくるようになった。現在は「福島市松川町」になっている。ああ、やはりあの松川事件の東北本線の松川駅だとはっきりしてきた。旅の下調べの時も郡山、二本松、福島の基点以外は安達ヶ原を見ようと思っていたために、それ以外の土地には気が回らなかった。そのために「智恵子の生家」を現地へ来て二本松で始めて知った。「松川事件」の松川駅も、現地へ来て「松川駅」を通ることで忘れかけていた重大な記憶を思い起こさせてくれた。それは私にとって衝撃的であった。

　昭和二十（一九四五）年八月十五日、太平洋戦争敗戦後まだ日が浅い、昭和二十四（一九四九）年八月十七日、翌昭和二十五（一九五〇）年勃発した朝鮮戦争を前に、松川駅付近での列車転覆事件を起こしたのは、国鉄などの人員整理に反対する共産党員らの暴力行為として、党員、労組幹部が逮捕された事件である。広津和郎らの救援活動が世論を喚起して、第一審、第二審有罪、昭和六十三（一九八八）年最高裁で全員無罪を勝ち取った事件である。（岩波書店、広辞苑より）朝鮮戦争を起こすに当たって、交通運輸通信機能を確保するために、戦争に反対していた運輸通信関係の労働組合が、戦争反対の立場から関係機関で妨害運動をするだろうとの理由に、労働組合を変質破壊する目的で、米軍GHQによって労働組合幹部をレッドパージするために仕組まれたという一連の「松川事件」「三鷹事件」「下山事件」のでっち上げ事件の一つである。基本的に現在にもつながる日本の労働組合はこのレッドパージという弾圧で御用組合化し、骨抜きにされたといわれるほどの一大事件をもう忘れかけていたのであった。占領下、アメリカ占領軍政府GHQ権力のもとでは日本の政治も警察もGHQのいいなりで何も出来なかったその中で、文学者であり小説家評論家であった広津和郎と宇野浩二を中心に、事実調査に基く文学的表現により、国民的救援活動を四十年間に渡り展開し、GHQ権力の政治的非人道的でっち上げの真実を暴き、非人道的占領政治の悪質な虚偽行為を文学的に表現し、国民的運動に発展させ、フレームアップの冤罪を受けた労働組合幹部の無罪を勝ち取った行為は、「文学と政治」の関係において、真実を追究する人間本位のリアリズム文学の優位性を事実で示してくれた事件であった。

私は歩きながら酔うように興奮していた。「松川事件」「松川事件」と頭で繰り返していた。この事件を忘れかけていた自分自身の平和呆けに呆れていた。松川は奥羽街道十㎞以上広い地域の町を感じた。随所に赤い幟旗が立ち並び「福島の復興は松川から」と立っていた。いつの間にか私には「松川事件をいつまでも忘れるな」に見えていた。それは私にとって覚醒の鞭のようであった。今日までの「奥の細道」で最大の覚醒的刺激であった古典的千年も前の遠い「温故知新」もあるが、昭和戦後史の近い「温故知新」もある。そして現代に生きている私にとっては、後者が重要である。

十二時七分になっていた。一三、一三一歩、七・九km歩いていた。小さな木造小屋があって「農民連」の看板が見えた。農協ではなく、農民連という看板が松川事件の伝統につながっている感じがして違和感がなかった。そこから手ぬぐいで頭を覆った若い主婦が出てきたので、

「この辺に食堂はありませんか」

「それなら少し戻ったあそこに、纏まってあるでしょう。あそこがいいですよ」

「いやあ、どうも旅をしていると、戻るということが嫌なので、この先にはないですか」

「さあ、そっちの方は近くにはないですよ」

「ああ、そうですか、有難う御座いました」と別れた。そして私は戻らず、先へ進んだ。

上り下りの峠道が多く、刈り取りの終わった田んぼ、刈取り前の田んぼが沿道を埋めていた。白河の元市会議員が話していた放射能汚染の風評被害で「福島の米」も売れなくなっている話を聞いたが、私はその「福島の米」の収穫を目の前にしているのである。これが東日本大震災の被害そのものであると、稔り豊かなと一面的にはいえない福島の田んぼを

じっと見つめていた。十二時四十分、峠の上り坂の頂点近くに〈山一そば〉の看板を見つけた。迷わず飛び込んだ。歩数計は一五、六一四歩、十一・四㎞歩いたところであった。掻揚丼とざるそば定食を頼んだ。そばが細くさらっとして美味かった。掻揚げはタマネギと小エビの掻揚げだったが、大きくからっと揚げてあって、こんな山の中へ来て江戸前に近い天麩羅の味に出会って驚いた。それで九百四十円、値段も美味さも満足した。帳場で、

「そばが美味かった」と一言言った。

「お客さん、お歩きですか。どちらまで」

「今日は二本松から福島まで。寝坊してしまって、急がないと」

「福島駅までは、遠いですね。お気をつけて」と峠を登り切って下っていった。峠を降りた所に吉倉峠と出ていた。一九、五一八歩、十一・四㎞になっていた。さらに二㎞ぐらい歩いたところの電柱に「福島県松川町」と表示されていた。まだ松川であった。道路標識には「福島まで十一㎞」十三時五十分になっていた。私の歩く速度は一時間三㎞の遅々とした足取りである、あと三時間歩かなければならない。

書いていないが、昨日も今日も街道を歩いていて人に会うことがないのは毎度のことである。しばらく歩くと十四時三十五分金谷川駅が見えた。福島医大の近くのようである。今日はもう足が重くなって、疲れがどんどん出てきたようであった。記録を見ても時間は書いてあるが、歩行距離を記録していない十五時十分、歩いて来た旧奥羽街道、一一四号が新奥羽街道、四号線に合流した。ここからは高速自動車道の歩道が人の道である。そこ

第18日目2012年10月9日(火)
予定コース:二本松、安達ヶ原、福島　天候:晴れ

時分	出発場所	到着場所	歩数	距離(km)	買物	金額	適用
7:00	起床						
7:25	朝食						
8:35	出発				宿泊代	8,575	
9:27	251.7(日本橋) 114(旧道)	阿武隈川、安達ヶ原、智恵子家	3,939	2.4	水	270	
10:35	観音寺	黒塚	6,564	3.9	拝観料 絵葉書	400 800	
11:00	セブンイレブン	小休止	9,192	5.5	ココア	157	
12:07	松川駅近く		13,132	7.9			
12:40	山一そば屋		15,614	9.4	掻丼ざる	940	
13:15	出発	吉倉峠	19,058	11.4			
13:50	福島11k	福島市松川町	22,725	13.6			
14:35	金谷川駅	医大					
15:10	4号合流						
15:40	265号 (日本橋)	福島西	27,376	16.4			
16:10	福島駅		35,012	21.0	アケビ、葡萄	2,700	
16:30	東京駅				弁当	1,700	
19:50	平塚				タクシー	1,070	
日計			35,012	21.0		16,612	
累計			498,245	307.4		182,475	

でやっと自転車の人に出会ったので、

「福島駅のほうはどう行きますか」

「次の信号の交差点を出ると市街ですから、そこで聞いて下さい」と教えてくれた。地方へ来ると車の感覚で「次の交差点」といってくれるが、歩いていくと三十分とか一時間はかかる落差があることは慣れてきているので、まだそうとうあるなと覚悟を決めて歩き出した。やはり次の信号までは三十分あった。そこのインターは「福島西」出口であった。「日本橋から二百六十五km」の標識があった。二七、三七六歩、十六・四km歩いていた。そこから大都会並みの福島市街を三十分、早足で道を聞き歩いて福島駅に着いた。今日は三五、〇一二歩、二十一km歩いた。千住から合計四九八、二四五歩、三〇七・四km歩いて来た。次回は女房の抜歯入院や陸士同期生会などあるので、月末の二十七、八日ごろになるのだろう。雪が降る前に東北は歩き終わりたいが、どうなるだろう。

第十九日目　十月二十八日（日）

福島―文知摺石―医王寺―飯坂―伊達　三十三・六km

「奥の細道」を辿る独り歩きの旅も、五月から歩き始めて、もう十月の終り、五十五万歩、三百kmを超えて歩いて来たが、まだまだやっと七分の一を歩き終えたところである。東海道を歩いたときと違って、はじめて行くところばかり、泊まりたい所に宿がないから、周辺の宿探しは一仕事、宿の位置によっては歩く経路も時間配分の予定も変更し通し、最後の多くは行き当たりばったりで、歩いて見なければわからないときも多々あった。現代の道は、自動車道であって、人の道ではなくなっているのは東海道と同じだが、北へ行けば行くほど、言いにくいが率直に言えば異国陸奥という感じである。今回もホテル探しと「近い」という語感が、車感覚と歩き感覚の違いが何処でも食い違って、いつも混乱する。私の「近い」語感が「一㎞ぐらい」と思っても、現地のホテルの自動車感覚では「十㎞ぐらい」しか感じない感覚の違いがある。この「近い」語感の感覚違いが今回初めて一日三十㎞を越えて歩く結果になった。ともかく一日三十㎞以上歩けた怪我の収獲でもあったが。

毎回だが、「謀は密なるを要す」の常道にのっとり、「一日二十㎞一泊して二日で四十㎞内外」を目安に計画を練る。一日目を福島から「文知摺石」と「医王寺」「飯坂温泉」を経て伊達まで、伊達で一泊、伊達から東北新幹線「白石蔵王駅」までを二日目とした。ところが伊達にホテルがなく伊達の四号線の「近く」に〈ロイヤルホテルほていや〉というのを見つけた。実際は「近く」が六㎞もあって、土砂降りのなかを暗くなった夜道を歩かされることになった。これは一例で、ホテルにたどり着くまでは謀の真否は不明という不安が付きまとう。

東北新幹線で次の宿まで行くには恒例となった四時半に自宅を出て、五時十四分JR大磯発の東海道線に乗り東北新幹線六時四十分東京発「やまびこ二〇三号」に乗る。乗り継ぎの東京駅の駅弁の店でサンドイッチと缶コーヒーを買い、車中で朝食、一眠りして八時三十七分に福島駅に着く。今回は前の晩にメールで着いたエッセイ「カワラノギクを見に」を読み内容は掴んだ。もう一度や二度読まなければ批評は書けないと、寝不足を補うため一眠り、郡山を過ぎたあたりで目を覚ます。すぐ福島に着く。

福島では芭蕉は「文知摺石《もちずりいし》」を見ている。「奥の細道」では「浅香山・信夫の里」の項で、「（前略）明くれば、しのぶもぢ摺りの石を尋ねて、信夫の里に行く。遥か山陰の小里に、石半ば土に埋もれてあり。里のわらべの来たりて教えける。『昔はこの山の上にはべりしを、往来の人の麦草を荒らしてこの石を試みはべるを憎みて、この谷に突き落とせば、石の面下ざまに伏したり』という。さもあるべきことにや。

早苗とる手もとや昔しのぶ摺り」

とある。曾良の「旅日記」には何も書かれていない。調べると「文知摺石」というのは、石の表面に色々な草を敷き、その上に布を掛け、平たい石でこすりつけると、凸凹が乱れた模様になって写し出され、文知り乱れた模様の布が、古代のこの地方の特産品になっていたという。「奥の細道」で里の童が教えたというのは、『この石があると色々な人が来て、草を敷きこの石をためすので煩くてしょうがないから、村人が石を谷に突き落としてしまったのだ』と教えたのである。

奈良時代、陸奥の国の按察使（あぜち、奈良大和の都の地方長官）に任命された源《みなもとの》融《とうる》に愛されたこの地方の長者の娘虎が、都へ帰ってしまった融に、もう一度会いたいと文知摺観音に祈願したところ、文知摺石の表面に融の姿が現れたという。その後この石の表面を擦ると、思う人の姿が映し出されるようになったというので、別名「鏡石」とも呼ばれた。

源融は「みちのくの信夫文知摺誰ゆえに乱れそめにしわれならなくに」（小倉百人一首）

寂然法師も「みちのくの忍ぶもぢずり忍びつつ色には出でじ乱れもぞする」

と詠んでいる。

芭蕉も「早苗とる手もとや昔しのぶ摺り」と詠んだことで「信夫文知摺文化」になる。生まれたと言うべきか。千年も前から、二百里（八百㎞）も離れた奈良の都人と奥羽の信夫山の娘が恋をする出会いが百人一首の歌を生み、大和朝廷の東北支配の政治的影響がとんだ文化交流になっていたのかと思う。現在も福島駅から東北の方向に「文知摺観音」があり、その中に「文知摺石」がある。

福島駅の東口を出た頃は八時五十分になっていた。東に行き四号線に出て、北に進むと競馬場がある。その前を通り越して歩くと今日は競馬の開催日なのか、警備員が何人も道路に立っていて、競馬に集まる独特の雰囲気を持った人々が、私と同じ競馬場の方向に歩いていた。四号線の交差点を一一五号線へ右（東）に曲がっていく頃から、雨が降り始めたので、バス停の腰掛で頭から足まで雨具を着て完全装備をした。東海道の経験でこれで雨に濡れたことがなかったので、まったく安心して歩き出した。すぐに阿武隈川に架かる文知摺橋を渡る。芭蕉の時代には橋がなく、ここに岡部の渡しがあり船で川を渡った。四号と一一五号線を二時間近く十一時四十分、八、四〇四歩、五・一㎞歩いたところに、〈セ

ブンイレブン〉があった。ここで空腹が激しくなってきていたので親子丼弁当を買い込んだ。ついでに、

「文知摺観音の近くと聞きましたが、何処ですか」

「その横の道の突き当りです」と教えてくれた。突き当たりに狭い崖の下という感じの観音寺があり、左の高台に鐘楼があって、入り口で拝観料四百円を払う。中に進むまでもなくすぐ柵に囲まれた高さ幅共二m弱程の苔むした「文知摺石」があった。千年前都の恋人を写し出した「鏡石」である。色香の抜け落ちた年寄りには、歌も物語りも苔むしたかという感じであった。雨は本降りになってきた。

芭蕉は、文知摺観音の前の道を進んで医王寺、飯坂温泉に向かったが、同じに進むつもりで調べてきたが狭い道で自信がないので、福島駅に戻り、そこから医王寺に向かうことにした。駅まではバスが出ているので、帰り片道はバスに乗ることにしたが、バスは出たばかりで一時間は待たなければならない。思案したが、腹が減ってきたので先ほど買った親子丼弁当をバス停でひろげかかったら、車の警笛が鳴った。バスが来たのである。慌てて箸を落としてしまったが、拾わずに飛び乗る。

「大変遅れて申し訳有りません」と運転手が車内放送をした。遅れてくれて一時間待たずに助かったのである。福島駅に着いたら十一時四十五分になっていた。食堂は幾つもあるが、買った弁当を食べる場所がない。仕方がないので調べて来た通り、医王寺に向かって県道三号線を歩き始めた。県道三号線は「福島交通飯坂線」と平行しているようである。

距離は八・七㎞である。違うのは降りしきる雨のなかの独り歩きである。途中、雨宿りできる軒下で親子丼弁当をむさぼり食べる。「飢えた餓鬼のような」というのだろうか、食べかすが、雨着の腹にもズボンにも飛び散っていた。最近空腹をあまり味わったことはなかったが、今日は空腹も満腹も何年ぶりかで味わった。飯坂線の「医王寺前駅」まで来ると、三号線に「医王寺」を差す左折矢印が出ていた。あとは矢印を辿って行くと医王寺に導かれるように着いていた。

医王寺になぜ芭蕉がお参りしたかの縁起は、芭蕉は「奥の細道」で枕詞の地を辿ることも目的だったが、兄頼朝から追討される源義経判官の足跡を追う道もたどっている。医王寺に義経が寄ったのは、義経を救った忠臣佐藤基治、継信、忠信一族主従を弔うためであった。平泉の藤原秀衡の下で旗揚げした義経に従い源平の合戦では兄継信は屋島の合戦で義経の身代わりで討ち死にし、弟は頼朝に追われていた義経を京都で義経の身代わりとなり救った。佐藤基治は二人の子供を義経の犠牲にしたのである。

兄頼朝に追い討ちをかけられた義経に最後まで忠誠を尽くした佐藤一族の菩提寺が医王寺なのである。頼朝に追われている義経は弁慶とともに医王寺に寄り、父基信に継信、忠信兄弟の武勲を伝えた。義経に忠義を尽くすために義経の身代わりになって二子共失った母お乙和御前の悲しみを察した継信の奥方「若桜」御前、忠信の奥方「椿」御前は夫の武将姿の鎧兜に身を包み、義経とともに夫の帰還を装って姑を激励したと伝えられている。二人の御前の甲冑姿の石像が義経像と共にあった。その医王寺を芭蕉はお参りしたのであ

る。宝物殿に芭蕉も見た義経の太刀と弁慶の笈が飾ってあった。「奥の細道」で芭蕉は、

「飯塚の里

月の輪の渡しを越えて、瀬の上という宿に出づ。佐藤庄司（基治）が旧跡は、あの山際一里半ばかりにあり、飯塚の里鯖野と聞きて、尋ねたずね行くに、丸山というに尋ねあたる。これ、庄司が旧館なり。麓に大手の跡など、人の教ふるにまかせて泪を落とし、またかたわらの古寺に一家の石碑を残す。中にもふたりの嫁がしるし、先ず哀れなり。女なれどもかひがひしき名の世に聞こえつるものかなと、袂をぬらしぬ。堕涙の石碑も遠きにあらず。寺に入りて茶を乞えば、ここに義経の太刀、弁慶が笈をとどめて什物とす。

笈も太刀も五月に飾れ紙幟

五月朔日のことにや。（後略）」

と芭蕉も二度涙を流している。芭蕉の涙は頼朝が弟義経を殺す肉親同士殺し合う悲しみ。義経への忠義のため二子共に犠牲になる佐藤一族の悲しみ、二子を失った父母の悲しみ、二子の妻の悲しみ、その悲しみを超えんとする悲しみ。源平北条の権力争いを続ける人間の性の悲しみ。いずれなのか。

日曜日だったが雨、参拝客はほかに誰もいない。芭蕉は飯坂温泉で一泊しているが、私はここで休むと明日の終着「白石蔵王」に三十km以上歩くことになるので、もう少し先で一泊しようと東北本線「藤田駅」「桑折《こおれ》駅」「伊達《だて》駅」付近の宿を探したがない。やっと伊達から東へ少し外れるが保原町に〈ロイヤルホテルほていや〉というのを見つけてそこに

予約してある。

寺でも、寺を出ても伊達に出る三九九号線までの道を聞くと、みんな答が違っていて、教えられたのか、迷わされたのか分からなくなる。旅狎れると、色々云われているなかで、方向が勘で決まってくる。足が自然動く感じである。医王寺橋というのが、飯坂温泉入口という感じになっていたので、この逆を行けば伊達に違いないとかまわず歩く。ここまで二八、七三七歩、十六・九㎞歩いた。十三時半である。案の定勘が当たって、その道は三九九号線で伊達に向かっていた。雨はまったく止む様子はない。右足が痛み出していた。前から気がついていたが、今日の痛みは際立っていた。道は水捌けのために両側に傾斜している。右足が右傾斜の上を歩くと痛み出す。右足の靴底の右側に底上げのゴム板のようなものを入れる必要があると思った。全身雨なれして、濡れ鼠の気持ち悪さも何も感じなくなっていた。後はただひたすらに景色も見ず、車だけ気をつけて水溜りにピチャピチャ靴で水を弾きながら歩いた。大きな道の交差点に着いた。四号線・新奥羽街道である。十五時半になっていた。四一、三八八歩、二十四・八㎞歩いていた。すでに「一日二十㎞以内」を超えて歩いている。ホテルはまだなのか、「四号線の近く」とは自動車で十分か二十分のことか、歩きの「近く」では一㎞ぐらいなのだが、近くのガソリンスタンドで、

「〈ホテルほていや〉はどの辺ですか」

「ここは伊達だからね。〈ほていや〉は保原だから後五、六㎞かな」である。すぐ阿武隈川に架かる伊達橋があった。十六時半、四九、五一四歩、二十九・七㎞歩いて来た。もう日が

暮れだした。保原の町に入ると軒並み商店が続き、街灯が点いていた。しかし、ホテルらしい看板もネオンサインもない。自転車ですれ違った三十代ぐらいの男性を呼び止め、

「この辺に〈ロイヤルホテルほていや〉というホテルはないですか」と尋ねた。そのまま走り去ろうとしたが、思いついたように突然止まり、

「ああ、ビジネスホテルでしょ、行きすぎですよ。戻ってあの信号を左へ曲がって、二百ｍぐらい行ったところにありますよ」

　よかった、かなり行き過ぎてしまったのではないかと思い安堵した。ちょうど十七時半、五六、〇二二歩、三十三・六㎞歩いてしまった。一日二十㎞以内の約束を十三㎞も超過してしまった。携帯に電話が入った。

「ホテルに着いた？」「ちょうど着いたところだ。今日は一日中雨に降られたが、足も腰も大丈夫」と疲れを隠して声を張り上げた。

　チェックインして上着を脱ぐと、下着まで全身ずぶ濡れになっていた。雨着は東海道から二年たっていて防水効果がなくなっていた。それにしても私は雨着の防水を信じて三十㎞以上も騙されて歩いて来たのであった。ずぶ濡れの下着を脱ぎながら、濡れた下着の気持ち悪さに気付いていなかった。「信じるものは幸いなり」である。乾いた下着を着る前に湯船に体を浸けた。濡れた下着をビニール袋に詰めると、濡れた雨でずっしりと重くなっていた。明日はこの重い濡れ下着をリュックで背負って歩かなければならないと思うと気が重い。明日は朝四号線までタクシーで行き、そこから歩くことにした。フロントに八時

第19日目2012年10月28日(日)
予定コース:福島—文知摺石—医王寺—伊達　天候:午後雨

時分	出発場所	到着場所	歩数	距離(km)	買物	金額	適用
4:30	自宅						
5:14	JR大磯駅						
6:40	東京(やまびこ203)				サンドウィッチ	405	
8:37		福島駅					
8:50	福島駅						
10:00	国道4号	115号左折	7,062	4.2			
10:40		文知摺観音	8,404	5.1	親子弁当	398	
11:25	文知摺観音						
11:45	バス	福島駅			バス代	370	
13:30	福島駅	医王寺	21,737	13.1			
14:15	飯坂温泉医王寺橋	399号	28,188	16.9			
15:30	伊達市4号線		41,388	24.8			
16:30	阿武隈川	伊達橋	49,514	29.7			
17:30	保原町ロイヤルホテル	ほていや	56,022	33.6	ホテル代	8,325	
日計			56,022	33.6		9,498	
累計			554,267	332.6		191,973	

にタクシーを予約した。

第二十日目　十月二十九日（月）晴れ

伊達―白石蔵王　二十四㎞の予定

孫の小学五年生の力也から、携帯電話に目覚ましをセットできるといわれたので、セットしてもらった。その目覚ましが朝六時夢現の境から呼んでくれて目が覚めた。眼が醒めたこと以上に孫が正確に午前六時にセットしてくれたことが嬉しかった。ますます携帯電話は我が必需品になった。歩いた距離の計数記録も携帯の歩数計がなければ出せないし、携帯の目覚ましがなければ疲労困憊して死ぬほど熟睡している私を覚ましてくれない。私の携帯はもう誰も持っていないであろう古い型なのだが、愛用の携帯電話を握りしめた。新しい多機能の携帯は化石になった八十四じじいには煩わしいだけである。身支度を整え、七時からの朝食に食堂へ出かけた。一つのテーブルに五人分の朝食が用意されているだけであった。ほかのテーブルの上は空で、客がいないのである。泊り客の数がお分かりだと思う。歯磨き、用便と忘れ物はないかと見回していると、フロントから電話でタクシーが来たことを知らせてきた。チェックアウトで会計すると昨夜の熱燗一本追加で八、三二五円也であった。タクシーに乗って、

「四号線まで」というと、昨夜二時間以上かかって歩いた道がわずか十分もかからずに着

いてしまう。歩くと乗るとの差である。歩くと無料だが、乗ると二、四五〇円取られた。JR東北本線「伊達駅」の近くの旧奥羽街道である。自動車に乗っていくことは確かに楽である。なぜ乗らないか、なぜ歩くか、の哲学はさて置いて歩く。

タクシーを降りてリュックを背負うと濡れた下着の重量が加わり、ずっしりと肩に食い込む。旧道は狭いが町並みがあり、商店街もあった。自動車は新道より遥かに少なく、地元住民の人々の買い物もあり、生活感が感じられる。田んぼや森林でなく商店街を歩く、人の息吹きを感じる安堵感はなんだろう。テクテクと歩く。ホテルを出て一時間、九時になった。三、〇八三歩、一・九㎞歩いた所に前庭のある「久保八幡集会所」があったので、お茶のみ小休止にした。前回までは水筒に氷水を詰めたが、今回から熱いお茶を詰めてきた。一本は昨日飲み干したが、あと一本は魔法瓶になっていて、まだお茶が温かかった。もう、水からお茶、夏から秋に移っている。隣が刈り終えた後の田んぼで、田んぼの向こうに新四号線が見え、多数の自動車がわがもの顔にスピードを上げて行き来している。距離表示が遠景に見えたので、双眼鏡で確かめる。「白石まで十九㎞」「仙台六十四㎞」と読み取れた。今日は二十㎞以内に収まりそうである。時折東側に新道が見える旧道四号線、旧奥羽街道を歩いていると見知らぬ土地では、新旧国道が見えることで、道に迷ってないことの証明のような安心感を与えてくれる。あちこちに国見町の住居表示が目立ってきた。十時二十四分旧道沿いに国見小学校が見えてきた。八、五七四歩、五・二㎞歩いて来た。しばらくすると交差点になり角のコンビニ〈サンクス〉で缶のカフェオレを買い、

「旧道は曲がらずに真っ直ぐ行けば、いいんですか」と聞いた。

「そうです。くねくねしていますが、迷わず行くと、新道と合流します」と教えてくれた。

新道と旧道が共存している安心感はよいと思った。旧道を歩いているうちに気付いたことがあった。左の方向に山並みがあり、右を向いても山並みがあった。前を見ても同じく山並みがさえぎっていた。あらためて後を向くと近くはないが遠く山並みが塞いでいた。要するに前後左右周りは山に囲まれたところ、盆地になっていたのである。後は福島市であるから、「福島盆地」だったのかも知れないと思った。

新道にぶつかった所は「日本橋より二八九・一㎞」の標識があった。十時四十五分、一〇、〇三六歩、六㎞歩いて来た。今日中に日本橋から三百㎞を超えることになるなと思った。新道はゆるい上り坂になっており、分離斜線になっていた。そこから長い長い峠になっていたことを峠を越してから知った。有名な国見峠であった。前を塞いでいた山越えが国見峠なのであった。「日本橋より二九〇㎞」十一時十分、一一、四五一歩、六・九㎞歩いて来たところ国道四号線の西側に阿津賀志山の防塁跡があった。文治五（一一八四）年、奥州合戦で佐藤基信が源頼朝軍を迎え撃った「伊達の大木戸」である。ここで佐藤基信も討ち死にしたのである。

芭蕉は飯坂温泉に泊まり、馬で伊達を通らず桑折《こおり》へ出て、この「伊達の大木戸」に着き「奥の細道」にも「縦横に踏んで伊達の大木戸を越す」とある。近くに「弁慶の硯石」や「義経腰掛けの松」なども、奥に入るとあるが割愛させていただいた。同じように「応急建設

住宅　飯館村」の表示もあった。ここも被災地の近くなのである。十一時四十分、峠を登りきらない途中に〈まつや〉食堂があったので、入ろうとすると「準備中」の看板が出ていた。人気を感じたので、戸を開けて、「駄目ですか」というと「少し時間がかかりますが、よろしければ」といわれたので、中へ入った。雨に濡れたリュックの荷物を降ろし、ほっとした。

カツ丼定食を頼んだ。カツ丼に小丼のかけそばがついてきた。肩にリュックの重みが食い込んで、脳の血行を阻害しているためか、多少、頭が朦朧としている。動作も緩慢になってきたかなと感じてきた。それでも定食は平らげた。十二時三十分〈まつや〉を出発。峠の沿道に林檎、柿、西洋梨ラフランスの直売店が並ぶほどではないがちらほらと見える。家族特に孫たちは葡萄類が好きなので、ないかと探すと一軒だけ「葡萄」の赤旗が出ていたので入った。

「もう葡萄は終りなんですよ」と言われたが、店に並んでいたので自宅へ配送してもらった。リュックの荷物はこれ以上増やしたくなかった。峠の頂上近くに「福島県、宮城県境」「宮城県白石市」の標識が出ていた。十三時三十分、一六、九九三歩、十・二㎞歩いた所であった。十分歩いた十三時四十分に国見峠の頂上に着いた。一七、六九八歩、十・六㎞歩いた所である。十四時十五分、越河《こすごう》小学校に着いた。越河番所跡などとあるので古い地名なのだろう。「こすごう」と読むのはむずかしい。しかし、東北本線にも「越河駅」があった。駅を見ると歩くのをやめて列車に乗りたくなる誘惑に駆られてきた。特に肩に食い込

第20日目2012年10月29日（月）
予定コース：伊達―白石蔵王　天候：曇り後晴

時分	出発場所	到着場所	歩数	距離(km)	買物	金額	適用
6：00	起床						
7：00	朝食						
8：00	出発	4号線伊達市			タクシー代	2,450	
9：00	久保八幡集会	白石19km	3,083	1.9			
10：24	国見小学校		8,574	5.2			
10：45	旧道4号合流	日本橋289.1k	10,036	6.0	カフェオレ	105	
11：10	日本橋290k	阿津賀志山	11,451	6.9			古戦場
11：40		国見峠まつや	12,330	7.4	お土産	3,600	
12：30	国見峠まつや				カツ丼	800	
13：30	白石市	福島宮城県境	16,993	10.2			
13：40		国見峠終り	17,698	10.6			
14：15		越河小学校	20,285	12.2			
15：00	東北本線	越河駅	23,182	13.9			
16：50	新幹線	白石蔵王駅	33,237	20.0	タクシー代	710	
日計			33,237	20.0		7,665	
累計			587,504	352.5		199,638	

むリュックの重さが足を動かせなくする。国道を少し入ったところに東北本線「越河駅」があった。足が自然に向いて連れられて行ってしまったという感じであった。駅前の交番で、「白石蔵王駅まではあとどのくらいですか」「真っ直ぐで五、六㎞、道はくねくねしているから、八㎞ぐらいかな。歩くんですか？　あと三十分で下りが来るから待っていた方がいいですよ」「いや、歩いているんで」「歩く。失礼ですが、お幾つですか」「八十四歳」「え！　相当疲れてますよ。電車にしなさい、でんしゃに」と勧められた。十五時、ここまで二三、一八二歩、十四㎞歩いている。あと六㎞歩けば二十㎞、ちょうど「白石蔵王駅」までである。「どうもありがとうございました」結局、「白石蔵王駅」まで歩くことにした。十六時五十分、三三、二三七歩、十九・九四㎞歩いた。四捨五入して二十㎞である。白石蔵王駅から東北新幹線で東京経由大磯には二十時過ぎに着いた。次は仙台まで行ける。雪の降らないうちに松島、一の関、平泉、山形、新潟の雪国をどのあたりまで抜け出すことが出来るだろうか、途中中断して来春の雪解けを待つか、それまで命が持つか。

第二十一日目　十一月十一日（日）

白石蔵王―岩沼

今月は物忘れが激しい月になりそうである。「エッセイの会」の例会が第一土曜日から皆さんの都合で前日の金曜日に変更になったことを、カレンダーにも書き込んであったのに二十年以上習慣になっているいつもの第一土曜日と思い込んでしまって、皆さんにご迷惑をかけてしまった。二十年以上も習慣化した月例日の変更にはついて行けなくなったのかも知れない。その次の週も半年に一回の検診日を八日と思い込んでしまって、八日の朝、予約票を見ると前日の七日になっていたのである。カレンダーには八日は消してあり、七日になっていた。往復七㎞の病院へ歩いて行き、日時変更で十二月二十六日以外にないといわれ、その日を予約した。次の九日は妹の三十三回忌の法事で夫婦で出席するため、私が忘れても厳格な細君付きであったので、忘れずに無事法事を済ませたことだけは幸であった。

こんな中で日常が習慣化しているので十一、十二日の独り歩き計画は、岩沼のホテル探しだけになっていたので、朝食つき一泊五、七五〇円で予約できた。予約といっても最近の東北のホテルはがら空きである。もう「一泊二日、一日二十㎞以内」の計画は、①二日で四十~五十㎞、②何処から何処まで、③中間の宿泊を決めればいつでも歩けるようなものになっている。芭蕉が歩いたり寄ったりしたところも厳格に寄る決まりにせず「なるべく併せる」が「それが目的ではない」ことも事前に断ってあるので、大きな束縛は受けない。

前回は福島の大きな国見峠を越え、宮城県白石市に入って、越河《こすごう》の番所跡を通って来たのに、そのことについて何も触れなかったので、少し補足しておきたい。芭蕉も曾良も江戸からここまでの藩から藩の関所通過はあまり厳しい検閲も受けずに通ってきたが、江戸から会津松平藩までは徳川幕府の周辺を固めた譜代大名の地域で、その地域内の藩から藩の関所は極めて検閲が緩やかで極端に言えば検閲なしに等しかった。しかし越河の番所は譜代大名から外様の大大名伊達藩入りになるわけで、この番所は「何者か、何処へ行くか」を問われいわゆる「口留番所」で越河番所は国境検問所のようなものであった。私は四号線沿いにある「越河番所跡」の立看板を見ただけで何の感興も沸かさず通ってしまったが、江戸時代の旅人は一種の恐怖感を持って検閲を受けていたのである。検閲が通ると番所印を押された「入判」（入り手形、手判、通手形など）を通行手形料とも言うべき五文ないし十二文を取られて渡される。伊達仙台城下では入判がないと旅籠も泊まれないほど厳格だったという。江戸時代（一六〇三―一八六七）約二百六十年間、今から百四十五年前、明治維新まで続いていたのである。現代では恐怖感は忘れ去られ、見過ごしても、何の咎めもなしに通過できる。当時を想像することすら難しい。

ところで、今回の今日は、大河原には「憚の関」があり、戦前までは松並木もあったそうだが、何もない。岩沼は武隈といい、参勤交替で江戸往復をする大名が泊まる本陣のあったのは白石、大河原、岩沼だけだったようである。歌枕の「武隈の松」岩沼の古名が武隈で、武隈がなまって竹駒神社でそのそばに松がある。古く陸奥の守の館が武隈にあり、藤原元義が陸奥の守のとき松を植え、再度任じられた時に手植えの松が残っているのをみて「植えしとき契りやしけん武隈の松を再びあひみつる哉」と伝えられていたが、芭蕉も曾良も五代目の松を見たのだろうといわれているが、そこは雨に降られたことを理由に私は割愛した。「奥の細道」では、

「武隈
武隈の松にこそ、め覚める心地はすれ。根は土際より二木にわかれて、昔の姿うしなはずとしらる。先ず能因法師思いいづ。往昔、むつのかみにて下りし人、此木を伐りて名取川の橋杭にせられたる事もあればにや、『松は此のたび跡もなし』とは詠みたり。代々、あるは伐り、あるいは植え継ぎなどせしと聞くに、今将千歳のかたちととのひて、めでたき松のけしきになん侍りし。
『武隈の松みせ申せ遅桜』といふものの選別したりければ、
桜より松は二木を三月越シ」
と書いている。
『武隈の松』のある竹駒神社は旧道四号（奥羽街道）線にあったが、泊まった「ホテル小野」は新道沿いにあり、雨が降り出しだんだん酷くなってきたので、旧道に入らず割愛した。芭蕉も曾良も触れていないが、東北本線館腰駅と名取駅の西四㎞ぐらいの藤中将実方の墓もあったそうだが、私は雨が降らなくても割愛した。ということでただ歩くことに終始し、雨に降られて、ただ道を見て歩いた印象だけが強い歩き旅であった。
今朝の出発が遠距離になったので、朝は早くしないと歩く時間が少なくなるので、始発で計画した。朝三時半に起き、小さい魔法瓶の水筒ふたつに粉茶をとかしていれて持った。四時十分に家を出て、ＪＲ大磯駅、上り始発四時四十七分に乗る。日曜日の始発の乗客が、途中、平塚、茅ケ崎、辻堂から乗り込んでくる。藤沢からは降りる人と乗る人がある。藤沢まで来ると座席が空いていない。一眠りしたいと思っても乗降客のざわめきで眠っていられない。横浜、川崎、品川、新橋になると降りる客が多くなる。五時五十七分終着東京に着く。遂に一睡も出来なかった。〈駅弁〉の店でサンドイッチと甘い缶コーヒーを買う。東北新幹線「やまびこ二〇一号　仙台行き」はホームに入っていたので、指定席へ行くと先客がいる。

「そこは私の席ですよ」というと、慌てた先客が指定席券を改め、

「いや、私の席です」と、私の券を改めて、「お宅のは次の新幹線ですよ。これは『やまびこ二〇一号』ではなくて、その前の『やまびこ五一号』六時四分の新幹線です」「あ！申し訳ありません」私が降りるとすぐ発車した。

私はまだ寝惚けているのだろうか。すぐに私が乗る「やまびこ二〇一号」が入ってきた。今度こそ私の指定席である。すぐにサンドイッチとコーヒーを飲み、前の晩の残りで作ってくれたおにぎりを一個平らげた。すぐ眠れるかと思ったが、どうも寝付けない。車窓の景色はもう何回も往復して見慣れた景色である。暑い最中に搾るように汗を流して歩いた道である。やっと郡山、次は福島とまでは覚えていたが、突然睡魔に襲われ、「次は仙台」の車内放送で目が覚めた。白石蔵王は過ぎてしまった。乗り越しである。働いているうちは「乗り越し常習犯」であったが、さすが「泰然自若」として慌てず、すぐ仙台から上りで引き返せば一駅であると目覚めた。

仙台に着くと隣のホームから一分後に上り新幹線が発車する。最後尾の車掌を確かめ飛

び乗る。次の白石蔵王には予定の時間より約三十分遅れの八時五十九分に着いた。ざっとこんなもんだと「乗り越し常習犯」の仕事振り未だ衰えずとほくそえんだ。もっとよいものが身につけばよかったものを「乗り越し常習犯」が身についた八十四爺など自慢にならない。

白石蔵王駅の東口に出て、空を仰ぐと灰色の雲は覆っていたが雨は降っていなかった。この日の天気予報では午後雨になっていたが、夜まで雨は降らなかった。県道二四号線から一〇三号線へ出ることになっている。駅を出て北へ進むと比較的広い道にぶつかったので、東に右折して進む、すぐガソリンスタンドがあったので、オートバイに乗った五十歳がらみの地元風のおじさんに、

「この道が二四号線ですか?」「さあ、そういわれればそうかも知れないな」「一〇三号線へはどう行くか教えていただけませんか」「とんでもない向こうの山の上の道だよ。ここから凄い坂道だよ」と北の小高い山並みを指差した。『凄い坂道だよ』は歩き旅の人間には「脅し」のようなものである。嫌な予感がした。しばらく東に進むと、もう少し年配でいかにも地元風のおじさんに出会ったので、

「すみません。教えて頂きたいんですが、この道は二四号線ですか」「とんでもないこの道は一〇三号線だよ。何処へ行くんですか」「今日は岩沼まで行くつもりなんですが」「それなら、少し戻って、四号線へ出て、そこからなら真っ直ぐだから、間違いないよ」

一番確かと思った二人の地元のおじさんから、まったく違うことを教えられたよそ者の

私は、何を選んだらよいか分からなくなっていた。いつもの総合判断の勘以外ないと思った。ともかく二十四号線だか、一〇三号線か分からない今歩き出した道を東に進む勘を選んで歩き出した。しばらく歩くと九時三十五分、九、三五〇歩、五・六㎞のところに交差点があり、今歩いている道が二四号線であることが分かってきた。交差している道に一〇三号線と出ていたので勘はほぼ当たっているなと思った。消防車車庫があって、消防服を纏った人が三人立ち話をしていたので、これこそ正真正銘の地元の人である。

「教えていただけますか、一〇三号線はこの道ですか」「違う違う、今あんたが来た道が二十四号で、それを左折して行ったところが一〇三号線それを右折して、二・二㎞ぐらいの峠を越えて〈ミニストップ〉というコンビニのところを左折すると、五〇号にぶつかりますよ」一気に教えてくれたが、それが私が事前に調べた道程とピッタリ一致したので、私にとっては頭の地図をなぞっていることと同じなので、より頭の地図が鮮明になったように飲み込めた。

「ああ、よく分かりました本当にありがとうございました」

私は頭を下げた。三人の消防団員は、この爺さん本当に分かったのかなと疑うように、私を見ていた。十時十五分、峠の頂上に着いた。初めて小休止を取った。今朝三時半に粉茶をとかした水筒のお茶はまだ熱かった。人家も少なく道の両側はこんもりした丘か小山が迫っていた。

峠が下りにかかると中学校が見えて、橋のかかった道に交差していた。十時四十分、

一一、五二二歩、六・九㎞になった、この道が一〇三号であった。バス停『白坂』とあった。この道を右折して一〇三号線を東に進んだ。ちょうど十一時、一二、六七五歩、七・六㎞歩いたところが〈ミニストップ〉で、左折の道角に「一〇九号線」「大河原まで七㎞」と表示されていた。お宝の地図とピッタリ合っていた。一〇九号線に平行して、高田川が流れていた。十一時四十分、一五、九〇六歩、九・六㎞のところに白河小学校があり、道に平行する高田川沿いを歩くうちに十二時ちょうど、寺前橋のある道にぶつかった。この道が五十号線であった。一七、七七一歩、十・七㎞歩いていた。右折して五十号線を東に進んだ。東北本線の北側を進み、道が北へ大きく曲がり、十二時三十五分、二〇、二〇〇歩、十二・一㎞のところで四号線に合流して行った。四号の歩道を北へ進む。すぐ十二時四十一分、二〇、六三七歩、十二・四㎞あたりのところで、日本橋より三一五㎞、大河原まで二㎞の表識があった。なかなか食堂が見つからないので、左側の旧道に入ったが、やはり食堂がない。交番があり、警察官ではなかったが、そこから自転車で出て来た人に、「近くに食堂はありませんか」と聞いたが、「この辺にはないんですよ。あと七百か、八百m行かないとないですよ」と行きかけて、「ああ、ここから百mぐらい行ったところに、コープの店がありますよ」と教えてくれた。旧道が四号に合流する角に「みやぎ生協」の大河原店があった。スーパーのような大きな生協の店であった。十五年ぐらい前、出張で「みやぎ生協」の商品検査センターを尋ねたことがある。経緯は省略するが、その前夜の仕事で元東北大学長に呼ばれ、元学長が中心の仙台地域の婦人に水汚染の話を依頼され、そこでご一緒することになったため、「うちの卒業生も多いんで、序に生協とやらを見学させてくれないか」といわれ、生協本部と商品検査センターを案内することになった。事実、生協の幹部の多くに東北大卒業生がいて、元学長が何の前触れもなく突然現れたので、その驚きようは尋常ではなかったことを覚えている。

そのこととは別に、商品検査センターを尋ねたことからちょっとしたエピソードが生まれた。その検査センターの責任者はY教育大学出身ですらっとした若く美形の女性であった。一目ぼれというのか、元学長が、「うちの息子の嫁にいいな」と言い出し、彼女の運転する生協の車を仙台市内の自宅まで走らせ、「家内です」と彼女を奥さんに紹介した。私はあれよあれよと、成り行き任せに従うよりどうすることも出来なかった。「失礼だが、君、うちの息子の嫁に来てくれないかな」私を超えて元学長の単刀直入の破天荒の行動に戸惑う以上に困惑していた。この先生は世界的金属学学者で、釣針メーカーの「がまかつ」社長が、釣針の合金開発で学長と知り合い、一方で水質汚濁で魚が減り、魚釣りに影響が出る事を心配して水環境が専門の私と「がまかつ」社長は知り合った関係で、「がまかつ」社長の仲介で私と元学長が知り合う関係になった。ハプニングという英語はこんな時に使う言葉だと思うが、私はその渦中に巻き込まれることになってしまったのである。

慌てたのは、彼女の方で、元学長に昼食をご馳走になったあと、「先生（私のこと）、私はバツ一で、もう次ぎの婚約者もいるんです。何とか学長さんに断ってくださいませんか」

とんだどんでん返しのどたばた悲喜劇の幕引きをやらされる羽目になった。その「みやぎ生協」の店である。さすが安さのコープ（生協）である。二九八円の安くて、私の好きなカツ丼弁当を買って、店の前のベンチで弁当を開いた。弁当を食べている私をニヤニヤ見て通る男がいた。先ほど食堂を探している時、このコープを紹介した人であった。人にはなかなか会えない歩き旅では珍しく人に巡り会えた一日であった。

午後から雨の予報だったが、空は暗く曇っていたが、雨は降らなかった。私はひたすら合流した新道四号線の歩道を歩いた。十四時三十二分、二八、九一〇歩、十七・四㎞歩いた所に、「日本橋より三百九・六㎞」の標識と共に「仙台まで三十三㎞、岩沼まで十三㎞」の標識があった。岩沼まで後四時間歩かねばならないと思うと足が重かった。三百ｍほど歩くと荒川に架かる新韮神橋を渡った。荒川村田町とあった。さらに一時間ほど歩いた十五時二十七分、三三、五三二歩、二十・一㎞歩いたところに柴田町の仙南農協のガソリンスタンドがあり、すぐ近くにコンビニの〈ミニストップ〉があったので、店に入って小休止を取った。

「岩沼までは後どのくらいか、手前の槻木《つきのき》の駅までは」と聞いた。

「岩沼までは十㎞以上、槻木の駅までは五㎞ぐらい」

歩き出したが雲はだんだん暗く低くなっていた。十六時過ぎると日も暮れだし、秋の日は釣る瓶落しというが、あっという間に暗くなってしまった。十七時過ぎると真っ暗になり、自動車のライトが前から後からまばゆい光を投げかけて走り過ぎていった。歩

第21日目2012年11月11日(日)
予定コース:白石―岩沼　天候:曇り

時分	出発場所	到着場所	歩数	距離(km)	買物	金額	適用
4:10	自宅		3,253	2.0	ジパング	15,260	
4:47	JR 大磯(始発)						
5:57		JR東京			サンドイッチ	360	
6:20		やまびこ 201号					
8:30	乗り越し	仙台から戻					
8:59	白石蔵王	24-113-109 -50-4号					道聞く不明
9:35	24号を東	103号 消防にきく	9,350	5.6			
10:15	峠頂上	小休止					
10:40	103号に	バス停白坂	11,521	6.9			
11:00	109分岐	左折 大河原7km	12,675	7.6			ミニストップ角
11:40	高田川	白河小学校	15,906	9.6			
12:00	左折50号	寺前橋	17,771	10.7			
12:35	4号へ右折		20,200	12.1			
12:41	日本橋より	315k 大河原2k	20,637	12.4			
13:35	大河原生協	昼食	23,765	17.4	カツ丼弁当	298	
14:32	319.6k	仙台33k、岩沼13k	28,910	17.4			
	新韮神橋	荒川村田町	29,491	20.1			
15:27	仙南JA	柴田町	33,531	26.0	ミニストップ	157	
17:30	ホテル小野		43,291	26.0	宿泊夕食	7,250	
日計			43,291	26.0		23,325	
累計			630,795	378.5		222,963	

くのが嫌になった頃、やがて歩道橋が見え、歩道橋の後ろに〈ホテル小野〉の五階建てのビルの上にネオンの光が見えた。歩道橋には逆方向の「白石まで二十九km」の標識が出ていた。その距離は四号線だけで歩いた場合の距離で、私の度数系には十七時三十分、四三、二九一歩、二十六kmとあって、やはりインターネットで指示された道二十四号、一一三号、一〇九号、五十号、四号線の今日の経路は三kmは近道になっていたのだと分かった。今日は日曜日でホテルの夕食は休み、近くの中華料理屋で初めて味わうソース味チャーハンに驚き、餃子ラーメンで夕食を過ごした。今日まで千住から六三〇、七九五歩、三七八・五km歩いた。今日一日は、「奥の細道」に関わるなにものも見ず、ただ歩いただけの南東北道の独り歩きになった。

ホテルは初めて畳部屋に敷布団の和室だった。風呂を浴び布団にもぐれば、洋室も和室もなく、疲れはそれを超え熟睡した。

第二十二日目　十一月十二日（月）

岩沼―仙台

今日の一日は雨を覚悟していた。六時に携帯の目覚ましで目を覚まし、朝食は一番の六時五十分に摂った。奥羽街道沿いの朝食は皆質素であるが、今日は珍しく納豆と卵が出た。私の常食になっていたので、なんとなく意味もなく気分がよかった。食堂で会った泊り客は二人だけだったが、私より後から来て先に出て行った。卵と納豆をご飯にかけて口に流し込むように掻っ込んで食べた。現役労働者の食べ方である。やはり私は引退年金爺である。ゆっくり食事して、歯を磨き、用を足して旅支度をした。窓を開けたが、雨の予報だがまだ降っていないので、雨具でなしにホテルを出た。フロントで「旧奥羽街道はどの辺ですか」と聞いたが、「仙台までは、くっついたり離れたりですね」とはっきりしない。

八時二十分ホテルを出発して、四号線を仙台に向かう。岩沼の旧街道には歌枕「武隈の松」があり、芭蕉もここへ寄っていたが、雨が降り出し、どこが旧道へのまがり道か分からぬまま、九時二十五分、四、〇八九歩、二・五㎞歩いたところの岩沼市民ホールの玄関に入り、雨着を羽織った。旧道が分からぬまま歩いているうちに隣の名取市についてしまった。というわけで「武隈の松」は通りすごしてしまった。その奥にある「中将実方の塚」は芭蕉も曾良も五月雨のぬかるみを理由に通り過ごしている。私も雨を口実に通り過ぎることにする。雨のなかを歩くと、雨合羽の下は汗だくで、足の重さに加えてじめじめした気分の悪さは、なんともいえないものである。九時五十五分、五、五八〇歩、三・四㎞歩いたところは日本橋より三三七㎞の地点で名取市本郷で小休止をした。昨日のお茶がまだ暖かった。次に日本橋より三三八㎞の地点、十時二十分、七、一三七歩、四・三㎞歩いたところに名取市植松町、東北本線「館腰駅」があった。十一時〇三分、日本橋より三四〇㎞の地点、「仙台まで十二㎞」まで歩いたとき、一〇、一九四歩、六・一㎞になっていた。上手い具合に雨が小降りになり、やがて止みだした。十二時ちょうど、一四、二九八歩、八・六

第22日目2012年11月12日(月)
予定コース:岩沼—仙台　天候:終日雨

時分	出発場所	到着場所	歩数	距離(km)	買物	金額	適用
6:00	起床						
6:50	朝食						
8:20	4号線						
8:45	日本橋より334k		1,820	1.1			
9:05	335k、仙台18k		3,141	1.9			
9:25	小休止		4,089	2.5			雨着着用
9:55	337k	名取市本郷	5,580	3.4			
10:20	338k 館腰駅	名取市植松	7,137	4.3			
11:03	340k 仙台12k		10,194	6.1			
12:00	大連(昼食)		14,298	8.6		1,050	雨着着替え
12:40	出発		00000	0000			
12:55	名取、仙台市境		15,464	9.3			
13:27	南仙台駅		21,505	13.0			
					土産	6,060	
					弁当	1,760	
日計			21,505	13.0		8,870	
累計			652,301	391.4		231,833	

km歩いたときに〈大連〉という中華食堂があったので、そこで定食を頼み、雨具を解いて清々した。夕べのチャーハンと違い普通の卵とチャーシューの醤油味だったのでほっとした。食堂を出ると雨が降っていた。雨具にまた着替えるのが嫌になった。十二時五十五分、一五、四六四歩、九・三km歩いたところに「仙台市と名取市の市境」があった。そこで、目的の仙台市に入った。南端でも仙台は仙台である。もう雨のなかを歩くのは止めて、近くの東北本線駅から仙台駅へ行こうと決心した。十三時二十七分、二二、五〇五歩、十三kmのところに「南仙台駅」があった。今日はここで歩き旅は終了することにした。千住から仙台まで六五二、三〇一歩、三九一・四km歩いた。次は塩釜までである。

平成二十四（二〇一二）年五月十七日東京千住から歩き始めて、延べ二十一、二十二日目、十一月十二日仙台に着く。天気予報で急に冷え込みが激しくなり、降雪予報が北から盛んになり始めたりした。家人から「もう今年は止めて」の声が激しくなり、私自身も足腰に疲れが目立ってきたし、無理をせず今年の独り歩きは、来年雪解けまで休むことにした。

この間千住から仙台まで六五二、三〇一歩、三九一・四km歩きました。芭蕉が歩いた「奥の細道」全行程の推定距離は約二千kmですから五分の一にしか達していませんが、残りは来年雪解けを待って継続するつもり。来年の歳を考えると命あればのことですが。

平成二十四（二〇一二）年十一月二十日（火）

番外特別日　平成二十五（二〇一三）年四月二十、二十一日（土、日）

一関―平泉

先年、平成二十四（二〇一二）年十一月十二日仙台まで歩き、今年雪解けまで独り歩きを休止することにしてから、もう半年二〇一三年四月の終わりになってしまった。いつ再開するか考えているうちに、「エッセイの会」の人から塩竈で激励会をやるから、いつ歩き出すのかと催促されてしまった。あわてて、四月二十四日（水）、二十五日（土）と決めてしまったが、その前に、先年十一月に細君と一関《いちのせき》から平泉観光を「奥の細道歩き」の一環として前例の「殺生石」と同じ意味で同行することを約束していたが、突然、少し大きい余震があったため中止していた旅行を果たさねばならなかった。ＪＴＢに依頼して、四月二十日（土）、二十一日（日）ホテルとＪＲの〝びゅう〟の半日観光バスが取れたので出かけた。

三月には入ってからも寒い日、暖かい日が断続的にあり、桜が例年より早く咲いて驚かされたり、四月二十日十時に家を出たときも、「今日は寒いな」と多少厚着して出かけた。

東北新幹線やまびこ六一号十二時四十分東京発に乗り、一関駅十五時十四分に着いた時もひんやりとしていた。一関は岩手県最南端、宮城県との境である。芭蕉が歩いた奥の細道で岩手県は一関から平泉だけで最北端である。〈ベリーノホテル一関〉に一泊、次の日ホテルで送迎バスを駅まで我々二人だけに出してくれた。外は雪が降り出していた。二十一日十時三十分、一関駅発「びゅうバス　平泉世界遺産巡り号」に乗った。真っ赤な大きなバスに乗客は我々夫婦二人きりの貸切であった。「二人きりでもいいんですか」と車掌ガイドに聞くと「ええ、いいんですよ」と当たり前のように答えた。「アベノミクス」の大規模な日銀金融緩和で「円安」「株価上昇」で株をやっている戦友から「大儲け」している話は聞いたが、びゅうの大型バスに乗客二人ということでは景気が良いどころか、不景気のどん底である。

外の雪は激しく降り出してきて、真冬のような寒さである。一関から毛越寺へ行く、歩くとすれば十㎞内外である。千百六十年ぐらい前、嘉祥三（八五〇）年、自覚大師建立一大伽藍があったところである。今は大雪が降りしきるなかに大池だけが水を湛えていて、こじんまりした屋根に白く積もった雪の本堂だけ建っているが建造物は無く、宝物殿に安置されている。礎石だけの世界遺産という感じであった。毛越寺から中尊寺の金色堂に向かう。途中右手にこんもりした森の岡が見え、「ここが源義経が天和三（一六八三）年、最後の自刃をした義経堂のある高館《たかだち》です。ここで芭蕉は『夏草や　兵どもの　夢の跡』を詠んだと言われています」と言って、バスは通り越してしまった。私としてはここを見たかったのだが、世界遺産としては価値が無いのだろう。芭蕉は義経の哀れを思い落涙している。中尊寺のバス駐車場には、さすがにバスが十台以上あったので、食堂に準備されていた昼食を食べていると食堂も徐々に満員になった。しかし、まだゴールデンウイーク前とはいえ、日曜日にバスが二人貸切でも、「アベノミクス」の影響がなくとも、観光客はもう少し多くてもいいのではないかと思う。芭蕉は「奥の細道」で印象的に著している。

「『平泉』

三代の栄耀一睡の中にして、大門の跡は一里こなたに有。秀衡が跡は田野に成て、金鶏山のみ形を残す。先高館にのぼれば北上川南部より流るる大河也。衣川は和泉が城をめぐりて、高館の下にて大河に落入。泰衡等が旧跡は、衣が関を隔て、南部口をさし堅め、夷をふせぐとみえたり。偖《さて》も義臣すぐってこの此城にこもり、光明一時の叢となる。『国破れて山河あり、城春にして草青みたり』と、笠打敷きて、時のうつるまで泪を落とし侍りぬ。

夏草や兵どもが夢の跡

卯の花に兼房みゆる白髪かな　曾良

兼て耳驚したる二堂開帳す。経堂は三将の像をのこし、光堂は三大の棺を納め、三尊の仏を安置す。七宝散うせて、珠の扉風にやぶれ、金の柱霜雪に朽て、既に頽廃空虚の叢と成べきを、四面新たに囲みて、甍を覆いて風雨を凌ぐ。しば時千歳の祈念とはなれり。

五月雨の降り残してや光堂」

バスの駐車場から雪の積もった坂道は、膝を痛めた妻には歩くことは困難と見えたのであろう、バスで中尊寺に最も近くまで登ってくれた。それでも百ｍは登らなければならなかった。雪のぬかるみと、冷え込みが一段と深くなってきて、妻は堪えがたくなっていたようであった。そこから中年男性の現地ボランティアガイドが説明に立ってくれたが、熱心で丁寧に説明して頂くのはよいが、寒さに我慢できなくなっていることを訴えても、やはり伝えたいことを伝えたいガイドの熱心さは、こちらの条件を理解してくれない。足が凍え上がってしまう。並木も雪で白く覆われ、雪の下に桜が花を付けているのだろうが、定かではない。桜開花と雪の競演である。桜を雪が被っている図は寒さも加わって様に成らない。雪と桜の泣き笑いである。

金色堂は鉄筋の屋舎の中に覆われてというか、安置され外観は見ることは出来ない。金色を保存する処置であろう。拝観というより覗き見る様である。ここに藤原三代、四代の棺が安置されている。ガイドは「天井が素晴らしい」と言うが見えない。妻は「もっと豪華だと思った」と言った。世界遺産の中心である金色堂の印象であった。雪の中の寒さの影響が大きいと思う。そこから高館のある森を帰りは左に見て無量寺に向かう。ここは跡だけがある幻の世界遺産である。ガイドの説明も幻であった。ただ、バスのなかは雪に濡れた体を温めてくれた。

芭蕉が歩いたこの毛越寺、中尊寺、無量寺と義経が兄源頼朝に追われ、最後に自刃した高館の義経堂のある平泉だけが岩手県で、最北端である。藤原三代の栄えて、源義経をかくまい助けて、源頼朝に滅ぼされた平泉へ来ると引き返して、ここから日本海側の山形へ歩いて行ったのである。芭蕉は千住から歩き出して、歌枕の地と義経の逃走の跡を追ってきたが、義経がここで果てた北限に来て、もう北に用が無くなり踵を返して一関に戻りだしたのであった。

十五時前に一関駅に到着した。寒い雪の平泉であった。芭蕉の歩いた北限は歩きたかったが、これも浮世の処世術、独り歩きは所詮妻や息子の鼻息を窺っての独り歩き、家族の摩擦を避けた必要な潤滑油である。家を売り払って飛び出した芭蕉の「旅を棲家」とした「捨て身の旅」とは大違いである。

第二十三日目　四月二十四日（水）

仙台―塩竈

いよいよ、本番の独り歩き旅再開の始まりである。朝は三時半に目覚しを掛けて寝たが三時に起こされた。握り飯二個も出来ていた。水筒二本にお茶を入れてもらって、四時十五分にまだ暗い家を出た。ＪＲ大磯駅の始発四時四十七分に乗る。平塚、茅ケ崎、辻堂と乗客がどんどん乗り込んできて藤沢では満席になっていた。東京に五時五十二分着、やまびこ五十一号六時四分発、盛岡行きに乗る。車内ですぐ朝食の握り飯を一個食べる。今日歩く「奥の細道」の「宮城野」「壷の碑」「末の松山」「塩竈」「松島」を読む。桑折を出た頃、うとうととして眠り込む。目が覚めると仙台に着いて、慌てて新幹線を降りた。例によって自衛隊払い下げの迷彩色の椅子付きリュックを背負い、改札を出た。

いつもそうなのだが、道順は良く調べるが、現地に立って、仙台駅の何処を出て、どっちへ向かって歩けばよいのかが判らない。聞けばよいと思っているからである。ところが現地の人ほど判らないことが多い。改札を出て、すぐ駅の警備員に出会ったので「芭蕉の辻」はどっちに行けばよいか尋ねたが、全く知らない。うろうろして案内板を見ても判らない。案内板に駅交番が離れた北側にあったので、交番まで行くことにした。交番の外に立っていた若い新人らしい警察官に話しかけた。彼が私を交番の中に入れて、「どちらへ行かれますか」と尋ねたので、芭蕉の辻は諦め、「塩竈方面はどちらですか」と方角を定める質問をした。「こちらは西口ですから反対の東口です」と教えてくれた。「それでは榴ケ岡公園は」「東口です」と当たり前のことを聞いてしまったと思った。「はい判りました。ありがとうございました」と東出口に急いだ。駅の中を迷ってやっと東出口を出たときは八時三十分、降りてから三十分過ぎていた。駅前に榴ケ岡公園への大きな矢印が出ていて、駅前の大通りを真っ直ぐ進めばよいことになっていた。三十分ほど歩くと榴ケ岡公園に着いた。花見ののぼり旗が何本も出ていた。階段道路で上った所に公園があって、周辺に桜がほぼ満開で植えられていた。ソメイヨシノのようであった。人に会ったので「四十五号線はどの道ですか」と聞くと、「公園を渡った向こう側ですよ」と教えてくれた。仙台へ降りてから道を聞きっぱなしである。

仙台駅近くの「芭蕉の辻」に芭蕉が寄ったわけではなく、そのような名前がついてしまったらしいが、奥の細道を歩く人は皆そこへ寄るので私も見てみようと思ったが、仙台駅で聞いても誰もわからず、行けなかった。

「奥の細道」の「宮城野」には芭蕉は仙台に「四、五日逗留す」と書いてあり、「画工加右衛門に一日案内す」のように案内してもらっている。元宮城野の国府だった薬師堂や天神社などを案内してもらっている。別れるときには松島や塩竈の絵を贈られ、さらに紺で染付けた鼻緒の草鞋を二足贈られた。芭蕉は返礼に、

「(前略) さればこそ、風流のしれもの、爰に至りてその実を顕す。

あやめ草　足に結んで　草鞋の緒」

とした。が、今晩は塩竈で「エッセイの会」の同人たちの激励会の待ち合わせに遅れぬよう、芭蕉が四、五日掛けた仙台見物は省くつもり。

公園を横切った北側で腰掛を出し小休止。仙台駅から五、〇三七歩、三・〇二km歩いた。十五分休み、東側の公衆便所で用を足して歩くと、公園の西側に桜の植え込みの広場があり、満開の桜の下で、今晩の花見の場所取りが始まっていた。しかし午後から雨になったのでどうなったか。公園を出て四十五号線に出るまで北に進み、塩竈目指し東に進む。しばらくすると右側に仙台市宮城野区役所があった。この先の道先案内をと庁舎に入った。総合受付けで、東光寺方面や、多賀城方面への道順や距離を聞く、今日も今朝から何回目かの「歩いて行くのですか」と驚かせた。エンジン付きの自動車で「走る」のが今の常識で「歩く」のは異常になっているのが現代である。二人の案内嬢の絶句した顔を後に区役所を出た。

しばらく進むと「苦竹陸上自衛隊基地」にぶつかった。旧陸軍の仙台聯隊である。旧陸

軍士官学校出身者としていささか身の疼きを感じた。師団の門に衛兵が立っていた。おそらく二十歳代であろう。私は八十五歳、その差六十年音速より早く走馬灯が回っている。私は記憶と言うより若い衛兵から見たらまさに亡霊であろう。地名も「苦竹《にがたけ》」である。仙台市宮城野区の塩竈街道四十五号線は大都市の国道である。大型自動車が激しく行き交い、ビルと工場が建ち並び、人が行き交っている大都会の道ではない。自衛隊を過ぎると「日本ペイント」の大きな工場があった。と思うと工場の中に「コープみやぎ」の看板があったり、都市とローカルの混在が珍しかった。しばらくすると扇町の奥羽街道四号線との交差点に出る。歩道橋や四号線下のトンネル歩道を潜って四号線を突き切る。しばらくして梅田川を渡る。そこで小休止をする。十時四十三分、仙台駅から一五、六一三歩、九・四km歩いた。すぐ歩き出した。しばらくすると福田町の町名板に変わり比較的大きな七北田川に架かる福田橋を渡った。十一時三十分、一八、四六一歩、十一・一km歩いた。そろそろ昼時だが、十一時前後歩いた地点には幾つも適当な食堂が並んでいたが、それを過ぎると食堂が無い。土地勘の無い独り歩きの厳しさである。このあたりは宮城野区高砂の地名である。ちょうど十二時、交差点を渡ったところに「うどん」と書いた食堂があった。見逃すとまた見つけることが大変だという経験から、思い切り良く〈福成食堂〉へ入る。和食とに限らず和洋中の定食屋に出会った。「すき焼うどん」という怪しげな定食を頼んだ。残った握り飯を主食のようにして食べた。仙台駅から一九、六八二歩、十一・八km歩いて来た。十二時二十五分、〈福成食堂〉を出発した。専ら四十五号線塩竈街道を進む。誓渡寺前の歩道橋を通り、多賀城市と仙台市の境界に着いた。十三時十分、一二三、八六八歩、十四・三km歩いた。このあたりから北へ行ったところ、七北田川に架かる岩切橋を渡ったところに東名寺があり、このあたりの道を仙台の俳人三千風が「おくの細道」と名付けていた。芭蕉はこのことに因んで自分の奥州旅の記録を「おくのほそ道」と名付けたと言われている。その東名寺も塩竈の待ち合わせに遅れないよう割愛した。「壷の碑」には「十符の菅」についてこの地方の菅が強く毎年「菅孤を調えて国守に献ずと言えりが」とか書かれている。「壷の碑」自体も「歌枕」である。埋没されたものが発見され真偽論争もあったが現在は「奈良時代の多賀城由来を書いた碑」として国の重要文化財になっている。「奥の細道」の「壷の碑」では、

「『此城、神亀元（七二四）年、按察使鎮守符将軍大野朝臣東人之所里也。天平宝字六（七六二）年、参議東海東山節度使、同将軍恵美朝臣 薀《まさかり》修三而。十二月朔日』と有。聖武皇帝の御時に当れり。むかしよりよみ置る歌枕、おほく語伝ふといえども、山崩川流て道あらたまり、石は埋もれて土にかくれ、木は老いて若木にかわれば、時移り、代変じて、其跡たしかならぬ事のみを、爰に至りて疑いなき千歳の祈念、今眼前に古人の心を閲す。行脚の一徳、存命の悦び、羇旅の労をわすれて、泪も落るばかり也」

多賀城は奈良時代千二百年以上前は、大和朝廷の東北の地方庁があった所のようである。その多賀城碑で歌枕でもある「壷の碑」も、多賀城政庁の復元模型、四十五号線に沿って「野田の玉川」「沖の石」「末の松山」という歌枕の地も芭蕉の旅の目的地であるが、独り歩き

を目的にしている私は割愛して、塩竈に急いだ。十三時〇四分、仙台より三二、一〇四歩、十九・三㎞歩いた所が多賀城市と塩竈市の境であった。雨になっていた。喫茶店で休息し、十五時十五分に喫茶店を出た。雨脚が強くなってきたので、雨合羽を羽織った。七十五銀行の四つ角に来た。「〈スマイルホテル〉はどこか」を尋ねればよかったのに、「塩釜駅は」と聞いてしまったために、女の銀行員に違う道を教えられてしまった。しばらく歩いてコンビニで〈スマイルホテル〉を聞くと道が違っていた。七十五銀行を曲がらずに四十五号線を直進し、道路沿いに目的の〈スマイルホテル〉があることを教えてもらった。十五時三十分、仙台から三三、四四六歩、二十・一㎞歩いていた。まだエッセイの四人の同人はホテルに来ていなかった。これで昨年十一月から雪休み……」していた「奥の細道」独り歩き再開第一日目二十㎞を歩き終えたが、いつもあった歩き始めにある足の痛みや、攣り、痙攣がないのが不思議であった。今晩の激励会も大丈夫そうである。

今晩の激励会幹事である園田さんから、ルーム電話で「五時集合」の知らせがあった。軍隊での情報伝達活動の経験がある私には、一週間以上も前に、「〈塩竈スマイルホテル〉で五時から激励会」の連絡が手紙一通だけあって、それから十日ぐらい無音不通なのに、今電話で「二十分後集合」それで確実に情報が伝わり、五人が正確に集まる。Eメール、電話、携帯電話、手紙の情報手段が正確に機能しているのが当り前になっている。この国の治安が確実に維持されていることである。それを当り前として平和を維持している国家行政機構があることである。もちろん、国道県道も安全に独り歩きが出来ることもである。

五時五分前、フロントに松浦さん、園田さん、村山さん女性三人が集まっていた。一呼吸遅れて杉山さんが降りてきた。正確な集合である。激励会場に外出する。小降りの雨の中を暗い夜道に出る。私はすべてお任せである。しばらくしてホテルで紹介された二軒の中から四十五号線を渉って〈丸長寿司〉を選び、こじんまりした寿司屋に入った。塩竈では寿司屋だとあらかじめ聞いていた。何でも好き嫌い無く食べるが、大きくは和食が好きである。世界中出張して食べ歩き、日本食の鰹節と昆布をだしにした和食の味は世界一だと思っているので、和食なら一番よい。そして日本酒である。皆さんご存知なので、日本酒熱燗をすぐ頼んでくれた。地元の「一の蔵」である。四人の同人は昼間、塩竈神社と酒蔵「浦霞」を見学している。杉山さんは「浦霞」と「一の蔵」の冷酒を賞味して「美味い」と一言言う。熱燗にした「一の蔵」の口当たりが良かった。甘過ぎず、辛すぎず、熱燗で鼻を突くアルコール臭も無く、私はエッセイの諸君に東北の津波被災地まで私の激励に来ていただいた感謝を込めて「乾杯」をした。やはり「美味い」と口に出した。刺身の盛り合わせと、寿司が出た。毎月の例会で、「小林は熱燗だけで、おつまみも食べない」が定評である。「先生、鮪が美味しいんですよ」と奨められる。私は「一の蔵」をちびりちびり大満足である。奨められて思いだしたように、鮪の刺身と寿司をつまむ。こじんまりした寿司屋さんで、気がつくとお客さんもほぼ満席。親父一人で刺身を造り、寿司を握っている。明日の松島までの観光船の時間や港の場所、割引券まで世話をしている。そんな話題が「一の蔵」と「浦霞」にまどろむような酔いのなかで交錯している。「先生、鮪」と

第23日目2013年４月24日（水）
予定コース：仙台―多賀城―塩竃　天候：曇後雨

時分	出発場所	到着場所	歩数	距離(km)	買物	金額	適用
4:20	自宅	JR大磯	2,000	1.2	交通費	16,140	
4:47	JR大磯	JR東京			駅弁	800	
5:52		JR東京					
6:04	やまびこ51号						
8:00		JR仙台					
8:30	JR仙台						
9:00		榴岡公園	5,037	3.02			
9:15	榴岡公園	45号線へ					
10:43	４号、45号 交差点	三陸道	15,613	9.4			塩竃11km 扇町、苦竹
11:30	七北田川	福田大橋	18,461	11.1	鋤焼饂飩	750	
12:00	宮城野区高砂	福成食堂	19,682	11.8			
12:25	福成食堂						
12:40	誓渡寺前	歩道橋	21,156	12.7			
13:10		多賀城市	23,868	14.3			
15:04		塩竃市	32,104	19.3	コーヒー	330	
15:30		スマイルホテル	33,446	20.1		6,485	
17:20	丸長寿司						
日計			33,446	20.1		24,505	
累計			685,747	441.5		256,338	

督促の声もする。今宵の「一の蔵」と「鮪」が美味かった。北の果てまで激励に来ていただいた熱意と行為に感動していた。

明日は、七時から朝食、八時に塩竈港まで私に付き合って皆さん一緒に歩き、松島湾を見ながら松島港まで同道することを約して、ホテルの自室に解散。「先生、今晩はお風呂は駄目ですよ。酔いを醒ましてから入ってください」とたしなめられ、まだ八時ごろなのにベッドで熟睡、早朝四時に目を覚ました。地元で飲む「一の蔵」も「浦霞」も癖がなくてよかった。そして二日酔いがない、酔い覚めもよい。すっきりして朝風呂に入った。足腰の痛みもない。再開初日としては熱燗の激励会に押されて上々であった。

第二十四日目　四月二十五日（木）

塩竈―松島―石巻

六時半、朝食のバイキングに食堂へ行ったが、まだ誰もいない。私は朝から歩くので、米飯に納豆、卵、味噌汁の純和食をいつものように食べる。七時近く松浦、園田、村山の女性陣が現れる。パン食のよう。程なく杉山さんが現れ、彼は私同様和食党らしい。五人で昨夜の「一の蔵」「浦霞」と寿司の合評が活発。例によって、わがエッセイストは作品より批評が得意である。〈丸長〉の親父さんもくしゃみが絶えなかったのではなかったか。くしゃみは「一褒められ、二憎まれ、三惚れられて、四叱られた」というが、〈丸長〉の親父はエッセイの合評で何回くしゃみをしたのだろうか。「大変、八時出発」とお喋り合評を止め、部屋に戻った。チェックアウトを済ませ、玄関に八時集合、皆さん時間厳守で気持ちがよい。時間を守らないと戦は勝てぬ。港までは一本道だと〈丸長〉の親父さんが教えてくれたとおり、ホテル前から四十五号線を右に歩く、皆さんも私の独り歩きに習って、港まではタクシーを使わず、歩いていただいた。「関東の連れ○○」というが「関東の連れ歩き」と言うべきか。有難う御座いました。

二十分も歩かずに塩竈港（マリンゲート塩竈）に着く。九時発「島めぐり芭蕉コース」には充分時間があった。芭蕉もこの区間は舟に乗って塩竈から松島を観ながら瑞巌寺までいったので、私の独り歩きの旅でも舟に乗ることにしたのである。舟は満員どころか、乗客は少なかった。スピーカーで多くの島の説明をしているが、説明を聞いてもいないようである。乗船のとき、「うみねこ」にやる餌の「海老煎」を一袋渡され、船の後尾でエッセイの人々が「うみねこ」の餌やりに興じていた。指先の餌ならぬ海老煎に指もろとも嘴で噛み付いてくる。可愛らしさより、嘴の鋭さには一種獰猛さまで感じた。一袋の餌はあっという間に食い尽くされてしまっていた。餌がなくなるとうみねこも遠ざかっていってしまう。鴎ではなくウミネコだということが、案内でも、エッセイ同人の中でも話題になっていたが、その違いはどうでもよかった。松島の海を占領しているのは鴎ではなくウミネコだということである。芭蕉の頃はどうだったのか私は知らない。「奥の細道」の中で芭蕉は、

「**松島**
抑《そもそも》ことふりにたれど、松島は扶桑第一の好風にして、凡洞庭・西湖を恥じず。東南より海を入て、江の中三里、浙江の潮をたたふ。島々の数を尽して、そばだつものは天を指し、ふすものは波に匍匐。あるは二重にかさなり、三重に畳みて、左にわかれ右につらなる。負るあり抱るあり、児孫愛すがごとし。松の緑こまやかに、枝葉汐風に吹きはめて、屈曲をおのづからためたるがごとし。其気色窅然として、美人の顔を粧ふ。ちはや振神のむかし、大山ずみのなせるわざにや。造化の天工、いづれの人か筆をふるひ詞を尽くさむ。

雄島が磯は地つづきて海に出たる島也。雲居禅師の別室の跡、座禅石など有。将、松の木陰に世をいとう人も稀々見え侍りて、落穂・松笠など打ちけふりたる草の庵閑に住なし。いかなる人とはしらずながら、先なつかしく立寄るほどに、月海にうつりて、昼のながめ又あらたむ。江上に帰りて宿を求れば、窓をひらき二階を作て、風雲の中に旅寝するこそ、あやしきまで妙なる心地はせらるれ。

松島や　鶴に身をかれほととぎす　　曾良

予は口をとぢて眠らんとしていねられず。旧庵をわかるる時、素堂、松島の詩あり。原安適、松がうらしまの和歌を贈らる。袋を解きて、こよひの友とす。且、杉風・濁子ガ発句あり。（後略）」

「素堂の七言絶句の漢詩があり、原安適の和歌、杉風・濁子の句があるので、曾良の発句だけを書きおく」として、芭蕉は句を詠んでいない。「松島や　ああ松島や　松島や」を芭蕉の句と間違える人が多いが、芭蕉は松島を詠んでいない。前人の詠んだ漢詩、和歌、俳句に敬意を表したか、それ以上の句を読むことが出来なかったのか、なぜか判らぬが。

松島港へ着いて、何枚も写真を撮り、石巻に行く私は、ここでお別れをすることにした。余裕を持って皆さんと今日一日ぐらい一緒に瑞巌寺を拝観しても好いのかなとも考えたが、老い先短い「奥の細道」の独り歩きには余裕はない。一歩でも二歩でも、折角激励して下さった後押しに応えるためにも、つれないことかも知れないが、今日も歩こうと、瑞巌寺前で四人に握手してお別れした。

そこは四十五号線で東北に向えば石巻方面だが、地震と津波の復旧状況の今日がわからないので、「ＪＲ仙石線『松島海岸駅』まで行って聞けば」と教えられ、方向は逆戻りになるが、西に四、五百ｍ歩いて『松島海岸駅』まで歩いた。尋ねると「ＪＲ仙石線は『松島海岸駅』から、『石巻』手前の『矢本駅』まで、津波からの復旧が出来ていないため代行バスをピストン運行している」ことがわかった。「復旧までには四、五年掛る」と言われ、震災の傷痕の深さを知った。松島海岸から石巻は約二十六㎞、もう十時になっていたので、一時間三㎞の私の歩速では今日中に石巻まで歩くことは出来ないと判断した。しかし、二十㎞は歩けるはずなので、そこまで歩き、そこから電車に乗ろうと四十五号線を今来た道を歩き出した。

第24日目2013年４月25日(木)
予定コース:塩竈—松島—石巻　天候:晴れ

時分	出発場所	到着場所	歩数	距離(km)	買物	金額	適用
4:20	起床入浴						
6:30	朝食						
8:00	スマイルホテル	塩竈港	5,556	3.3		1,200	
9:00	塩竈港	松島					
10:00		松島海岸					45号線
11:30		富山峠	15,211	9.1			
12:30		陸前大塚	23,376	14.1			
14:00		野蒜	28,561	17.1			
15:50		鳴瀬川橋	30,112	18.1			
16:30		矢本駅	35,614	21.4			
16:35	矢本駅					190	仙石線
17:11		石巻駅					
17:43	石巻駅				昼食	700	
18:25		小午田			コーヒー	650	
19:00	小午田						
19:45	古川	やまびこ66号			お土産	4,885	
22:09		東京			弁当	1,850	
22:22	東京						
23:33		大磯					
日計			35,614	21.4		9,475	
累計			756,975	454.2		265,813	

芭蕉は「奥の細道」によれば「平泉とこころざし、あねはの松、緒だえのは橋など聞き伝えて、人跡まれに雉兎芻蕘の往きかふ道そこともわからず、終に路ふみたがえて、石の巻という湊に出。」と記して、平泉に行こうとして、路に迷って石巻に来てしまったと書いている。

四十五号線を四人と分かれた瑞巌寺門前に戻って、そのまま進んでいく。長い坂道に差しかかり峠のところに「富山」とあった。富山峠と勝手に名付けた。右に松島湾が一望できた。十一時三十分、一五、二二一歩、九・一km歩いた。道はだらだらと下り坂になり、十二時半に陸前大塚、二三、三七六歩、十四・一km、コンビニで握り飯を買い、昨日の朝詰めたお茶を飲んで昼飯を過ごした。野蒜に十四時、二八、五六一歩、十七・一km歩いた。十五時五十分、なる瀬川を渉った。三〇、一二二歩、十八・一km歩いた。十六時三十分、仙石線矢本駅に着いた。三五、六一四歩、二十一・四km歩いた。ここから石巻行きの電車は動いていた。矢本―石巻は百九十円、ＪＲで四・五kmのところである。ここから石巻、石巻から新幹線の古川へ出て、今日中に返らなければならない。ここが限界と独り歩きは中止した。

後は、矢本から石巻。石巻から小牛田で乗り換え、古川へ行き、十九時四十五分、古川発やまびこ六十六号で帰路に着いた。自宅には二十三時半過ぎに着いた。

第二十五、二十六日目　五月十八、十九日（土、日）

石巻―登米―一関

今回は出発地点が自宅から離れ過ぎ、歩く距離も規定の二十㎞をはるかに超過するため、前日宿を取り、早朝から歩き出すことにした。

【計画】自宅五月十七日（金）十時四十五分発→JR大磯十一時十四分→東京十二時十五分着、東京十二時四十分（東北新幹線）やまびこ六十一号→仙台十四時三十三分→（仙石線）十六時頃。

1、石巻宿泊五月十七日（金）〈バリュー・ザ・ホテル石巻〉石巻市南中里三―十五―三十七　電話0225−92−7567／FAX92−7573一泊二食、八千円

2、登米《とめ》市五月十八日（土）登米市〈ビジネスホテルサンロク〉登米市迫町佐沼字中江五丁目七―七　電話0220−22−0022／FAX0220−22−0919　朝食付き五千八百円

3、一関着帰宅　五月十九日（日）　登米↓一関↓（東北新幹線）自由席十七時頃↓自宅二十時頃

今回の記録前に、前回の松島―石巻をはしょり過ぎ、「奥の細道」の引用だけ記したことが少々気になり、今回松島海岸から矢本までをJR連絡バスで同じ道をなぞって通ったので、少し補足したい。松島、松島というが、現在の地番では東松島市松島町である。

前回松島の風景は私にとっては四度見ることになったので、芭蕉は奥の細道ではじめて見た松島の感動をこれ以上褒めようが無いほど美辞麗句の描写で絶賛し、まさに名文である。その素晴らしさと、私が四度目に見る冷めた眼の松島との違いにおどろいた始末、これが実感であった。そのまま賛美することに異論は無い。ただ、現代では大袈裟すぎる思いがしたので、引用だけして違いも何も言わなかった。比喩に用いられている中国の景観も現代からすると世界的視野が広がっているので、それほどには感じない。ただ偶然観光コースが重なって、松島と瑞巌寺は四度も見せられたので、マンネリ化した観光コースへ批判を向けるべきだったかも知れないが、今回は津波を防いだ松島の島々という一面も見なければと思いながら、バスの窓からまた五度目の松島を見た。仙石線は松島海岸駅から石巻の手前の矢本まで、津波から復旧していないため、この間は連絡バスを運行している。完全復旧には四、五年はかかるという。

午後三時三十八分発、矢本行きバスは矢本まで四十五分かかる。歩いた道と同じ四十五号線を走るので、歩いた道の復習である。先ず富山《とみやま》峠へ差しかかる。ここは奥松島が一望できる展望台として芭蕉の頃から名高いのだが、四十五号線の峠からは見えない。松の間から時々垣間見る感じである。仙石線の陸前富山駅・大塚駅・野蒜駅は海岸線ぎりぎりに電車が通っているため、海岸沿いに電柱が折れ、レールも剥がれたままその残骸が見られた。復旧まで四、五年かかると聞いたことが頷ける。野蒜駅前バス停に着いたときに、駅舎の残骸が津波から二年近く経った今も生々しい姿を見せていた。吉田川の鳴瀬大橋を渡り、小野駅、鹿妻駅バス停まで進む往還では砂利トラがひっきりなしに行き来して、土手や道路復旧の作業の現場が立て続けに現れた。まだ残る震災津波の復旧地を生で見ている自分を意識した。我々戦中派は、B29の絨毯爆撃で雨のようにきめ細かく激しく降り注ぐ焼夷弾で焼け焦げた累々たる焼死体、燃え上がる焦熱地獄と比較したがるが、それを復興してきた我々世代の伝統は現代の日本人にあることを信じている。まして、東北出身の戦友たちの粘り強さは思い知らされている。だから東北の復興の自力を疑わない。

矢本駅に着く。前回の記録では漏らしたが、谷本にはアクロバット飛行で名高いブルーインパルスの自衛隊戦闘機部隊の基地がある。津波で九州福岡に待避していたが、飛行場整備が終わり戻ったばかりであったが、前回歩いてみても、今回も飛行場の遠景も見ることができなかった。陸軍航空科出身の私には無縁ではない。矢本から仙石線に乗り換え石巻駅まで電車。予約した〈バリュー・ザ・ホテル石巻〉には十七時に着いた。曾良日記では、

「(前略)矢本新田と云う町にて咽乾き、家毎に湯を請えども与えられず。刀さしたる道行人、年五十七・八、この躰を憐れみて、知人の方へ一丁ほど立ち帰り、同道して湯を与えるべき由を頼む。又、石巻にて新田町、四兵へと尋ね。宿を借りる由を云いて去る。名を問う、小野の近く、根古村、コンノ源太左衛門殿、教えの如く、四兵へを尋ねて宿す」

喉が渇いたが水が無くて困っているところを「刀さしたる」ということは武士の知り合いにお湯を頼み、「四兵へ」という宿まで世話をしてもらったエピソードを残している。

五月十八日（土）

石巻―登米

今日の歩行予定は家族との一日二十㎞の禁を破り三十㎞以上を歩く予定。そのため前日に宿泊し、早朝出発する計画を立てていた。それでも六時半より早くは朝食はとれず、身支度も急いだが出発は七時半になってしまった。ホテルの場所が郵便局隣で街道沿いにあり、その道を左へ進むとガソリンスタンド〈ＥＮＥＯＳ〉があり、その交差点が今日歩く四十五号線であった。ちょうど八時、ホテルから六、〇七五歩、三・六五㎞のところで左へ曲がり登米へ向けて歩き出した。三十分歩いた所に日赤病院が見え、国道三九八号線が交差している。さらに一時間歩き、鹿又跨線橋に九時四十分に着き一〇、一六〇歩、六・一㎞歩いた。

十時五分、旧北上川天王橋を渡り十時二十五分、「南三陸三十二㎞、気仙沼七十二㎞」の標識があった。ここまで一四、一八六歩、八・五一㎞歩いて来た。すぐ「上品《じょうぼん》の郷」という「道の駅」へ着く。今日も小春日和の陽射しで、十時過ぎた頃から汗が出始めてきた。今朝からここまで一四、六二一歩、八・七七㎞歩いていた。去年の夏福島県内を歩いたときから、水を飲むようになったが、今日も喉が渇いてきた。昨日熱いお茶をつめてきたが、冷たい水が欲しい。芭蕉も石巻で喉が渇いたが湯をくれるところが見つからず、年取った侍に助けられ湯を貰う家を世話してもらい、四兵へという宿まで世話をしてもらった話も身に沁みて感じる。道の駅でのんびり過ごす時間的余裕は無かった。芭蕉や曾良は喉が渇き湯を探したが、私はソフトアイスで凌ぐ。ソフトアイスなどあまり食べないが、こんなに喉の渇きを癒すのに爽やかさと美味さを感じさせるものとは知らなかった。買い物は荷物が増えるので止め、歩き出す。五十分近く歩いた湖船越歩道橋というところで休んだ。

十一時十九分、一七、四二八歩、十・四六㎞今朝から歩いて、十㎞を越えた。歩き出してしばらくすると、遠景に大きな橋が見えだんだん近づく。望遠レンズで覗いてゆっくり拡大しているような感じである。八十五歳の歩速などはこんなものである。橋のたもとに近づくと北上川なのに「飯野川橋」と出ている。この橋を渡ると石巻市河北である大きな市の総合センターがあって、人がチラホラ見えた。町並みを言わなかったがホテルから日赤病院ぐらいまでは農機具の店が多く、自動車販売店を中心に並んでいる風景はあったが、歩く人は殆ど見られなかった。もうこのあたりは両側は田んぼで、田植えを終えたばかりの小さい稲穂がどこの田んぼにも見られた。田植えを追って北へ歩いている感じである。十一時四十五分、昼飯の食堂を見つけないとまた、昼飯を食いそびれると、左右を探すとすぐ〈つる屋〉という郷土料理の店の看板を見つけ飛び込んだ。客は一人もいなかった。ここまで一九、九五四歩、十一・九七㎞歩いて来た。「天麩羅御膳」という天そばを頼んだ。地元へ来ると「郷土料理」や「古里料理」のメニューが出ると、食べて美味しい物に当たればよいが、なじみの無い味だった場合が不安で、つい天麩羅とかカツというありふれたものに安心感を感じてしまう。味覚について保守的なのかもしれない。そういえば、ホテルの昨夜の夕食と今朝の朝食は姿形は見たことのあるような料理であったが、食べたことの無いような味には参った。納豆と生卵だけが安心した味覚を感じた。遠くへ来て贅沢は言えないが、ここの天麩羅も蕎麦もまあまあであった。

私は歩き旅で歩いているときには、必ず息子に作って貰ったマウスピースを歯に被せて歩いている。今日は少し調子がよくないなと思うときは、マウスピースを付け忘れたことに気付くくらい、マウスピースとは切っても切れない歯の一部になっている。食事のあとはその手入れに手間取るが、その手間でマウスピースの脱着を忘れないようにしている。十二時二十五分〈つる屋〉を出る。しばらく歩くと芭蕉主従の絵の看板が出ている一寸した広場があったので入った。このあたりは北上川に堰を作り干害を開拓した歴史があるところらしい。看板の絵はここを芭蕉が歩いた「奥の細道」現在の私が歩いている四十五号線であることを示したものであった。この辺から登米に向かって右側は山の崖、左側は北上川のあまり整備されてない土手になっていて、歩道がなくなっていた。ダンプカーが激しく行き交い、そのたびに歩道の無い道の隅に体を縮こませなければならなかった。その道が延々と続いた。山側には幾つも採石場があり、そこへダンプカーが出入りする。四十五号線を疾走し、太平洋岸の被災地と行き来しているらしい。ダンプの巻き上げる埃で、顔をなでると砂が落ちるほどだった。「入土《いりずち》」という採石場を過ぎた十三時二十五分、一時間歩き、北上大堰に着くと片側だけ歩道が付きほっとした。二九、五〇一歩、十七・七

km歩いた。南三陸や気仙沼へ行く四十五号線と、一関へ行く三四二号線に分かれる所で、石巻から登米市津山に入ったところに着いた。交差点の電光掲示板に「石巻周辺に震度五強の地震発生」と出ていたが歩いていて揺れを感じなかった。もう足がふらついていたので、地震も足のふらつきも見分けがつかなくなっていたものと思う。携帯の着信がけたたましくなったので出ると、息子から「親父の歩いている石巻で震度5の地震だとテレビで言っているが、大丈夫か？」と母親から息子に連絡があったということであった。「ああ、そうだってな。気が付かなかったが、石巻は通り過ぎた後だったから大丈夫」と返事をした。時期的なものか鳥の声も殆ど聞こえず、ときどき姿を見せない鶯が鳴き、燕がつがいで飛ぶ姿が見えるだけである。

右側の山が切れ、平地になった路は左へ曲がり人家が急に増え、道幅が狭くなった。しばらくすると気仙沼線の鉄橋を潜る。柳津である。十五時五分、三五、三二一歩、二十一・一km歩いて来た。もう登米市に入っている。登米市の読み方だが、曾良日記では「戸今《といま》」と書いている当て字かも知れない。もっと難しい読み方をしているのである。町村合併で新しく出来た登米市は「とめし」と読ませ、登米市登米町の町のほうは古いまま「とよま」と読ませるとか「とめしとよままち」とややこしい詠み方をさせている。北上川沿いに三四二号線（一関街道）を進んで米谷大橋で北上川を渡り、一関街道へ行かずに左折して登米市市街に入っていく。予約したホテルが三四二号線から大きく外れて十kmぐらい入った所にあったためである。こういう判断の間違いは、来たこともない町の宿を取るときいつも付いて回ることである。そのうえ登米市には、町外れの気仙沼線に柳津駅があるだけで、バスも鉄道も通っていない。明日の朝はまた一関街道まで、十km近くを歩かなくてはならないのである。私にとって東北は不案内である。地図やパソコンのホームページで経路を調べ、ホテルを予約するが、実際行ってみなければ判らないのである。今歩いている道も、歩いてみなければどこか判らない。暗闇を歩いているのと同じである。もう六十七年も前、陸軍予科士官学校時代、地形図と磁石だけ持たされ、図上で示された十km ぐらい離れた地点に何時何分集合と言われ、天幕で前後左右目隠しされて歩かされ、目的地にまで間違いなく歩く実地訓練があった。それぞれが小隊なり中隊なり大きくは千人を越える聯隊や部隊を指揮する部下の命を預かる指揮官になった場合、目的地に到着させる責任感は身に付けなければならない必須訓練であった。そんなことも思い出させる東北路の歩き旅である。

予約した登米市迫町中里三丁目の〈ビジネスホテル・サンロク〉までたどり着いた。十七時二十分、四四、二一五歩、二十六・五三km歩いた。部屋は三階といわれたが、エレベーターは無い。そういえば昨日の石巻の〈バリュー・ザ・ホテル石巻〉にもエレベーターが無かった。昨日はまだよいが、二十六kmも歩いて棒のようになった足で三階まで階段を登るのはきつかった。このホテルは夕食が無いので、夕食のために階段を上下しなければならない。これもホテル予約の誤算の一つである。しかし、東海道五十三次を歩いて以来、エレベーターの無いホテルに出会ったのは初めてであった。

第25日目2013年５月18日(土)
予定コース：石巻前泊—登米

時分	出発場所	到着場所	歩数	距離(km)	買物	金額	適用
10:45	自宅				ジパング	16,940	
11:10	JR大磯						
12:15	JR東京						
12:36	はやて377号						
14:23		仙台					
14:58	仙台						
16:44		松島海岸					
17:30		バリューザ石巻			宿泊代	8,000	
6:30	朝食						
7:30	出発						
8:00	45号線右	ENEOSGS	6,075	3.65			
8:30	日赤Hp	398号交差					
9:30	扶桑・EON		9,468	5.68			
9:40	鹿又跨線橋		10,160	6.10			
10:05	旧北上川	天王橋	12,352	7.41			
10:25	南三陸32k	気仙沼72	14,186	8.51			
10:30	上品の郷	道の駅	14,611	8.77	ソフトアイス	260	
11:19	湖船越	歩道橋	17,428	10.46			
11:34	北上川	飯野川橋	18,803	11.28			
11:45	河北総合センター	つるや昼食	19,954	11.97	天麩羅御前	1,000	
12:25	つるや	採石場					
13:25	北上大堰		29,501	17.7			
15:05	登米市津山町	柳津	35,321	21.2			
17:20	ホテルサンロク		44,215	26.53			
日計			44,215	26.53		26,200	
累計			801,190	480.5		292,013	

食堂らしい食堂はなかったので、居酒屋へ入った。「一の蔵の熱燗」を注文したが、出された徳利はぬる燗にもなっていない、生ぬるだったのでむっとなった。鮪の刺身も鮮度の落ちた生臭いものであった。曾良日記に、

「天気能《よし》。石巻を立つ。宿四兵へ、今一人、気仙へ行くとて矢内津（柳津）まで同道後、町はずれにて離れる。二里鹿の股（一里余渡り有）、飯野川（三里に遠し。此の間、山のあい、長き沼有）。曇り。矢内津（一里半、此の間渡し二つ有）。戸いま（伊達大蔵）、儀左衛門宿不借、仍《よって》検断告て宿す。検断庄坐衛門」

とあるのと、私が〈つる屋〉で昼食をした後、芭蕉主従の絵看板を見て、歩道が無くなる四十五号線の路を、芭蕉主従も柳津まで宿〈四兵へ〉で同宿した気仙沼へ行く道連れと別れる道は同じである。

体の大きい私の体がやっと入る風呂桶で、頭から足の先までタオルで埃を流して、後はベッドにもぐり熟睡した。

五月十九日（日）

登米――一関

五時半に眼を覚ましたが、足の脹脛に張りが残っているが、歩けぬほどではない。なるべく早く出立するために朝食前に身支度を調え、六時半の朝食五分前に一階の食堂に降り

ると、小さい食堂に私一人であった。話好きの女将さんがなかなか話を止めないので出発時間が気になったが、食事を終えたときは七時過ぎていた。歯を磨き、マウスピースを忘れず被せ、最後の朝の排泄に入ったが、すぐ済ませることが出来ず、時間がかかった。とうとう出発は七時四十分になってしまった。ともかく迫左沼のホテルから三四六号線を迫川を渡って北上川の錦桜橋手前で交差する一関街道三四二号線へ東北へ向かって急ぎ足で歩いた。そこを左へ折れてしばらくいくと中田町上沼新田、弥勒寺などの標識が出てきた。ともかく一関へ向かって一関街道三四二号線へ東北へ歩き出していることを確認できた。

八時四十分になって、九、九四二歩、ちょうど五㎞を歩いていた。ここからは、両側に田んぼが広がり、その裏側は低い丘陵に囲まれた田園地帯で、登米から一関への長い長い峠道であった。この日一日中峠を越えるために歩いたほど長い長い道であった。下り坂になり、峠を越えたと思ったらまた上り坂の連続であった。それが二十㎞以上続いたのである。ちょうど田植えの最中で、昨日までは田植えの後の田んぼを見てきたが、今日は田植えを見ながら歩いて行く。桜前線同様田植え前線を道連れに北上して歩いている。風情があるが、昨日のダンプに煽られた独り歩きに続く今日は、峠道の上下にギクシャクして歩く独り歩きで、足の負担が急増、十時に奥州二十三番所、長承寺入口に着いたとき、実はここが峠の頂上かとぬか喜びさせられたところだったが、さらに充分歩いた所に、一関市と登米市の市境の標示板が出てきた。やれやれここまできたら今日の目的の一関へは着いた。もう歩くのは嫌だと急に弱気になった。山桜は葉桜で花と葉が一緒に開く桜が沿道の諸所に咲いていた。忘れたように鶯の声も孤独に鳴いていた。十時十分、一五、二八〇歩、九・二㎞歩いて来た。三十分ほど相変わらずの峠のギクシャク道を歩くていくと「一関二十五㎞、花泉十㎞」との標識。嬉しかった。

十時四十分、二〇、四九四歩、十七㎞、今日の目標の一関が眼に見えてきた。しかし残り距離二十五㎞とは厳しい。一日の歩く制限距離は二十㎞以内。ここまで十七㎞も歩いてきて、残り三㎞が制限。今日も制限破りは必至である。しかし行けども行けども、峠の頂上と下り坂が現れない。東海道五十三次を含め登米・一関の一関峠（三四二号線）は、最長の峠道ではないかと思う。それもまだ登りで頂上ではない。一関市境を越えてから、およそ一㎞に二ヵ所ぐらいにバス停が見えてきた。やっと永井小学校入り口の標識が現れ、前後左右見渡して見るとここが峠の頂上のようであった。じつに峠の上り坂を三時間七㎞歩かされたことになる。歩度が遅いのも疲れと昇り道のためである。その間、この高地の道の両側は田んぼでところどころに農家が点在するという沿道風景であった。そこに昔の「よろずや」を思わせる雑貨屋が一軒あったので飛び込んだ。冷凍のソフトアイスを見つけて買い求めた。百円であった。値段もよろずや的で気に入った。一なめしたときの清涼感と甘さが疲労感をグーンと癒してくれた。百円の有難さをしみじみと味わった。

しばらく歩いて、次のバス停の周りに数軒民家があったので、自家用車を止めている家に声をかけ、「一関へはこのバスで行けば好いのですか」と聞いた。「ええ、そうです。一関は道の向こう側のバス停です」。疲れて無意識に、体が楽な乗り物を要求している自分

第26日目2013年５月19日（日）
予定コース：登米―一関　天候：晴れ

時分	出発場所	到着場所	歩数	距離(km)	買物	金額	適用
	ホテルサンロク登米	一関			宿泊費	6,800	
5:30	起床						
6:30	朝食						
7:30	出発						
8:40	342号線	一関街道	9,942	5.00			
9:45	小休止		13,408	8.10			田植時軍歌歩
10:00	長承寺入口	奥州23番					長い峠
10:10	鶯と山桜	登米一関市境	15,280	9.17			
10:40	市25km	花泉10km	19,083	17.00			
11:40	永井小入口	下り坂	20,494	12.30	ソフトアイス	100	
12:45	一本木バス停	奥細道芭蕉看板	25,269	15.16			
13:28	庚申バス停		29,373	17.62			
16:30	花泉駅	東北本線乗車	45,580	27.35		210	
17:29	一ノ関	やまびこ170			天そば	1,200	
20:04		東京					
21:30		帰宅					
日計			45,580	27.35		8,310	
累計			846,770	507.9		300,323	

を感じた。もう一つ先のバス停「一本木」という所に、芭蕉主従の絵看板があった。裏山は社のようだったが、名も無かった。

十二時四十五分、二五、二六九歩、十五・一六㎞歩いたところである。そこからは峠の下り道を一つ一つ辿りながら、食堂を探しつつ、結局十㎞近くふらつきながら歩いた。やっと東北本線の花泉駅までたどり着いた。バスも乗り物だが、バスより電車を見ると歩く気力が急に無くなり「花泉」といっても一関市の中へ十数㎞入った一関市に違いはない。ここに着いたのだし、制限の二十㎞を超えて二十七㎞を超えたから、今日はここまで。これは独り旅で規制基準は誰でもない俺が決める旅である。十六時三十分、四五、五八〇歩、二十七・三五㎞歩いたところで終わりとした。新幹線一ノ関駅で、夕食に近い昼食にありつき、十七時二十九分、やまびこ一七〇号で東京へ。二十時四分、家に着いたのは二十一時半であった。二年目の独り旅はこれからである。

第二十七日目　五月二十九日（水）雨

一関—岩ヶ崎

前回は前日石巻のホテル泊まりで翌朝歩き出したが、今日は自宅出発である。四時十五分薄暗い自宅を出て、ＪＲ大磯駅を始発四時四十七分発、東京からやまびこ六十一号六時四分発、東北新幹線で一ノ関についたのが八時三十五分であった。

今日はここ一関から出発である。西口から二百mほど歩いたところを南北に交差している大きな道が、調べてある三四二号線である。前回はこの道を東南の登米から来たのとは逆に南に進む。一関市台町郵便局に九時に着く、すぐ先に光明寺へ曲がる大きなT字路を渡ると狭く小さな右へ入る小道、やっと車が通れるほどの狭い道がある。それが旧迫《はざま》街道(奥州上街道)である。しばらく行くと文政二(一八一九)年の庚申塔と元文元(一七三六)年「これ従、右ははざま道、左はせんだ道」の古い道標があった。事実は文献でそのように書いてあると知ったが、実際は庚申塔も道標の字も剥げ落ちて何も読めない。すぐ右手に一関藩の菩提寺祥雲寺がある。山門の前左手に「松尾芭蕉行脚の道（岩出山に至る）」の標柱があった。

九時二十六分、長昌寺に着く。まだ五、七四三歩、三・四五㎞しか歩いていない。長昌寺は「時の太鼓」で知られている。当時「時の鐘」はあったが「時の太鼓」を許されていたのは皇居、幕府と御三家以外は禁じられていたが一関藩だけは許されていた。「時の太鼓」は地元の自慢なのである。

今日の歩く距離は約二十五㎞である。出発が遅かったので、あまりのんびり彼方此方は見て歩いている暇はない。道は市街地を抜け右手に丘陵左手は川沿いの田んぼの道が狭い迫街道である。十時、八、九一七歩、五・三五㎞歩いた所に、バス停「鍋倉」に「迫街道新山一里塚跡」の標識が立っている。何も残っていない。すぐに国道四号線のガード下を潜り抜けると、「芭蕉行脚の道」の標柱がある。まもなく蔵王沢にたどり着いた所で、左山道が鋭角に折れ曲がったところに「日本の道百選　奥の細道（蔵王沢）」の標識があったが、文献「旧迫《はざま》街道（奥州上街道）」によると「この道は途中で消失しているため、右側の県道を迂回する」となっていたので、いかにも熊か猪でも出そうな山道は避けて、右の県道を歩いた。しばらく進むとまた四号線を潜るガードというよりトンネルに出る。これを潜ってしばらく行く、道はあるが、道路標識が全く無いので歩いているところがどこかが判らなくなった。

しばらく行くと、山道の入口のようなところに「日本の道百選　奥の細道」と「刈又一里塚」の標識が立っていた。そこへはどう進むかが指示してないので、県道を進むのか、山の中に入っていくのかが判らない。山への道は雑草が生い茂り、道も見えないようになっている。じゃあ、県道だろうと少し歩いたが、どうも違うような勘が働いて引き返し、ともかく、草ぼうぼうの山道に分け入った。道に笹が生えて、足に絡むし、笹があれば熊もと思うが考えたり思っただけではしょうがない。蛇が出ようが何に遭おうが出てから考えるほかはない。ところどころ朽木が倒れて道を塞いでいる。足で蹴って除けようとしたが、足が跳ね返されてしまった。朽ちて濡れて重い木なのである。道が鋭角に折れ曲がったぬかるみである。芭蕉の時代の旧迫街道はこんな風に雑草と薮と朽木とぬかる道だったのだろうと思う。連続して鋭角に折れ曲がった「ひじおれ道」と呼ぶ笹と朽木と雑草が生い茂った上り坂を進んでいった。俺も八十五歳かと気がつく。何度か引き返そうかと思ったが、ここまで来てと思うと意地でもという気持ちにもなる。雑木林か森か、ますます雑草も道を塞ぐ朽木も深くなっていく、やっと道が少し開けたところに自然石の碑が建っていた。

「奥の細道」序章の冒頭、

「月日は百代の過客にして、行かふ年も又旅人也。舟の上に生涯をうかべ馬の口とらえて老いをむかうる物は、日々旅にして、旅を栖とす」

の一節であった。もう奥の細道は北の極限を過ぎている。出発の千住の書き出しじゃないかと思う。十二時十五分、一六、六二五歩、九・九八㎞もう十㎞は歩いた。

すぐ先、道の両側に一対の盛り土があった。「刈又一里塚」である。早く山越えをしたいと先を急いだ。十二時四十分、一八、〇二九歩、十・八二㎞歩いたところの山のなかに、通行止めの看板が大きく建っていた。二つの文献の前経験者は二つの方法を採っていた。一人は標識を無視して進み、ゴルフ場を突っ切って進むことが出来た人。そのことは聞いていたが、後者は無理をせず引き返した人であった。私も新しい経験者の後者に習って引き返した。

元来た山の入り口まで戻り十三時十七分、二〇、一九七歩、十二・一七㎞から県道へ進んだ。山の中で一時間以上迷ってポテンシャルゼロである。なぜかこの県道には標識が何も無い。何処から何処へ通じている道かがわからない。人も通らない。ひたすら県道を歩く。昼がとっくに過ぎても人家もまして食堂もない。十四時十分、二七、一三五歩、十六・二八㎞歩いた頃、県道がT字路にぶつかる手前で、郵便局員がバイクで現れた。急いでつかまえ、岩ケ崎はどう行くかを聞いた。「T字路を右に曲がって山を越えると広い道にぶつかるから、それを右に曲がれば、栗駒岩ケ崎に出る」と教えてくれた。「どの位歩くのか」「さあ」

となる。「有難うございました」といったが、どのくらいかかるのか、何㎞ぐらいあるのか、皆目わからない。小降りの雨が降り出してきた。越える山がどれかもわからない。

十四時四十分、三〇、七三二歩、十八・四四㎞歩いたところで「奥州上街道」と交差した。そこに一関ゴルフ場と大きな標識があった。これを行けばよいのかなあと思っていたところへ、また郵便局の軽自動車が来たので停めて、道を聞いた。先ほどのバイクの青年より年配だったが、ただ「わからない」の繰り返しだった。「一番よいのは、近くの家にタクシーを頼んで貰うことです」と言い残して赤い軽自動車は去ってしまった。現代人は皆「車の走る方向はわかるが歩く奴の道はわからない」になっている。

先ほどから雨が降り出し、だんだん雨脚が強くなってきた。仕方なく今晩の宿泊先の〈アートインすがわら〉に電話して、道順を聞いたが、「判りませんね。そこはまだ一関に近い方じゃないですか。近くの家にタクシーを頼んで貰うことです」と同じ事を繰り返した。東海道のときは雨の中をぐんぐん歩いたが、もう雨にも弱くなった。東海道と違って、食べ物屋はラーメン屋もない。田んぼと農家だけである。

この道が山を越える道かどうかもわからないが、ともかく歩いて歩いて、広い十字路まで歩き、右折して栗駒岩ケ崎へ歩こうと歩き出した。足はふらつき、雨は情け容赦なく降りつけ、みじめったらしい八十五爺である。奥の細道も芭蕉もどうでもよい。早くホテルに着けばよい。フラフラ歩き続ける。記録のメモをつける気力もなくなっている。二時間歩き続けて、身も心もぐしょ濡れであった。

第27日目2013年５月29日（水）
予定コース：一関—岩ヶ崎　天候：雨

時分	出発場所	到着場所	歩数	距離(km)	買物	金額	適用
4:15	自宅				ジパング	17,460	
4:47	JR大磯						
5:52	JR東京				サンドイッチ	600	
6:04	やまびこ61						
8:35		一ノ関					
9:00	台町郵便局二股	右折旧迫街道	5,743	3.45			
9:26	長昌寺一関藩	時の太鼓	6,986	4.19			
10:00	迫街道新山	一里塚	8,917	5.35			
10:35	四号線潜り	芭蕉行脚	10,747	6.45			
10:55	蔵主沢標識	旧迫街道入口	11,852	7.11			
11:55	四号潜る	刈又一里塚	15,530	9.32			
12:15	月日は百代碑		16,625	9.98			
12:40	通行止めに戻る		18,029	10.82			
13:17			20,197	12.12			
14:10	県道西へただ歩く		27,135	16.28			標識なし
14:40			30,732	18.44			
16:36		アートインスガワラ	41,563	24.94	夕食	2,000	
日計			41,563	24.94		20,060	
累計			888,333	532.84		320,383	

十六時三十六分、四一、五六三歩、二四・九四km、〈アートインすがわら〉についた。このホテルにもエレベーターはない。夕食も出さない。「外で外食を」であった。とうとう今日は昼飯抜きで歩きまくった。外食などといったものは結局ラーメン屋であった。ラーメン屋で熱燗一本を引っ掛け、目が覚めたら、夜十一時だった。それから風呂に入り濡れ鼠のぼろ着を着替えた。リュックを開けると着替えを忘れてきていた。明日までは汗臭くても乾かさなくては。安宿にはハンガーも三個しかない。ベッドの毛布の上も下着を広げて乾燥だ。部屋は汗臭い。これも俺の歩いた臭いである。我慢しろ。

第二十八日目　五月三十日（木）雨

岩ヶ崎―岩出山

朝七時の朝食を早めに食べた。濡れた下着も充分とはいえないが乾いていた。朝の用を済ませて出かけるときは七時五十分になっていた。フロントによると、主人が岩出山までの略図を線描きで書いたものを渡してくれ、簡単に説明してくれた。「一本道ですから、昨日のように迷うことはないと思います」と言ってくれた。それは事実であった。というよりこの略図が一番正確であった。〈アートインすがわら〉の前の道を西に向かって二百mも行かないところに十字路があり角に花屋があって、それを左折すると十七号線　旧迫街道即ち奥州上街道であった。この道一直線の終点が岩出山でこれほどわかりよい道なの初めて歩く東北の道は暗闇同然である。どんなに解りやすい地図を渡されても、初めて歩く東北の道は暗闇同然である。

八時二十五分略図のコンビニ〈セブンイレブン〉が現れた。八時二十五分、三、一八五歩、一・九一㎞であった。ここで、昨日の轍を踏まないため、食堂がない場合に備え菓子パンを買おうとしたが、早朝のためかジャムパンしかなかった。それに缶コーヒーを買って出た。進行方向に四五七号と十七号線の標識に「岩出山」と「築館」とあった。略図と一致し進行方向が確認された安心感が増した。すぐまた九時四分、コンビニ〈ファミリーマート〉があった。四、九一六歩、二・九五㎞の所を素道りした。この先にコンビニは無かった。九時二十分のところに「鶯沢」と「栗駒」の境界の標識があったが、同じ栗原市内の中の境界かもわからない。六、二四七歩、五・五二㎞のところであった。家並みが少なくなり田んぼとその後ろの丘陵地帯が続く、しばらく進むと二迫《はざま》川の鳥巡橋に着く、九時三十五分、六、九三五歩、四・一六㎞の所である。雨脚がポツリポツリと来ているがまだひどくない。

九時五十五分、分岐点に着いたが右折して五四七号線に進む。八、一四七歩、四・八九㎞で、岩出山まで二十一㎞と標識が出ていた。まだ五分の一も歩いていない。雨がだんだん強くなってくる。歩道の草刈りの人が三人働いていた。そこを通り過ぎると、十字路があり、標識が幾つも出ていた。標識は方向を教えもするが、惑わしもする。考えたが判る筈もなく、引き帰して草刈の人に聞いた。それが話し好きの人で、話が逸れる一方で、聞いたことを教えてくれない。やっと判ったのが曲がらずまっ直ぐ行くことであった。略図の正確さが確認できた。

十一時〇六分、一二、七六七歩、七・六六㎞のところに「芭蕉笠懸の松」入り口の標識が出ていたが、雨がひどくなり始めていたので、入らずに先へ進んだ。何軒かシャッターを下ろした食堂の前を通り越してしばらく行くと、十二時を知らせるチャイムが鳴り出した。岩出山まで十八㎞の標識が出ていた。するとすぐ赤い旗が見えて「ラーメン」とある。有難いと思い〈西屋〉に飛び込んだ。昨日の昼抜きを思い起こし、量の多いものを詰め込もうと「味噌肉ねぎラーメン」を注文した。量が多すぎて持て余してしまった。十三時三十五分、〈西屋〉を出た。雨が強くなっていた。約一時間で峠越えしたところ十四時四十分、一九、七四〇歩、十一・八四㎞に、瑞沢山竜雲寺という大きな寺があった。この寺は伊達騒動で伊達家を救った「仙台萩」の「政岡」の墓所であった。車から人が降りて「お詳しいですか」と尋ねてきたが、「政岡の墓所と書かれている以上知りません。通りすがりの旅人です」と答えた。中に入らず山門で寸時雨宿りして先を急いだ。すぐに一迫川があった。ここから一迫町である。十四時四十五分、二〇、五三〇歩、十二・三二㎞歩いたところである。三迫川、二迫川、一迫川が合わさって迫川になり北上川に合流しているらしい。一寸した町並みが続き、大きな交差点に着く、三九八号線の築館《ちくだち》交差点である。十五時五分、二三、三九四歩、十四・四㎞歩いたところであった。真坂の交差点である。雨脚がいよいよ強くなり、東海道を歩いたときから三年、雨が辛くなっている自分を感じる。本当に歩くのが辛く嫌になってきた。俺は「奥の細道」を歩ききることが出来るのだろうか、

第28日目2013年５月30日（木）
予定コース：岩ヶ崎—岩出山　天候：雨

時分	出発場所	到着場所	歩数	距離(km)	買物	金額	適用
7:00	朝食				宿泊代	6,500	
7:50	出発						
8:25		セブンイレブン	3,185	1.91	パン等	320	
8:44	標識457	岩出山、築館					
9:04	ファミリーマート	尾松郵便局	4,916	2.95			
9:20	鶯沢栗駒境		6,247	4.16			
9:35	二迫川	鳥巡橋	6,935	4.89			
9:55	分岐点	右折457号	8,147	5.52	岩出21km		
11:06	笠懸松芭蕉		12,767	7.66			
12:00	ラーメン西や		16,123	9.67	味噌焼肉	850	
13:35	出発	岩出山18km	16,498	9.89			
14:40	瑞沢山竜雲寺	政岡の墓	19,740	11.84			
14:45	一迫川		20,530	12.32			
15:00	築館交差点		23,394	14.04			
16:30	雨歩行中断		33,712	20.23			
16:55	栗駒高原						
20:55	帰宅				お土産	1,995	
日計			33,712	20.23		9,665	
累計			922,045	553.07		330,048	

ちょっと自信をなくしかけた。

十六時、雨が強くなり、歩行中止を決断した。三三、七一二歩、二十・二三kmであった。近くにあったガソリンスタンドに飛び込み、見得も外聞も無く、タクシーを頼んだ。「何処でも近くの駅まで頼む」と。ここの経営者と二人の女性従業員が驚くほど親切だった。ビニールの雨合羽をすぐ広げて干してくれ、熱いコーヒーを出してくれた。このコーヒーが美味かった。驚くほど早くタクシーが来た。何かお礼がしたいと思い、「心持です」と千円札を置いたが、「社長に叱られますから」とどうしても受け取らない。仕方なく深々と頭を下げてタクシーに乗り込んだ。しばらくすると着いた駅が「栗駒高原」の新幹線駅だった。「ここが一番近い駅で東京へ行くといわれたので」と三千円近く払った。

第二十九日目　六月二十八日（金）雨

岩出山―鳴子温泉

いつものように、ＪＲ大磯駅始発四時四十七分に乗る。同じく東北新幹線東京駅六時四分やまびこ五十一号に乗り、古川駅八時十五分着、陸羽東線は岩出山方面行きは出たばかり、次は九時二十分一時間待ちである。この駅に限らず、東北のＪＲ職員のサービスが全体的に良くないのか、「ここは新幹線だから、陸羽東線で聞いて下さい」と官僚的だったり「岩出山まで列車で二十分だからタクシーだと一時間ぐらい」と不正確極まりなかったり。「日本はおもてなしの心」など微塵もない。不親切極まりない。やっとタクシー乗り場を聞きだし、岩出山までの乗車時間を聞くと「二、三十分足らず」ということで、「岩出山駅近くで四十七号線沿いまで」と貴重な時間なのでタクシーを利用した。角のコンビニ〈ローソン〉で降ろしてもらう。外は霧雨であった。食堂のないことを予測してコンビニで「あんぱん」を昼飯代わりに買い入れ、軒先で雨具をつけ、四十七号線を歩き始めた。直ぐ江合川に架かる岩出山大橋にぶつかり、標識が出て「仙台から五十三㎞」「鳴子まで二十一㎞」「新庄まで六十九㎞」と出ていた。「今日は鳴子まで二十㎞歩く予定はほぼ標識どおり」と満足する。ただこの霧雨がいつ晴れるのか、ひどくなるのか心配である。九時十分になっていた。陸羽東線はまだ古川も出ていない。タクシーの運転手の予測時間は正解だった。車のドライブではない。年寄りの歩く速度は一時間三㎞がやっとである。ましてや雨の中である。「JRももう少し細心なおもてなしの心を持ってもらいたい」。九時五十五分岩出山体育センターという田んぼの中にふさわしくない近代的建造物が現れた。こういう現象に何度も出会った。いわゆる「箱物行政」である。自家用車が数台とまっていたので、それなりの利用者がいるのだと思う。その裏に「旧有備館」「日本最古の学問所」とあったが、雨の長歩きなので残念ながら寄っている余裕はなかった。

十時十五分、「仙台から五十六㎞」「鳴子まで十八㎞」ほぼ一時間三㎞の歩速は保たれている。ちょうどこの前の終点一迫《いちはざま》の十七号線奥州上街道と交差しているところである。「芭蕉宿泊の地」の標識も出ている。今日は四十七号線に沿って鳴子まで雨に降られて歩く。

道の両側は田んぼ、その背景は両側とも丘が田んぼと街道を挟むようにどこまでも続いている。この街道が宮城県から山形県へ渡る長い峠越え、太平洋から日本海への峠越えである。だらだらと下るより昇り道の多い峠越えである。随所に「鳴子温泉」でなく「鳴子温泉郷」と表示され「鳴子温泉郷中山温泉」など単独でなく幾つかの温泉地が一群の「温泉郷」と銘打っているのには、古くから有名な鳴子にあやかる意味合いもあるのであろう。

十時五十分、八、一九一歩、鳴子まであと十六㎞、この辺は岩出山町一栗というところで、昔一栗城があったところである。岩出沢城主、氏家氏の一族の居城であったが、天承十八(一五九〇)年、豊臣秀吉の小田原攻めに大崎氏が出向かなかったために、大崎氏は領地を獲られ、家臣の氏家氏も岩出沢上を追われ、一栗城も廃城になったというところである。

十一時、三時間、鳴子まで十六㎞のところ八、一九一歩、四・九一㎞歩いたところに唯一のラーメン屋〈大黒屋〉を見つけて飛び込んだ。雨と汗でぐしょ濡れであった。雨具を解いて冷やし中華を食べようとしたとき、マウスピースを着けていないのに気が付いた。何となく足腰に力がなかったことがマウスピースだと解った。十一時半、〈大黒屋〉を出発、十二時十五分、「あ・ら・伊達な道の駅」に着く。一二、三九五歩、七・四四㎞歩いたところであった。道の駅もパターン化類型化してしまって「そこの土地らしさ」の個性的特長がない。店の中を一回りしてもここも同様であった。

十三時三十四分、一六、八五七歩、十・一一㎞鳴子まで十㎞の所に小黒崎観光センターがあって、芭蕉像が立っている。観光センターの中に入ったが、管理人も居らず、閑散とし

第29日目2013年６月28日（金）
予定コース：岩出山―鳴子温泉　天候：終日雨

時分	出発場所	到着場所	歩数	距離(km)	買物	金額	適用
4：15	自宅				JR	16,990	
4：47	JR大磯						
5：52	JR東京						
6：04	JR東京	やまびこ51					
8：15	JR古川						霧雨
9：00	陸羽東線（タクシー）	岩出山（一時間待）			タクシー代	3,530	
9：10	岩出山大橋	江合川47号線ローソン					仙台53k、大崎市下野目
9：35	仙台54km	新庄68、鳴子20km	3,041	1.83	アンパン	218	
9：55	仙台55km	鳴子19km	4,394	2.64			岩出山体育センター旧有備館
10：08	奥州上街道	交差点（一迫）	5,371	3.22			17号
10：15	仙台56km	大崎岩出山上野目	5,923	4.55			岩出一栗
11：00		ラーメン大黒	9,136	5.48			
10：50	鳴子16km	新庄64km	8,191	4.91			マウスピース着忘れ
11：30	ラーメン大黒				冷し中華	700	
11：55	仙台60km	鳴子14km	11,000	6.6			
12：15	あら伊達な道の駅		12,395	7.44			
12：54	仙台62km	岩出山池月	13,534	8.12			
13：10	仙台63km	峠山宮バス停	15,103	9.06			
13：34	仙台64km	鳴子10新庄58km	16,857	10.11			
14：20		ドライブインおおとり	25,644	15.39	クリームソーダ	350	
15：30	新川渡大	橋江合川	30,903	18.54			仙台69km
17：00	鳴子温泉	幸雲閣	38,241	22.95	差額	14,430	仙台74km
日計			38,241	22.95		36,218	
累計			960,286	576.02		366,266	

ていた。観光センターの向かい側が小黒崎で標高二四四・六ｍ長さ八百ｍの小山が小黒崎で歌枕の地である。はるのと秋の山容の色彩の対照的変化の美が歌枕になったところである。この近くに「美豆の小島」と歌枕の地が江合川の早瀬の中にあるが、既に水没している。割愛した。

十四時二十分、二五、六四四歩、十五・三九㎞歩いた所に〈ドライブインおーとり〉があった。小休止して「クリームソーダ」を飲む。雨はとうとう降り止まず。十五時三十分鳴子の入り口、江合川に架かる新川渡橋まで歩いて来た。三〇、九〇三歩、十八・五四㎞まで歩いて来た。鳴子温泉の字が多く出てくると雨と汗に濡れて全身、足まで重くなってきて、気持ちの中で「まだか」「まだか」を繰り返し呟くようになってきた。「鳴子温泉入り口」の矢印を見たとき、角のガソリンスタンドで「幸雲閣は？」と尋ね、「四十ｍ先」と言われ、体中の力が抜け落ちる感じがした。「幸雲閣別館」とあったが、予約表を見ると「別館」だったので、本館の手前の「別館」に飛び込んだ。この際一歩でも近ければ好い思いが猛烈に嬉しかった。旅装を解くと、雨と汗で上から下まで下着の下まで全身ずぶ濡れだった。脱ぎ捨てて温泉に飛び込んだ。全身に温泉の温もりがジーンと染み渡り、からだの芯を温める温泉とかすかな硫黄の臭いが今日一日の雨と汗の疲れを癒してくれた。結局、幸雲閣別館に十七時着、三八、二四一歩、二十二・九五㎞歩いた。一合の燗酒で前後不覚に正体もなく熟睡した。

第三十日目　六月二十九日（土）終日曇り

鳴子温泉―赤倉温泉

六時の目覚しで起き、窓を開けると青空ではないが、雨はあがっていた。朝風呂へ入りたかったが、七時朝食まで時間がないので諦めた。食堂に行くと、夕べの夕食も朝食も膳は五、六人しかいない。ウィークデイとはいえ金曜から土曜日の宿泊客がこんな大きな温泉宿に五、六人とは驚いた。下着はすっかり取り替えたが、昨日の雨に濡れた上着類はすっかり乾いていた。東海道のときと比べて、やはり体力が落ちているのであろう、朝の身支度や動作が緩慢になっている。しかし、日常の身の回りを他人にしてもらったことはない。軍隊の士官学校も新兵で被服整理から洗濯まで何でも自分でやることだけ躾けられ、部下に世話させるほど階級が上ったことがなかったため、自分のことは自分でやることをその後、いまだ六十七年やり通してきたから、現在も旅の計画も身支度、宿の予約、切符の手配もすべて自分でやる。一人旅に不自由はない。しかし動作が緩慢になって来ていることは自覚できる。

用を済ませてカウンターでチェックアウトすると八時四十分になっていた。宿の前の道を西に進めば、四十七号線に合流するといわれて出発した。幸雲閣別館は鳴子温泉の東端である。道沿いに温泉旅館が並んでいる。「東北の鳴子温泉」という知名度の高い温泉街を東から西に貫通するのは歩き旅の特権であると思って歩き出したが、温泉街は朝だということだけでなく、閑散としている。人通りも少ないというよりない。左側に窓から見える障子が破れて穴だらけという五、六階の大きな旅館は売り物であった。直ぐ右側に入り口のドアも壊れた「国民宿舎」の看板を出した旅館は、「一泊二食七千八百円」「休憩千七百円」と出ていて驚いた。それは温泉が隆盛でなく廃れているということを顕している。驚きであった。あの鳴子温泉が。

四十七号線に出てしばらくすると「農民の家」という六階建て、六棟、三百六十室、千人収容の自炊の現代的湯治場があった。こんな大きな湯治場には驚いたが、赤倉温泉で聞いたが「東日本震災後、大勢の被災者を鳴子温泉で収容した。その一年間ぐらいは鳴子は潤ったが、そのあとは大変なんですよ」ということだった。和風の温泉旅館の一群があった。「姥の湯」と看板が出ていた。鳴子はこけしの名産地である。土産店を探したが見つからなかった。和太鼓の店があった。もう一軒あった。しばらくして橋を渡ると「こけし工房」の看板が出ていた。中へ入ってこけし、剣玉、ゴム鉄砲など手に取り、重いから送ってもらうと六千円も取られて驚いた。どう考えたらよいのか、解らぬまま支払った。

「尿前《しとまえ》の関」や「封人の家」への経路を聞いたが、判然としない。「私が知りたい歩く距離感覚」と「歩いたことのない人の自動車で走る距離感覚」の経験感覚の違いが大きいようである。直ぐ「こけし会館」があった。こけしの歴史も、こけしの種類も値段も安かった。ここで買えばよかったと思ったが、初めての土地はこんな事の繰り返しである。会館の人の道案内も解りよかった。出ると橋の工事をやっており、工事の監督が「トンネルは歩道がないから歩いて通ってはいけない。歩行者はトンネルの上を越えなければ行けない」と教えてくれた。

三度道を聞いて四十七号線を渡って「『尿前《しとまえ》の関《せき》』入り口」にたどり着いた。雑草が生い茂った急坂の細い下り道であった。二百mも行かないうちに、木の柵で囲んだ「『尿前の関』跡」があった。この関は源義経の藤原氏時代からの古いものである。今は柵以外に何も残っていない。兄頼朝に追われた義経はここまで来て「ここからは藤原の領分で、安心」と生まれたばかりの「亀若丸」を抱いたが弁慶に護られて鳴子温泉まで産湯を使いに通ったとある。鳴子にあった「姥の湯」だそうである。時代を下って江戸時代、仙台藩の岩出山伊達家の番所「尿前の関」になっていた。ここを通るには伊達藩に入ったときの「入り手形」が出るときの「出手形」になっていたが、芭蕉と曾良は「手形」を持っていなかったために、差し止められてしまった。「奥の細道」には、

「尿前の関

南部道遥かにみやりて、岩出の里に泊まる。小黒崎・みずの小島を過ぎて、なるごの湯より尿前の関にかかりて、出羽の国に越えんとす。此路旅人稀なる所なれば、関守にあやしめられて、漸として関を越す。（後略）」

とある。芭蕉と曾良は手形がなくて差し止められたが、その日のうちに関を通されたようであった。一軒民家があって、鳴子町観光協会の「尿前の関」の観光案内を配っていた。

「公民館から頼まれている」といっていた。

「ここからあのトンネルは歩いて通れないと工事の人に言われたのですが」私が聞くと、「通れる通れる。狭いが歩道も付いている」と自信を持って「この階段を上れば四十七号線へ出る」と。自然木で作った急な階段を登り切るにはきつかったが、息を切り、休み休み上りきると四十七号線に出た。地元の人を信用してトンネルに向かい、後ろを振り向いたが誰にも見られていないのを確かめ、トンネルに入って行った。ちょうど十一時五分、今朝から七、五九二歩、四・五六㎞歩いたところであった。確かに狭い五十㎝もない歩道もあった。車が来ると背中を向けて避けたが、何とかトンネルを通り抜けることが出来た。こうして山越えをごまかした。八十五歳の体力を考えると無法も法と考えざるを得ない。「尿前《しとまえ》の関《せき》」という呼称は「アイヌ語」と、「封人の家」の管理人が説明していた。「それ以上のことは知らない」とも話していた。古来大和朝廷からすれば、東北は夷狄の地である。安部、藤原氏は夷狄の後裔であろう。私も詳しくは知らない。トンネルを越えて、峠道が下りになったところで、ハイキングかトレッキングの一団とすれ違った。三々五々、反対側から登ってきた。やはり歩くのでも、独り歩きと集団で歩くのとは違う。集団の歩きは何となく頼りあって歩いているが、独り歩きは頼るものは自分以外にはない。

峠を降りきった所に「鳴子峡入り口」とあり、「熊に注意」とあったが、芭蕉はどんな道を通ったのか知らないが、熊の出るような道は御免である。さらに進むと深い峡谷の上に架かった橋に出て、橋を渡ったところに〈鳴子峡レストハウス〉という大きな平屋の建造物があった。

十一時五十分、九、九八四歩、六km歩いたところで、ちょうど昼食時間であった。一番奥に軽食堂があったので、うどんを食べた。食堂の窓の下は鳴子峡谷である。巨岩奇岩が見える。あれが鳴子石かと白っぽい岩群かと峡谷の下を眺めていた。昼時間でも食堂は私一人、厨房には二、三人働いている。土曜日でこの有様、景気がよいとは何処の話か、「アベノミクス」という嫌いな言葉が、さらに嫌になる。昨日一日降られた雨を思うと、晴れてはいないが雨の降らない曇り空がありがたい。食堂を出て土産物売り場を覗いて、四十七号線へ戻った。

十三時、仙台から八〇km、峠の頂上は中山温泉平入り口と出ていた。一三、四六五歩、八・一km歩いたところであった。十四時四十四分、二一、六一八歩、十三km歩いた四十七号線に宮城県鳴子町と山形県最上町の県境の標識が出ていた。塩竈、松島、石巻の宮城県太平洋岸から、岩手県一の峠を越え、宮城県北西へかけての長い峠越えを終えた。いよいよ山形県へ入ったのである。まだ峠は続くが、石巻の太平洋から日本海へ何日間も昇り降りの峠越えは長く厳しいものであった。まだ峠の途中だが、山形県に入り後半に来ていることは事実である。ちょうど三百mの上り坂にかかっていた。

坂を上りきったところ、十五時ちょうどのところに「封人の家」があった。ここに芭蕉が雨で三日間閉じ込められた家である。有路家という庄屋のような家で、「封人の家」というのは、藩から関所の役割を委託された代わりに年貢は免除されていた家で、旅人も泊めていたようなところであるらしい。芭蕉の泊まった三百年前の家が残っていた家を改修して、国重要文化財として保存しているものである。奥の細道では「尿前の関」の項で、「(後略に続き) 大山をのぼって日既に暮ければ、封人の家を見かけて舎《やどり》を求む。三日風雨あれて、よしなき山中に逗留す。

蚤虱馬の尿（しと、又は、ばり）する枕もと

あるじの云う、是より出羽の国に、大山を隔て、道さだかならざれば、道しるべの人を頼みで越すべきよしを申す。さらばと云いて、人を頼み侍れば、屈強の若者、反り脇差をよこたえ、樫の杖を携えて、我々が先に立ちて行く。今日こそ必ずあやうきめにもあうべき日なれと、辛き思いをなして後に付いて行く。あるじの云うにたがわず、高山森々として一鳥声きかず。木の下闇茂りあいて、夜行くが如し。雲端につちふる心地して、篠の中踏み分け踏み分け、水をわたり岩に躓いて、肌に冷たき汗を流して、最上の庄に出づ。かの案内せしおのこの云うやう、「此のみち必ず不用の事有。恙がのうをくりまいらせ仕合せしたり」と、よろこびてわかれぬ。跡にききてさえ胸とどろくのみ也」と書いている。

この封人の家の句「蚤虱馬の尿する枕もと」が良く知られている。尿を「しと」と読む人と「ばり」と読む人があるというが、東北では飼い馬も家の中で暮す。尿は尿前では「しとまえ」と読む。これはアイヌ語という説であり、尿は東北方言で「ばり」というのでどちらでも良いと思うが、「ばり」と読むらしい。岩波の「奥の細道」では「しと」と振り

仮名を着けている。私は「にょう」としか読めなかった。

私より後に東京の人という四人の女性グループが来て、管理人が私たちをいろりの周りに座らせお茶を煎れて、有路家と封人の家の歴史を説明した。私に「何処から」と「昨日は鳴子に泊まって今朝出てきた」「何で」「歩いて」「えっ」「何故」「奥の細道の後を辿って、暇を見て歩いています。一昨日は新幹線で古川まで来て、岩出山から歩いて鳴子に、そして今日は鳴子から」「お幾つ」「八十五歳」「えっ、この人八十五だって」大きな声を出す人である。そういう話題の主にされるのは、私は嫌いである。知っている人は知っているが、「これから何処へ」「赤倉温泉で今日は一泊します」「赤倉温泉の何処」「湯沢屋」「あよーく知っている。迎えに来させよう」「いや、私は歩くのが目的だから、お迎えは不要です。ここからもう近いでしょ」「後歩くと一時間」「今日の予定は二十㎞足らずだから歩きます」「直ぐお迎えを呼んでやるから、待ってなさいよ」「いや結構です」「歩かなくていいよ」とやめない。根負けして、旅館のお迎えバスを待つことになってしまった。根負けというより、潜在的に期待もあって、飛びついてほくそえんだ一面もなくはない。東海道五十三次を歩いたときの「脚で歩く」意地にこだわる強さ若さが弱くなっている、後退している。加齢による頑固さがなくなっている。

「お迎えが来たよ」といわれ、礼を言って小型のバンに乗せてもらう。道は四十七号線を宮城県側から山形県側下り坂を降りていった。四十七号沿いの流れ小国川に架かる虹の橋を渡ったところから急坂を上がって行くと赤倉温泉街である。山形県最上町、やっと太平洋岸の宮城の山を越え、日本海側の山形にたどり着いたのである。千住を出て実際歩いた距離は五百八十㎞、東海道五十三次の五百三十㎞を五十㎞越えている。芭蕉が「奥の細道」を歩いた距離は一九〇〇㎞とも二四〇〇㎞とも云われているが、私はすでに日光行きは省き、殺生石と平泉は妻とバス旅行に替え、「奥の細道崩し」をしている。家出して天涯孤独を現代はし難い時勢である。妻あり、息子家族あり、孫の夕食作りと共存して、休みを縫っての妥協旅の「奥の細道崩し」である。これは赤倉温泉の湯澤屋のお迎え車に乗ってしまった弁解である。もう何回も弁解を繰り返しているが、これが「奥の細道崩し」である。山形県へ入ったが出発するときから日光と出羽三山は省略と言っているように、八月は出羽三山はバスツアーで行く予約をした。妻は膝を痛めているので単独参加である。すでに参加費を銀行振り替えする手続きに行ったが、カードの暗証番号を度忘れして振り込みも出来なかった。すぐ思い出したが、軽い熱中症だったのかもしれない。

山形県の赤倉温泉は新潟の赤倉と混同して戸惑ったが、JTBの契約旅館がなかった。赤倉の観光協会から湯澤屋を紹介され予約した。宿についての女将さんの話では「世界のJTBさんですから、契約条件が厳しくて、赤倉温泉全体で契約をお断りしたんです」といっていた。「鳴子温泉に昨日はじめて泊まったのですが、暦史的にも著名な鳴子温泉の寂れように驚きました」「鳴子さんは、震災被災者を受け入れて、相当潤ったんですよ。被災者が引き上げたんで、そうなったんでしょうね」と温泉同士の難しい含みある話であった。四階の窓の下に小国川が流れていた。周りの山に囲まれ、山は煙っていた。昨日の一日中の雨降りと違って、今日は晴れてはいなかったが、雨に降られなかったと煙った山々を見直した。

結局今日歩いたのは二三、三八九歩、十四・〇三㎞であった。五㎞ぐらいはお迎えの車に乗せてもらったことになる。総計九八三、六七五歩、五八一・〇二㎞歩いたことになる。東海道より五〇㎞余計歩いたことになる。距離はあまりないが、東海道より長い起伏の多い峠越えだった。まだ芭蕉が歩いた「奥の細道」の四分の一である。小林流「奥の細道崩し」では半分まで行くだろうか、江戸の東京から太平洋よりの東側を歩いて北端の平泉で折り返したので、あとは日本海沿いを南下するのでちょうど半分まで来たといってよいのだろうか。一日十四㎞の歩行は楽な行程であった。「封人の家」の管理人の薦めで湯澤屋のお迎え車で五㎞分歩かなくて済んだためである。明日は「奥の細道」最大の難所、「山刀伐峠《なたぎりとうげ》」である。「奥の細道」の「尿前の関」の（後略続き）に引用した、

「高山森々として一鳥声きかず。木の下闇茂りあいて、夜行くが如し。雲端につちふる心地して、篠の中踏み分け踏み分け、水をわたり岩に蹪いて、肌に冷たき汗を流して、最上の庄に出づ」

と芭蕉も苦労した峠越えである。その上、今回三日間の行程で一番長い三十㎞の行程で、「一日二十㎞以内」を越えそうなので、なるべく明日の終点の尾花沢に近いところまで、できれば山刀伐峠の半分まで車を出してもらいたい気持ちがあった。湯澤屋の女将は「山刀伐峠の麓まで車を出しましょう」と言ってくれた。あと一押し私の気持ちは「頂上まで」

第30日目2013年６月29日(土)
予定コース:鳴子温泉―赤倉　天候:曇り

時分	出発場所	到着場所	歩数	距離(km)	買物	金額	適用
8:40	幸雲閣	国民宿舎泊	休1,750				
9:30	仙台74.8k	農民の家 歩F6棟	3,327	1.99			
9:37	仙台745k	和太鼓の店 松田工房(こけし)			土産	6,000	
10:00	こけし会館				土産	2,000	
10:20		尿前の関入口	5,582	3.35			
10:55		尿前の関47号 出る	6,511	3.91			
11:05	トンネル	仙台77k	7,592	4.56			
11:23	新庄44、酒田 95k、仙台77.8		8,853	5.31			
11:50	鳴子峡レスト ハウス		9,984	6.0	蕎麦	550	
12:20	出発				土産	2,625	
13:00	仙台80k峠	頂上中山平入口	13,465	8.08			
14:44	宮城県鳴子	温泉山形県 最上境	13,465	12.97			坂300m
15:00	封人の家		23,389	14.03	草鞋	1,500	
15:30	赤倉温泉				宿泊代	13,504	お迎えバス
日計			23.389	14.03		26,179	
累計			983.675	581.02		392,445	

だったが、そのままになった。

あとで調べたのだが山刀伐峠の東赤倉側は約三千mで二十七曲りの難所のある登り道、西尾花沢側は八百mの下り道であった。

第三十一日目　六月三十日（日）終日晴れ
赤倉温泉―尾花沢―大石田

朝起きてから約束の八時半の出掛けに女将さんから「じゃ、頂上までですね」と言われ、思わず「お願いします」と頭を下げた。「笛をお持ちですか」「えっ」「熊ですよ」「なければ大声を出してください」「熊がいるんですか」「出ますよ」と平然という。「うーん、まあ、行って見ましょう」私は勇を奮ってではなく、恐る恐る熊のいる山刀伐峠行きの車に乗った。「一日二十㎞以内」の家族との取り決めだが、赤倉温泉から尾花沢への山刀伐峠越えの予定は二十九から三十㎞の行程である。せめて五、六㎞は車で縮めてもらって、二十㎞に近づけたかった。これで山刀伐峠の頂上約三㎞の歩きは短縮できると思った。

車の運転は今朝大広間の食堂へ顔を出した料理長であった。湯澤屋の主人かも知れない。車は四十七号線の続き二十八号線を、山刀伐峠に向けて走って行った。緩い上り坂であった。十分も走らぬうちに「ここが山刀伐峠の登り口ですよ」と言われて窓の外を見ると、目の前にトンネルがあって「尾花沢まで十九㎞」の標識が立っていた。あっ、トンネルで行けば尾花沢まで二十km足らずと思ったが、いくら「奥の細道崩し」と言っても山刀伐峠を避けて、トンネルを潜っての誤魔化しは出来ないと考え直し、山刀伐峠の登り坂を車で進んで貰った。道は狭いが車が通れるように舗装されていた。鬱蒼とした森林に囲まれ、人っ子一人通っていない。二十七曲がりというほどのくねくねした道は感じられなかったが、いかにも熊の出そうな暗い樹林と鬱蒼とした雑草の茂みの峠道である。歩けば一時間の道のりを二十分もしないうちに、ちょうど九時「ここが頂上かどうかわかりませんが、約束の峠の上です」と車が止まった。無理をして出していただいた車と運転手にこれ以上何もいえなかったので、慌てて車を降り、「有難う御座いました」とお礼した。「道はこっちですねえ」「さ、そうだと思いますが、そこまでは」と車は去っていった。

鬱蒼としたやっと人が一人通れるくらいの狭い登り道と、今来た舗装道路の続きの道があったが、熊が出そうもない舗装道路を選んで進んだ。やはり人が一人もいない、何処まで進んでも人はいない、熊の気配もない。ところどころに「奥の細道」旧道と木の標識が立っているが、鬱蒼とした林と道を塞いだ雑草が生い茂る小道で、そこへ入っていく勇気はなかった。安全な舗装道路の下り道を歩いた。何処まで行っても人が来ないのは変わりがなかった。無人の山刀伐峠を降りるという場面を考えると芭蕉の山刀伐峠と類似している。しかし「奥の細道崩し」には違いない。林が開け、棚田の跡が広がっていた。福島から宮城、太平洋側から山形の峠越えは田植えと植えたばかりの青い苗のあとをずうっと見てきたが、苗の植わっていない無人の山刀伐峠の棚田が異様に映った。熊も驚く光景ではなかったかと思う。

九時十分、五、三五五歩、まだ三・二㎞しか歩いていない。トンネルを出た二十八号線の道が右下に見えていた。三十分も歩いていない。もう熊も出ないだろうと、余裕も出てきた頃九時三十六分、九、九六六歩、六㎞歩いた所に赤倉温泉を流れていた下流なら小国川であるが、小さな橋が架かっていて「新獅子橋」の名が彫られていた。その隣に「尾花沢出口」と山刀伐峠の終わりを告げる標識も出ていた。「奥の細道」最大の難所と熊の出る恐怖を実際歩いてみれば、この通りである。まだ九時三十六分、九、九六六歩、六㎞しか歩いていなかった。計画した時の計算違いか、参考文献の誇大な表現か、私にしても「奥の細道崩し」であるから、先人の批判はできないが、これが私の歩いた現代の山刀伐峠であった。一番恐れた熊と遭遇しなかった幸運に俄にほっと肩の緊張がほぐれた。目の前に二十八号線を山刀伐峠トンネルを通ってきた車が疾走して、青空に田園風景が開け、一昨日から雨と曇りが続き、はじめて青空と眩い光が清々しいほど気持ちよかった。

橋の欄干に腰をかけて、メモを取っていると、後から人の声がした。二十八号線に停まった車から「一句でも浮かんだかね」と声がした。「いやあ、俳句なんて趣味もないし、今赤倉温泉から山刀伐峠を越えてきたメモを取っていたところですよ。熊が出なくてほっとしました」「乗らないか」「えっ」私は詰まった。「乗らなきゃ行くよ」気の早い人である。「奥の細道崩し」の虫が湧いて「じゃ、少し乗せてもらえますか」「無理に乗らなくてもいいよ」と言いながら、後部座席のドアが開いた。慌てて飛び乗った。

「どちらから、お出でになったんですか」「ハンドルの向くまま、彼方此方乗り歩いてるのさ。あんた、耳は、声は、眼は」「どこも悪くないですよ。ちょっと、方言が聞き取りにくくて」「何処まで行く」「尾花沢から、新幹線の大石田まで。適当な所で降ろして下さい」「幾つ」「八十五、お宅は」「八十八だ。どこから来たんだ」「神奈川県」「どうだ。大自然がいいだろう。俺は、この自然のなかに生きていることが大事だと思っている」「私も自然環境問題で食ってきたから」「何だ学者か」「そんな大逸れた者じゃあない」「ともかく、自然は大事だ」「適当な所で、停めて下さい。やはり歩かないと、気が引けて」と話しているうちに「着いたよ」と言われ、目の前に新幹線の駅が見えた。「大石田」と出ている。「えっ、大石田。着いちゃったの。なんだか訳が分からなくなっちゃいましたが、住所だけ教えていただけませんか」「やだよ。あんたは一言ありがとうだけ言って、降りりゃいいんだ」「じゃ、僕の名刺を出します」「えっ、医学博士だって」「医者じゃありませんよ。私の名刺に、住所と名前をお願いします」「山形市南原町の後藤啓司」と書かれていた。「本当に有難うございました」深く頭を下げて、顔を上げると車は動いていた。歩くのも歩かせてくれない親切な人が多い。これも「奥の細道崩し」になる原因の一つであろう。もちろん、絶対歩くという意志の弱さがあるからであるが、八十五歳になり、ともかく体力は東海道の際より弱ってきているのも事実である。全体の戦術戦略を成功させるために、細部個別の作戦は柔軟に対処することも戦術である。

大石田駅周辺を歩いた。昔は最上川の船着場で舟役場跡や乗船寺というお寺があるくら

第31日目2013年６月30日（日）
予定コース：赤倉温泉―尾花沢（大石田）　天候：晴

時分	出発場所	到着場所	歩数	距離(km)	買物	金額	適用
8：30	湯澤屋	赤倉温泉					
9：00	山刀伐峠	頂上					
9：10	棚田跡		5,355	3.2			
9：36	新獅子沢橋	尾花沢出口	9,966	6.0			
10：30	常用車便乗	大石田駅着			土産	2,410	
11：34	つばさ140号				駅弁	1,100	
13：20	福島						
15：10	東京						
17：00		自宅					
日計			9,966	6.0		3,510	
累計			997,151	58.108		395,955	

い舟運に関わった歴史の街のようである。最上川に架かる「大橋」を見たかったが、途中新幹線の時間の都合で引き返して残念だった。次回に果たそうと思う。とうとう二泊三日のうち、最も長距離二十九㎞を歩く予定だったはずが六㎞に。「奥の細道大崩し」の汚名の一日になってしまった。東北の独り歩きには、いろいろな伏兵がいるものである。ますます「奥の細道崩し」は崩れそうである。

七月二十日（日）

第三十二日目　七月二十七日（土）雷雨午後晴れ

山寺（立石寺）―新庄

芭蕉は「奥の細道」で、尾花沢の紅花問屋島田屋の跡継ぎ息子清風を尋ね、十一日間も逗留するが、清風は芭蕉を自宅に泊められず、近くの養泉寺に泊めている。「奥の細道」でその清風を、

「**尾花沢**

尾花沢にて清風と云う者を尋ぬ。かれは富めるものなれども志いやしからず。都にも折々かよいて、さすがに旅の情をも知れたれば、日比とどめて、長途のいたわり、さまざまにもてなし侍る。

涼しさを我宿にして寝まる也

這出よかひやが下のひきの声

まゆはきを俤にして紅粉の花
蚕飼する人は古代のすがた哉　曾良」

と誉めそやし十泊十一日逗留したが、清風宅へはたった三日、養泉寺には八日も泊らされている。三年後家を相続した清風は、品川で紅花を燃やしたと見せかけ、赤く染めたおが屑を燃やし紅花の値を吊り上げ巨利を得たり、吉原で豪遊して遊女高尾大夫を仙台侯と争ったりなどの逸話もあった。後年、芭蕉の紹介状を持って江戸の俳人二人が清風を訪ねたが「この紹介状を書いた人に憶えはない」と戸を閉めたという話も残っていて、清風は芭蕉が「奥の細道」で評価したが十一日間受けた待遇からの印象だけであったようである。俳諧師松尾芭蕉の世界と江戸で伊達侯と遊女を競った紅花豪商の清風の世界の段違いの格差を知り、さらに芭蕉と私の格差を知って、「奥の細道崩し」と弁解しなくとも必然的に「奥の細道崩し」にならざるを得なくなっていたことを認識したのである。尾花沢に十一日間逗留などという芭蕉の真似は崩さざるを得ないので飛び越えて、直接山寺へ行くことにした。

東京から東北新幹線はやぶさ一号で仙台に八時五分に着き、調べた時間表では八時十五分の仙山線へ乗り換え、九時十四分には山寺へ着く予定だったが、仙台駅で仙山線の山形行きは九時三十分以降から発車すると、このところ東北地方連日の豪雨で電車の運行が変更されていた。改札で「確かに九時三十分以降に山形行きは出るんですね」と駅員に聞くと「九時三十七分の山形行きから確実に運行します」と返事があった。出発から一時間半今日の予定は遅れることになる。改札を出て地階の〈スターバックス〉で、コーヒーを飲んだ。そこで客と店員の殴り合いが始まった。警官が四、五人どかどかと入ってきて、殴り合いは収まったのを見て店を出た。行く先々でトラブルに出会う一日になりそうである。あと三十分以上待ち時間があったが、ホームに入って電車を待った。

山寺には十一時近くに着いた。無人駅が多い中で山寺駅には駅員がいた。外は土砂降りの雨である。雨ばかりでなく、稲妻が光り、雷鳴が轟いていた。山寺は濃霧に覆われ、強い風で濃霧が走っていた。山の中腹の五大堂が流れる濃霧の合い間から時々顔を出す。雨合羽を羽織って、土砂降りの中を山寺に向かって歩いた。立会川に架かる宝珠橋を渡り、右折して登山口と矢印のあった階段を左へ登って行くと根本中堂があった。ここだけはお参りしようと線香を息子の分と二組求め、点火して灰の中に立てた。本殿の正面賽銭箱の上に木造かと思われる大きな恵比寿天がある賽銭箱に賽銭を投げ込んでお参りを済ませた。このご本尊だけお参りできれば千段以上登る奥の院まで行けなくてもよいと思ったからである。左、西方向に向かい日枝神社を通り、奥の院の山門まで来た。山門から上を見たが深い濃霧で何も見えない。八十五歳に免じて奥の院詣では御容赦をと手を合わせ、そこから引き返した。引き返す人は少ないというよりいない様子であったが、「皆さんはお若いのである。どうぞ奥の院までお登り下さい」私は迷うことなくここで諦めた。薄手の雨合羽は外側からは叩くような豪雨、内側は山歩きで体温が上り吹き出る汗でびしょ濡れである。

駅まで戻ってここから天童まで歩く予定だったが、この土砂降りでは歩くことは無理と判断した。駅員に次の山形行きを聞くと「二時間に一本の運行で出たばっかりですから次は十二時五十九分発です」という。湘南電車で十分間隔が当たり前の日常生活をしている首都圏の我々には「二時間に一本」という気の遠くなるJRの列車運行は考えられない。私のように自家用車の運転を止めて歩くことしか出来ない人間には生活出来ないだろう。仕方なく駅前一軒屋の食堂で昼飯の蕎麦を食べた。「奥の細道」では、

「立石寺

山形領に立石寺と云う山寺あり。慈覚大師の開基にして、殊に清閑の地也。一見すべきよし、人々のすすむるに依りて、尾花沢よりとって返し、その間七里ばかり也。日いまだ暮れず。麓の坊に宿かり置て、三畳の堂にのぼる。岩に巌を重ねて山とし、松柏年旧、土石老いて苔滑らかに、岩上の院院扉を閉じて、物の音きこえず。岸をめぐり、岩を這いて、仏閣を拝し、佳景寂獏寞として心すみ行くのみおぼゆ。

閑さや岩にしみ入る蝉の声　　」

と表現している。有名な「閑さや岩にしみ入る蝉の声」を発句した所である。さぞかし晴天でかんかん照りの日中だったのであろう。私は対照的に土砂降りの雷雨に叩かれ、蝉の声など聞くどころではない。

やっと十二時五十九分の山形行きに乗ったが、直ぐ居眠りが出た。目が覚めると山形駅についていた。山形から羽越本線で新庄まで行くのだが居眠りから冷めた朦朧とした

頭で、どうしていいか戸惑っていると女性の駅員が見えたので「新庄へは？」「直ぐ一時三十四分発がでますよ」といわれたが一瞬何処へ行くのか迷っていると、「あそこ」と「一時三十四分新庄往き」の標識を指差してくれた。慌てて標識目掛けて駆け出し、そこの階段を下りたホームに着くと電車が停まっていた。こちらの電車は自動ドアでなくボタン式の手動ドアである。電車は土曜日なのに高校生ばかりであった。

外はまだ土砂降りの雨が降り続いていた。座席に着くとまた直ぐ眠ってしまった。外は強い雨が降り続いている。天童を過ぎ大石田を過ぎた頃から、外が明るくなり雨が上ってきた。次は「舟形」と聞いたとき、「曾良旅日記」のほうに、

「〇六月朔　大石田を立つ。辰刻。一栄・川水、弥陀堂まで送る。馬二四、船形まで送る。二里。一里半舟形。大石田より出手形を取り、名木沢に納通る。新庄より出るときは新庄より取りて、船形に納通。両所共に入るには構わず。二里八丁新庄、風流に宿す」と記され、船形は出手形を納通しなければ通過できない関所であったが、二人は大石田から馬で船形を通り新庄の俳人風流宅に泊まった。とあったので雨だから電車に乗った理由が立つが、雨が上ったので船形から新庄まで約十㎞を歩くことにして、電車を降りた。外は雨が上り、薄日も差していた。山寺で濡れた衣服はまだ乾いていなかったので、薄日のなかを三時間余歩きながら乾かそうと歩き出した。十四時四十分であった。駅前の道を東に向かって真っ直ぐ歩くと国道十三号線に出た。これを左折して北に向えば新庄まで一本道である。

十四時四十五分、九、六八七歩、ここまで五・八一㎞歩いていた。直ぐ船形橋を渡ったが、川の名前はわからない。十五時七分、一一、八四六歩、七・一一㎞のところで「新庄まで八㎞」の標識が出た。登りの峠道であった。道の両側は疎らな民家、田んぼ、丘陵、峠また峠の連続で、ほぼ新庄まで同じであった。朝から雨に打たれ、雨に濡れたままだったためか、歩いた距離は短いが疲れが溜まっていた。十五時三十分、一三、三五八歩、八・〇二㎞歩いたところが、新庄市と舟形町の境界であった。十五時四十五分、一五、〇四二歩、九・〇三㎞歩いたところで小休止した。鶴岡街道四十七号線や県道三十四号線へ入る道があったが、ガソリンスタンドや道路工事の人に聞いても、「新庄駅は十三号をまだ真っ直ぐ」と教えるので、ひたすら十三号線を進んだ。全身汗でぐっしょり、雨で濡れた衣類が乾いた上に汗で濡れたのか、雨で濡れた上にさらに汗で上塗りしたのか分からないが、全身ずぶ濡れである。

十六時十分、一七、八二七歩、十・七㎞歩いたところに「福島から一五〇㎞」の標識が出た。十三号線は福島が基点なのだと初めて分かった。十七時が過ぎようとした頃、新庄駅の表示と左折の矢印が出ていた。左折して陸橋を潜り、右折してしばらく進むと山形新幹線終着駅「新庄」の白い鉄筋の駅舎が見えてきた。今日予約した〈ルートイン新庄駅前〉が見えなかった。駅に入って駅員に聞くと駅の反対側を指差した。十七時十七分、今晩の宿〈ルートイン新庄駅前〉に着いた。今日はそれでも二四、一二七歩、十四・五㎞歩いた。ともかく濡れ鼠の衣類を脱ぎ、部屋着で夕食に食堂に出かけた。夕食が安いのには驚いた。燗酒一

第32日目2013年７月27日(土)
予定コース：山寺—新庄　天候：

時分	出発場所	到着場所	歩数	距離(km)	買物	金額	適用
4：45	自宅				JR券	18,670	
5：15	JR大磯	東京					
6：19	東京駅						
6：32	はやぶさ１号						
8：05		仙台			コーヒー	340	
9：37	仙台	仙山線					
10：30		山寺	8,362	5.0	おのや	1,500	土砂降り
12：59	山寺	山形立石寺根本中堂お参り					山門から引き返し
13：34	山形	天童まで歩き中止					
14：40	舟形駅	舟形					雨上がり新庄まで歩く。13号線
14：45	橋峠登坂	新庄８km	9,687	5.81			
15：30	新庄市舟形	町境	13,335	8.0			
15：44	小休止		15,042	9.03			
16：10	福島から150km		17,827	10.72			
17：15		ルートイン新庄	24,127	14.5	宿泊代	8,380	
日計			24,127	14.5		28,890	
累計			1,021,278	612.8		424,845	

合二八〇円、枝豆山盛りで二八〇円、冷奴も二八〇円、これは記録物である。夕食後風呂にも入らずにベッドに倒れこむように寝込んでしまった。目が覚めたのは十二時過ぎだった。風呂に入り、晩酌の酔いがすっかり醒めてしまったので、自動販売機の普段呑まない缶ビールを飲んで寝た。

八月二日（金）

第三十三日目　七月二十八日（日）薄曇

新庄―古口（最上川下り）―酒田

ビールのせいか寝坊した。六時の目覚しで起きたが、また寝てしまい、起きたのは八時半になっていた。慌てて朝食に出かけた。家族連れが多く、バイキングの食堂は込んでいた。朝食は無料サービスなのである。今日は日曜日で夏休みである。このようなビジネスホテル一泊旅行が家族サービスの一つになるのであろうか。夕食の安値もそのようになっているのかも知れないなどと思った。ビールのためか少し頭痛もする。

前日濡れ鼠になった着替えや身支度に時間がかかり、チェックアウトは九時半になってしまった。今日の主たる目的は最上川下りにあるのでその間は歩かないことにしている。

新庄駅に行き改札で「最上川ライン下りは、連日の雨でもやっていますか」と聞くと「中止という連絡がありませんから、やってるでしょう。古口まで行って下さい」ということだった。ここ東北ではＳｕｉｃａは使えないので、「古口」まで三二〇円の乗車券を買う。

陸羽西線新庄十時十四分発酒田往きに乗り、最上川沿いに電車は進み、二十分ほどで古口に着く、船着場まで百円でバスに乗る。途中舟番所跡に再現した舟番所を見ながら船着場に着いた。芭蕉は出手形を番屋に渡して、ここから舟に乗ったのである。「奥の細道」では、

「**最上川**

最上川のらんと、大石田という所に日和を待つ。ここ爰に古き俳諧の種こぼれて、忘れぬ花のむかしをしたひ、芦角一声の心をやわらげ、この道にさぐりあしして、新古ふた道にふみまよふといえども、道しるべする人しなければと、わりなき一巻のこしぬ。このたびの風流、爰に至れり。

最上川は、みちのくより出て、山形を水上とす。ごてん・はやぶさなどと云うおそろしき難所有。板敷山の北を流れて、果ては酒田の海に入る。左右山覆い、茂みの中に舟を下ろす。是に稲つみたるおや、いな船というらし。白糸の滝は青葉の隙々に落ちて、仙人堂、岸に臨みて立つ。水みなぎって船あやうし。

五月雨をあつめて早し最上川 」

現在の観光船着場は陸羽西線の古口駅よりも、旧古口舟番所跡よりも酒田寄りの高屋駅に近い所にあった。そこから観光「最上川ライン下り」十時五十分発の舟に乗った。コースは、そこから上流に向かって進んで帰ってくる三十分ぐらいのコースである。連日の豪雨で透明度ゼロの、真っ茶色に染まった濁流は増水して浅瀬を沈め、岸の茂みにまで水位を上げ、濁流が描いた舟の喫水線を舳先で切りながら木造モーター船が走って行った。さ

いわい雨は降らず、うす曇りで陽射しは柔らかであった。両岸の山の緑、白糸の滝は芭蕉の見た「奥の細道」の風景と変わらない自然が残っていた。私が今目の前で見る七月の梅雨明けの濁流も、芭蕉の見た五月雨を集めた濁流も、茶色の濁りは同じではなかったかと思う。「あつめて早し最上川」はその通りであった。ガイド役と舵取りの舟の前後の船頭は若い働き盛りの男である。「花笠踊り」や地元の民謡も聞かせてくれた。芭蕉たちはさらに下流の「清川」まで乗り、ここから下船して羽黒山から出羽三山へ登って、鶴岡へ降りているが、私は繰り返すが出羽三山へ八月二十日一泊二日の近鉄バスツアーでいく「奥の細道崩し」である。この長雨で最上川下りは危ぶまれたが、「あつめて早し最上川」の濁流をそのまま見ることができたことは幸であった。

十一時二十分に下船したが、高屋駅発の酒田往きは午後一時四十三分で二時間以上待たなければならなかった。船着場の一階が土産物売り場、二階が食堂だから、「昼食で時間を潰して下さい」誰に聞いても同じことを言われた。これも観光商売である。陸羽西線も二時間に一本になっているので仕方がない。二階食堂で天ぷらそばを食べ、旅の途中では土産物を持つ気も起こらないまま、一時半の高屋往きバスに乗り、高屋一時四十三分発余目《あまりめ》駅乗換えで酒田へ行く電車に乗った。今日は酒田まで最上川下りのつもりだから、はじめの計画から歩き旅は省略していた「奥の細道崩し」である。

高屋駅は無人駅である。人家は見当たらず、山の自然林が迫っていて、熊や猪が出てきそうな駅舎である。待合室はガラス戸で密閉されているが、熊には簡単に破られそうな小屋である。電車が着いて手動式のボタンでドアを開ける。「酒田へお出での方は、余目乗り換えです」。私は「ヨメ」と読んでいたが、アマリメという駅であった。余目を発車してすぐ風力発電の風車が八基見えた。二十年ぐらい前、ドイツへ出張したときのヨーロッパの風景を見ているようだった。近世のオランダ運河の水流を促す風車が動いていて、現代のドイツ風力発電の風車が唸りを上げている風物は、生きたエネルギー科学技術史の自然博物館を見せられているような感慨を覚えたものだが、私が見たその光景が、福島原発事故後、ドイツは国政として「原発廃止」を決めた原点があったように思えた。そのドイツの風車が日本の三菱開発のものだったと聞いて驚いたことも思い出す。私は車窓から八本の風車が見えなくなるまで、じっと見つめていた。風車が消える頃フェードインしたように居眠りに入っていった。

目が覚めると二時五分酒田駅であった。今日は時間があったら芭蕉が「奥の細道」で辿った、酒田から羽越本線で秋田県の象潟《きさがた》まで足を伸ばしたかったが、今日中に家に帰る予定には間に合わないので、象潟行きは諦めた。酒田駅の改札を出て、観光案内所に往き、「十五時三十一分発で新庄往きに乗るまで、約一時間で酒田のどこかを見たいのだが」と聞くと「山居倉庫」を是非と紹介された。「歩いて十五分ほど」といわれたが、タクシーに乗った。「歩くと十七、八分くらい」とタクシー運転手はいった。「手前は土産や食堂で、後が倉庫ですから、倉庫だけ見るんですね」ともいった。本当に倉庫だけだった。明治二十六(一八九三)年に建てられた庄内米の黒塗り現役倉庫であった。直ぐ前は新井田川の積荷の船着場になっている。自然か運河だったのか、すぐ最上川河口の酒井港につながっている。倉庫の中は入れず、外から見るばかり、「是非見ろ」と言われたのは分からなかった。地元の見せたいものと、外部の者の見たいものは食い違うものである。

山居倉庫から無意識のうちに駅に向かって歩き出していた。米倉庫は私の思い出の中の米の倉庫というと、この山居倉庫では天井を二重にして風通しを良くし、温度管理をした工夫が施されていると説明されたが、私は旧陸軍予科士官学校の米倉を思い出していた。何故かというと、米倉で毒ガス訓練を受けたからである。陸軍の米倉は、第一次世界大戦でドイツ軍が初めて使用した毒ガス「塩素ガス」を殺鼠殺虫殺菌用に使っていたのである。塩素ガスは今でも実用化されている強力で有効な殺鼠殺虫殺菌剤であり、漂白剤なのである。米倉庫に塩素ガスを充満させると、鼠はいちころ、ゴキブリ、穀ゾウムシも殺虫、黴でも細菌でもウイルスでもほぼ完全殺菌できてしまう。この毒ガスの充満する米倉すなわちガス室で「外せ」「装着」とガスマスクの取り外しの訓練をしていたのであった。もう終戦近いガス教練で「装着」「外せ」の訓練を受けた遠い昔を思い出した。

昭和二十（一九四五）年八月十五日、ポツダム宣言を受諾し無条件降伏、終戦が決まり、旧陸軍は解体、陸軍士官学校は廃校となり、我々生徒はそれぞれの故郷へ復員することが決まり、数日間焼却処分の日が続いた。その中に中隊長室にあった「軍極秘文書」の焼却に動員されたことがあった。軍極秘の〇秘文書を興味半分に読みながらで作業をしている中に、「硫黄島玉砕の教訓」という文書を発見した。硫黄島玉砕をした我軍が硫黄の

第33日目2013年07月28日（日）
予定コース：新庄―酒田　天候：

時分	出発場所	到着場所	歩数	距離(km)	買物	金額	適用
9：30	ルートイン新庄						
10：14	新庄駅	古口	1,890	1.13	JR	320	
10：50	最上川（舟下り）					980	
11：20	下船				天ざる	1,500	
13：30	バス高屋駅						
13：43	余目乗換						
14：05	余目	酒田			JR	570	
14：28	山居倉庫（見学）				見学代	300	
15：31	酒田	余目乗換	8,998	5.40	タクシー	800	
17：14	はやぶさ156号				土産弁当	4,100	
20：56		東京					
21：22	東京						
22：40		大磯	9,638	5.8	タクシー	800	
日計			9,638	5.8		9,370	
累計			1,030,916	618.6		434,215	

柔らかい横穴の壕から射撃すると、その発射音を二ヵ所でキャッチしたアメリカ軍は、音響探知機で硫黄岩の我が軍の壕を直ちに発見し、その壕の二ヵ所に穴を削岩し、そこから「青ガス（青酸ガス）」を注入した。青酸ガスは一般のガスマスクではろ過できないからガスマスクとして役に立たず、壕の中で殆どそのままの姿勢で全員が即死したと報告されたことを憶えている。もし青酸ガスを使われたら、ガスマスクの訓練は役立たずであったと六十七年前を思い出す。当然嫌な記憶である。第二次世界大戦に陸軍予科士官学校生徒として参加し、毒ガス訓練を米の倉庫の「塩素ガス室」で受け、終戦後硫黄島のアメリカ軍の青酸ガス使用の極秘文書を読んだ記憶は消えてはいない。その歴史の中で生きた私であって、芭蕉ではない。「奥の細道」といい、「奥の細道崩し」といっても、芭蕉のエピゴーネンである。俳諧も知らぬ私にはエピゴーネンにもならない。単に歩き旅の強脚の真似事ぐらいである。しかし、米倉を見て陸軍の毒ガス訓練を思い出すことは、私のような体験者で生き残りにしか出来ない。その希少価値だけで好いのかも知れない。

いつの間にか汗だくで酒田駅まで歩いてしまった。観光案内から十五分、タクシーの運転手から十八分といわれたが、二十三分かかった。八十五歳の足の速度では妥当かとも思う。十五時三十一分に間に合ったが、この電車も余目乗り換えであった。新庄十七時十四分発、山形新幹線東京行き「つばさ一五六号」に間に合った。東京には二十時五十六分、大磯には二十二時半になってしまった。酒田は遠い国である。

八月三日（土）

第三十四日目　八月二十一日（水）　晴れ

出羽三山

「奥の細道」独り歩きを計画した当初から、八十五歳の高齢であることを理由に、日光参りと出羽三山は割愛と決めていたが、（殺生石と平泉も夫婦同伴でバスツアーにしてしまったが）近鉄のバスツアーで一泊二日の出羽三山参りがあったので、歩いたら行けないが、行かないよりはバスツアーでも行った方がよいと参加した。そして行ってよかったと思っている。「奥の細道」独り歩きもどんどん崩れ、勝手に「奥の細道崩し」と変形している。芭蕉も足で歩くだけでなく、よく馬に乗っている。芭蕉の江戸時代元禄の馬は現代のバス、タクシーか電車だと考えれば、雨、風、雷でバスに乗ってもいいではないかと屁理屈を言いながら崩している。

「奥の細道と逆に行く」

芭蕉と曾良は最上川を清川で下船し、ここから羽黒山、月山そして湯殿山の三山と行くが、バスツアーは逆に湯殿山から月山、羽黒山と行く、芭蕉と曾良にもいろいろ都合があったように、現代の私にも私の都合がある。逆になっても出羽三山をお参りすることに変りはないと思う。

八月二十一日（水）六時五十分平塚駅ＮＴＴ前に集合であった。朝四時五時起きは慣れているので、早いとも感じなくなっている。平塚からの乗客はばらばらであったが、海老名のバス停ではほぼ満席になっていた。海老名発は七時四十五分、私の隣りは海老名から乗車したＫさん、私より若いが七十代くらいの男性であった。一日目は殆ど挨拶も交わさずに黙って隣り合わせていた。二日目も窓側と通路側が入れ替わっただけで相席、二日目からボツボツ口を開いて話しはじめた。私は一日中口を開かないでいた方が気楽な無口派であるから、相手が喋らなければ二日でも三日でも喋らない嫌な奴である。おそらくＫさんが仕方なく喋りだしたのだと思う。まだ夏休み、平日であったが、東名上り、東北下りの高速道路は渋滞、安達太良ＳＡ（サービスエリア）に着くのに六時間半かかって十三時二十分、このツアーには昼食は付かないから、注文した昼弁当を安達太良ＳＡで積み込むことになっているらしい。雨が降り出したが、強い雨ではなく、直ぐに止んだ。福島を過ぎ、白石あたり十四時三十分頃から山形道に入っていった。

月山

十五時過ぎ、八時間乗り続けたバスが出羽三山の入山街、鶴岡市に着き、山道に乗り入れていった。狭い山道をバス同士すれ違うときは、一方がバックして譲りあって登る。先ず最初の湯殿山のバス停に十五時四十分に着く、八時間バスに乗りっぱなしであった。百四、五十段の自然石の階段を上り、靴も靴下も脱がされ素足でお湯のなかを歩いて、湯を噴出している赤い岩肌の大岩の御神体に集団で参拝をする。赤い岩肌は我々化学屋から見れば、酸化鉄の鉄錆びの赤と分かる。

「奥の細道」で湯殿山中のことは、「他言することを禁ず。仍って筆をとどめて記さず」と、書かれていない。曾良も書いていない。江戸時代には出羽三山の絵図でも湯殿山は書かれていないものが多かったという。中には「高さ三間（約六ｍ）、ハバ五間（約十ｍ）ばかりの大石あり、是が湯殿山なり。色赤く、この石より汗の出る如く湯湧き出づるなり」とかかれたものもあった。また「両足を広げた女性の下腹部とそっくりな巨岩から、再度この世に生み出されて再生するという図式になっていて、三山参拝は死と再生を意味していた」とも書いている人もいる。私は「他言を禁ず」を破るが、見たものを記録する。ただその赤い岩肌が極めて肉感的である。人肌でも全身の大部分を覆っている表皮を被った肌ではなく、口中や唇や性器のように湿った肌を思わせる。それを神として拝む宗教に仏教や神道以前の自然崇拝の古代宗教を感じる。現代はこの山奥までバスを乗り入れてしまったのである。神秘的な自然崇拝と肉感的エロチシズムとバス乗り入れの科学技術性の奇妙な混交のなかをぬるま湯に素足をぬらしながら歩かされる気分はなんと表現してよいか妙な気分にさせられた。

山道をバス停まで戻ると、十六時五十分になっていた。下山して「名物に美味いものなし」の通り変り映えしない鶴岡の大きな土産物屋に連れて行かれ、またバスに乗せられ、露天風呂付き由良温泉の八乙女館で入浴一時間、直ぐバスで鶴岡に戻り、「庄内おばこの里・

こまぎ」で夕食、熱燗一本四百二十円は安いが、ゆっくり嗜んでいる時間がないが、多少はほろ酔い加減になった。二十時にやっと〈ホテルイン鶴岡〉に到着した。ビジネスホテルである。「一名一室、羽黒山・湯殿山・月山八合目弥陀ヶ原・出羽三山めぐりと城下町鶴岡」夕朝食各一回、一万八千九百円也の格安バスツアーなのである。歩き旅も疲れるが、リクライニングもないバスに八時間も座りっぱなしも疲れる。ほろ酔いと気兼ねをしない一人部屋なのでベッドに倒れ込むように寝込んでしまう。目が覚めたのは五時であった。

第三十五日目　八月二十二日（木）

鶴岡―月山―羽黒山

六時から朝食、バイキングである。七時四十五分出発だから、朝食ものんびり出来ないが、納豆に温泉卵、味噌汁さえあれば、私の米飯の朝食は満たされる。そして満たされた。洗面というより、丹念に歯を磨き、歩行用のマウスピースを歯に被せ、用を足すと私の旅支度は終る。七時半になっていた。出発まで十五分、頃合いである。

月山

バスは月山八合目に向けて出発した。湯殿山同様、狭い登山道をぐんぐん押し登るようにバスが登って行く。下山バスとすれ違うと悠々とバックして、下山バスを通して、登って行く。一時間十分で八合目駐車場に着く。周辺は深い山波の奥にあった。遠くもない鳥海山が、八月の終わり、次の雪の季節が来るというのに、昨年冬の残雪か氷河か、尾根に白いものが残って見えた。月山を背に百八十度の奥深い山波を見渡す。西の大和朝廷が東北の「夷狄」を征伐する「征夷」という言葉が古いように、出羽三山も古い。「夷狄」とは辞書では「蛮族」と訳している。東北の蛮族、すなわち「蝦夷」である。仏教が伝来する千二百年より以前の自然崇拝の古代宗教を感じさせる。

月山といえば森 敦の名作「月山」がある。森 敦の月山は極めて仏教的で、仏教寺で暮す話である。教典を書き写した反古の中にもぐって布団代わりに暖をとるエピソードなどは仏教寺そのもので、仏教以前の自然宗教は匂いもない。そして即身仏である。僧侶が生きたまま断食を続けそのまま仏になる、自らミイラになっていく即身仏が月山の佛教寺にはあると、森 敦が描く月山佛教の不思議な世界である。月山では即身仏を拝観させてくれるのかと期待したが、中の宮参りと弥陀ヶ原へ放り出されただけで、お寺も見せてくれなかった。しかし、弥陀ヶ原の高山植物は盛りではなかったが、湿原のあちこちにある池というより水溜りに山椒魚の幼魚の泳ぐ姿を見つけたのも、夏過ぎようとする八月の残雪か、氷河の遠景を見ることは出来たのも月山の山深さを見させてもらったと思っている。

芭蕉の『奥の細道』では「羽黒」の項で道順は逆であるが、次のように書いている。

「**羽黒**

（前略）八日、月山にのぼる。木綿《ゆふ》しめ身に引きかけ、宝冠に頭を包み、強力《ごうりき》と云うものに導かれて、雲霧山気の中に、氷雪を踏まえて登ること八里、更に日月行道の雲間に入るかとあやしまれ、息絶え身こごえて頂上に到れば、日没して月顕る。笹を鋪《しき》、篠を枕として、臥して明くるを待つ。日出て雲消ゆれば、湯殿に下る。

谷の傍らに鍛冶小屋という有り、この国の鍛冶、霊水を選びて、茲に潔斎して釼（剣）を打ち、終に「月山」と銘を切って世に賞せらる。かの竜泉に剣を淬《にらぐ》とかや。干将・莫耶のむかしをしたふ。道に能の執浅からぬ事知られたり。岩に腰かけてしばしやすらふほど、三尺ばかりなる桜のつぼみ半ばひらけるあり。降積る雪の下に埋もれて、春を忘れぬ遅ざくらの花の心わりなし。炎天の梅茲にかほるごとし。行尊僧正の歌の哀れも茲に思い出て、猶まさりて覚ゆ。総じてこの山中、の微細、行者の方式として他言することを禁ず。仍て筆をとどめて記さず。坊に帰れば、阿闍梨の需《もとめ》に依りて、三山順礼の句々短冊に書く。

涼しさやほの三日月の羽黒山

雲の峰幾つ崩れてつきの山

語られぬ湯殿にぬらす袂かな

湯殿山銭ふむ道の泪かな　曾良

」

と芭蕉は羽黒山から月山に八里登ったと書いている。三十二kmである。やはり芭蕉の健脚には敵わない。衰えた八十五歳の私には三十二kmの山道は歩けない。ではなく登れない。傍線のように芭蕉は「奥の細道」に湯殿山のことは「山中、の微細、行者の方式として他言することを禁ず」を守り省いている。しかし、あの生々しい思いを語られぬ本心が「語られぬ湯殿にぬらす袂かな」と後ろ髪を惹かれる思いもあったのではないかと芭蕉の苦しい思いを察するに余りあるところである。

羽黒山

十時十分、月山八合目から最後の羽黒山に向けてバスは出発した。同じような登山道伝いであるが、道は湯殿山、月山より二車線になって広くなったようである。途中気が付いたのだが、湯殿山、月山、羽黒山の三山共に路線バスが通っていた。羽越本線鶴岡駅からだろう。十一時十五分、羽黒山三神合祭殿に着く。三神とは羽黒山、月山、湯殿山の三神である。羽黒山は「修験道の霊場として信仰を集める出羽三山の表玄関」になっている。芭蕉のように羽黒山から三山にお参りするのが常道である。縁起は「推古元（五九三）年、蜂子皇子に開かれ今なお深い山岳信仰に基づく修行がおこなわれています」と案内されている。千四百年以上前の開基である。杉の大木がはえ並ぶ自然道の奥に境内があり、右手の一隅に「涼しさやほの三日月の羽黒山」を詠んだ旅姿の芭蕉像があった。広い境内の奥に古めかしく、大きな社殿があり、参詣人に伸しかかるような日本一といわれる分厚い萱葺き二・一mの屋根が迫っていた。芭蕉像をいつまでも見ていたためにツアーの一団とははぐれていた。

十一時四十分、羽黒山三神合祭殿をお参りして、参道である一の坂、二の坂、三の坂、一、四四六段の杉並木も歩かず、バスで国宝羽黒山五重塔に向かう。十分で着き、バス停から五重塔まで、随神門を潜るとここから神域になる。いきなり「地獄へ落ちる坂」といわれる自然石の下り石段で、これを降《くだ》るのが苦しかった。息が完全に上がり、皆が先へ進んでも、呼吸を整えるために休み休みなんとか降りて、彼の世とこの世の境を流れる三途の川になぞらえた「祓川」に架かる赤い欄干の太鼓橋の「神橋」を渡ると、今度は登り石段である。同じように息が上がる呼吸を整え整え、やっと杉並木に隠れるような五重塔にたどり着く、これが「一の坂上り口の杉並木の中にある東北地方最古の塔といわれ、平将門の創建といわれている。高さ二十九m、三間五層、柿葺素木造《こけらぶきしらきづくり》、現在の塔は約六百年前に再建されたものといわれ、昭和四十一（一九六六）年、国宝に指定」と案内書に記されている。近くで見上げる国宝羽黒山五重塔は日本古来の木造建造物と苔むさんばかりの古さに圧倒された。私の好きな関東武士、平将門が創建したと聞いて、忘れることが出来ない五重塔になると感慨一入深いものがあった。息が上がって通り過ごしてしまったが「爺杉《じじすぎ》」があった。周囲十m以上、樹齢千年以上の巨木を見た。婆杉もあったが先に枯れたということである。思わず人間では爺の方が先に逝くのにと苦笑いした。帰りの石段も苦しかったが、往きよりは慣れて楽になっていた。芭蕉の「奥の細道」行路では羽黒山から湯殿山へと逆に歩いているので、前略した部分を写すと、

「**羽黒**

六月三日、羽黒山に登る。国司佐吉という者を尋ねて、別当代会覚阿者闍梨《えんがくあじゃり》に謁す。

南谷の情こまやかにあるじせらる。

四日、本坊において俳諧興行。

有難や雪をかおらす南谷
五日、権現に詣。当山開闢能除大師は、いずれの代の人と云う事をしらず。延喜式に「羽州黒山の神様」と有り。書写、「黒」の字を「里山」となせるにや。羽州黒山を中略してと云うにや。出羽といえるは、「鳥の毛羽を此の国の貢《みつぎ》に献る」と風土記に侍るとやらん。月山、湯殿を合わせて三山とす。当寺武江東叡に属して、天台正観の月明らかに、円頓融通の法の灯かかげそいて、僧坊棟をならべ、修験行法を励まし、霊山霊地の験効、人貴び恐る。繁栄長しえにして、めで度御山と謂いつべし。」

羽黒山参りを前に記し、月山に続けている。国司佐吉は俳号を呂丸（露丸とも）と書き、芭蕉門下の其角や嵐雪の指導を受けていて、近藤佐吉といった。本業は山伏の僧衣を染める染物職人であった。別当代とは羽黒山を統括する高位の修験者で、会覚は江戸の東叡山寛永寺の出身で俳諧にも造詣が深かった。翌日の昼過ぎ、芭蕉、曾良、会覚、呂丸と居合わせた僧三人が加わって、句会が開かれた三十六連句の「歌仙」一巻を仕上げるのには時間がかかったので次の日の羽黒権現参拝をはさんで夜間にかかった。これが本文の「四日、本坊において俳諧興行」であった。「奥の細道」の「俳諧興行」は、芭蕉や曾良の俳諧修行の本道なのか俳諧に疎いので分からない。

これで私の出羽三山参りは終ったわけである。かつては困難な出羽三山を芭蕉や曾良は山道を足で登ってお参りしたが、現代はバス旅行で極めて簡単に険しい山道を登り下り出来るわけである。私も出来ることなら足で登りたかったが、八十五歳の足では無理と思い三山参りは割愛したが、バスツアーがあったので割愛よりバスでも行った方がよいと思い参加した。そして参加してよかった。

十二時四十分、三山全てのお参りが済んで、帰路に着いた。十三時三十分「米の粉瀧道の駅」へより、十六時〇五分安達太良SA（サービスエリア）、十八時二十五分羽生SAへ寄り二十二時三十分平塚終点に着いた。

八月二十九日

第三十六日目　九月二十二日（日）

象潟―酒田

次に出る日を選んでいるうちに、光陰矢の如く時間は駆け足で過ぎていき、予定を十五日・十六日の連休にし、ホテルを予約し、ジパングで乗車券も買ったところで、台風十八号襲来で行けなくなったため、丸一週間延ばし二十二日・二十三日に延期し、ホテル予約も改め、ジパングも買い換えた。

次の象潟《きさがた》、この字の読み方が「きさがた」となかなか読めない。やっと読みなれたと思ったら「さきがた」になっていたりする、もちろん「きさがた」と辞書を引いても、地名を引いても出てこないし、パソコンで『きさがた』と打つととんでもない当て字が出てきて、

「象潟」は出てこない。「ぞう」と打って「象」を出し、次に「がた」を打って「潟」と出さないと出てこない。ＪＲの職員は間違わないだろうかと余計な心配をしてしまう。何十回か間違えているうちに何とか自分のなかでは狎れて来たようである。文献を見ると象潟を「奥の細道」の最北端と、どの書籍にも出ている。私は岩手県の「平泉」が最北端だと思っていたので、どちらが最北端か調べたい欲求が沸いてきた。しかし、どの文献にも「北緯何度」という正確な記載はなく一方的に決め付けている。仕方がないので平凡社の「世界百科事典」の日本地図で測定することにした。その結果、象潟は「北緯三十九度三分」、平泉は「北緯三十六度一分」であった。象潟が平泉より三度二分だけ北寄りであった。前述諸氏のお説の通り「象潟が奥の細道の最北端」であることを納得した。

芭蕉の象潟行きは酒田を拠点にして、酒田より十里（約四十㎞）を往復して、太平洋の松島に匹敵する日本海の象潟を見に行ったのである。現在、酒田市は山形県、象潟は秋田県のにかほ市になっている。芭蕉が秋田県入りして本州最北端に行ったのは象潟だけで、それ以後は日本海沿いに新潟に向かって南下する。いつもの通り、私は文献と地図上では何十回と紙上予習して、象潟の概要は頭に詰まっているが、実際行くのは初めてである。千住を出てから一年以上、東北新幹線を利用してきたが、今回からは上越新幹線で新潟に出て、新潟から羽越本線を利用して、秋田から新潟まで歩くことになる。酒田へ前回行っているので、酒田と象潟を歩くこともないだろうと、新潟から羽越線特急「いなほ」で象潟へ直行して歩けばよい計画にした。

九月二十二日（日）朝三時半に起き、出発間際までの毎回行事のように、細君が荷物を増やす世話焼きとひと悶着起こしつつ、大磯駅四時四十七分始発に乗り、東京駅に五時五十七分着、上越新幹線六時八分発とき三〇五号に乗り、新潟に八時十二分に着く。八時二十六分羽越線特急「いなほ」一号へ乗る。象潟に着くのは十一時十二分、六時間二十二分ＪＲへ乗りっぱなしである。これだけでもう「ＪＲの乗り疲れ」である。時間に追われて旅をしているが、沿線は稲刈りの時期である。新潟寄りの南部は稲刈りの準備か稲刈り最中だったが、秋田県へ近づくほど稲刈りは終っている光景が本州日本海岸を北上する羽越線風景であった。

象潟に着くや直ぐ、改札の駅員に「この辺に象潟の九十九島があるそうですがどの辺に行くのですか」と尋ねると、「駅の周りが全部ですよ」という。余りにぶっきら棒なので「この辺て、どの辺ですか」と聞くと、「そこに観光協会の案内がありますから、そちらで聞いて下さい」とかわされた。どうも、新幹線と在来線の駅員同士は縦割りで「私はここまで、後はあちらで」という旧国鉄的役人意識が残っている上に、職場の「縄張り根性」やその上「責任回避意識」が強いようで、それが「おもてなし」からますます遠ざかる「不親切」につながっているようである。観光協会の窓口の女性に聞くと、直ぐ案内図を出して「無料自転車も貸しています」という。もう何年自転車に乗っていないだろうと振り返ると五十年以上になる。歩くより楽なんだろうと考え、「お願いしようかな」と自転車置き場に案内され「小砂川《こさがわ》まで行かれるなら、小砂川駅で乗り捨てていただければ結構ですから」「小砂川から先の『吹浦』までは？」「小砂川まで秋田県で、吹浦は山形県になりますので、県内の小砂川までです」という。

酒田のホテルに五時までに着く予定だったのが、羽越線の列車が二時間に一本も出ていないので酒田に着く電車が十七時〇二分という電車以外になかったが、歩いては間に合わず、吹浦まで約二十㎞で発車時刻は十六時四十九分発、小砂川まで十一㎞で発車時刻は十六時四十三分である。自転車で小砂川までいけるなら、間に合うだろうと思った。無料自転車など全く予定外のことなので、咄嗟の判断である。ところが直ぐ「ごめんなさい。今連絡したら、小砂川は今日は無人で駅員がいないので、自転車はやはりここまでです」となった。

「予定は飽くまで未定にして、しばしば変更することあり」作戦要務令の名言どおりである。「余計な期待を持たせることは疲れの元である観光協会さん」と言葉を飲み込む。それよりも時間勝負で歩いているのでのんびり手続きで時間はとられたくない。直ぐ自転車に乗り出したが、ペタルの重さに驚いた。歩くときには足に重さがかからないが、自転車は脚力がペタルを踏む動力である。息子が生まれた四十歳に自家用車の免許を取り、八十歳まで自家用車、四十歳以前は自転車に乗った記憶は戦後二十歳代前半まで、やはり五十年以上自転車には乗っていなかった。市観光協会の「手書き地図」を見ながら、駅前から西に七号線道路に出て北に右折、象潟小学校を経て右折すると九十九島がチラホラ見えてきた。芭蕉は『奥の細道』で、

「象潟

江山水陸の風向数を尽して、今象潟に方寸を責。酒田の湊より東北の方、山を越え、磯を伝い、いさごをふみてその際十里、日影ややかたぶく比《ころ》、汐風真砂を吹き上げ、雨朦朧として鳥海の山かくる。闇中に模索して、『雨も又奇也』とせば、雨後の晴色又頼（母敷）もしきと、苫屋《とまや》に膝をいれて、雨の晴れるを待つ。その朝天能く霽《はれ》て、朝日花やかにさし出る程に、象潟に船うかぶ。先ず能因島に舟をよせて、三年幽居の跡をとぶらひ、むかうの岸に舟をあがれば、「花の上こぐ」堵よまれし桜の老木、西行法師の祈念を残す。江上に御陵あり。神功皇宮の御墓と云う。寺を干満寺（蚶満寺）と云う。この所に行幸ありし事いまだ聞かず。いかなる事にや。此寺の方丈に座して簾を捲けば、風景一眼の中に尽きて、南に鳥海、天をささえ、その陰うつりて江にあり。西にむやむやの関、路をかぎり、東に堤を築きて、秋田にかよふ道遥に、海北にかまえて、浪打ち入る所を汐こしと云う。江の縦横一里ばかり、俤松島にかよひて、又異なり。松島は笑ふが如く、象潟はうらむがごとし。寂しさに悲しみをくはえて、地勢魂をなやますに似たり。

象潟や　雨に西施が　ねぶの花

汐越や　鶴はぎぬれて　産み涼し

祭礼

象潟や　料理何くふ　神祭　　曾良

蜑《あま》の家や　戸板を敷きて　夕涼み　　みのの国の商人　低耳

岩上に雎鳩《みさご》の巣をみる
波こえぬ契ありてやみさごの巣　　曾良
」

と書いているが、芭蕉が見た三百二十四年前、元禄二（一六八九）年の象潟は、太平洋の松島と同じように、日本海の入り江の海に八十八島といわれた松が生えた小島が浮かんでいた松島より風光明媚とも言われた名勝であった。ところが、百十五年後、今から二百九年前、文化元（一八〇四）年六月、鳥海山の大噴火による地震で、多いところでは一・八ｍも隆起して、水があっという間に引いてしまった。残ったのは小さな丘ばかり、五百軒あった町は廃れ、旅人も来なくなってしまった。私が見た能因島もその他の九十九島（現在は五十七島〈丘〉）も、刈り終えた田んぼの中にぽつりぽつり小さな松の生えた丘が散在する風景だけであった。だから、奥の細道で芭蕉が見た日本海の入り江に浮かぶ象潟はなく、田んぼの中の象潟である。傍線の「松島は笑ふが如く、象潟はうらむがごとし」、松島と象潟を対比した名台詞はもう見ることは出来ない。何か松島の太平洋の華やかさと、象潟の日本海の寂しく厳しい様が浮かぶようであるが、想像でしかないのである。

　芭蕉が詠んだ句「象潟や雨に西施がねぶの花」の「西施《せいし》とは、中国の春秋時代越の国の美女といわれている。越王勾践《こうせん》が会稽《かいけい》に敗れたとき、勾践の臣范蠡《はんれい》が呉王夫差に西施を献じてその歓心を求めたという。西施は心臓を病んでいて、眉をひそめていたのを見た里の醜女が、そのようにすると美女に見えると真似たといわれている。そのことから『顰《ひそみ》に倣《なら》う』という言葉が生まれた」ほどの中国の歴史的伝説的美女である。芭蕉はこの中国人美女を象潟の雨になにゆえ模したのかは、中国の歴史が苦手な私にはさっぱり判らない。現実の私は、手入れの良くない、油切れした自転車の重いペタルを漕いで、百mも行かないうちに足が痛んできた。「自転車は歩くより楽」という常識は嘘であった。引き返すことも出来ず、そのうち馴れれば、自転車の効果が出てくるものと期待して、重いペタルと方向の定まらないハンドルをふらつかせながら、象潟の九十九島に乗り出した。象潟小学校の裏手、羽越本線踏み切りを越えたところの右手に能因島だったこんもりした松の生えた九十九島の中では大きい丘が田んぼの中に見えた。能因法師が三年間幽閉されていた島だという。そこを左に曲がり、こんもりした林を一回りすると芭蕉もお参りした自覚大師が仁寿三（八五三）年開山したといわれる蚶満寺《かんまんじ》に出た。自転車を置いて境内を歩いた。ボランティアガイドか、年配の人が近づいてきて「ここは山門だけが鎌倉時代の北条時頼が建てたといわれる古いものがある」と説明されたが、観光案内には出ていなかった。確かに山門に比較して大きくない祠と呼ぶくらいのお堂にお参りした。そう長くもない参道を出口のほうに戻ると、芭蕉の句碑や芭蕉の像や西施の像が立っている。

どうも象潟と芭蕉と西施の組み合わせにはもっと知れば納得できるのだろうが、私のなかではしっくりしない。私は短詩家ではなく散文家なので、田山花袋の「羽後の海岸」と司馬遼太郎の「街道をゆく」の一節を引用する。

「怨むがごとき幽艶にして清趣に富める一場の風景は忽然としてこの世のものにはあらずなりぬ。されど其の島の址、其の寺の址を思うに、この潟の美は蓋し鳥海山一帯の翠

微にありたるなるべし」（「羽後の海岸」田山花袋）
「それにしても、タテ・ヨコ一里の入江にたくさんの島が浮かんでいたというのは奇勝だったにちがいない。それがいま大地が盛りあがって、田園のなかに散在している。これも妙地というほかかない」（「街道をゆく」司馬遼太郎）
「怨むがごとき幽艶にして清趣に富める一場の風景は忽然としてこの世のものにはあらずなりぬ」という田山花袋の象潟観は、芭蕉と同じ「西施」を想像した象潟観と共鳴している感覚が何となく判るような気がする。中国の古典、四書五経を教養とした時代の文人感覚と現代の違いかもしれない。これに比べると司馬遼太郎は、現代風景を写実的に画いて我々現代感覚に共感するものがある。芭蕉が見た象潟は、日本海の入江の海に浮かんでいた。船を浮かべ、曾良の「旅日記」にも「夕飯過ぎて、潟へ船にて出る。加兵衛、茶・酒・菓子等持参」とあるように、舟で島々を遊覧し、適当な島に下りて、酒を飲みながら俳諧にふけるのが風流人の遊びだった。その海の上の象潟で西施を想像する芭蕉と、海は干上がり田んぼの中の象潟の現代と違うのは当然であろう。
私は重いペタルを踏んで七号線を超え「道の駅・ねむの丘」へ行った。四階の展望台から雄大な鳥海山、通称出羽富士の雄姿の全景が眺望できると聞いたからであり、羽越線の車内で買った「駅弁」をそこで食べようとも思ったからである。台風一過晴れ上がった青空を背景に、東の窓いっぱいの残雪か万年雪を頂く青い鳥海山が迫るように見えた。翌日も鳥海山は七号線を歩く私を追いかけるように鶴岡まで追ってきた。土産物は明日一日歩くため、特に珍しいもの以外は買わないようにしていたので、見ただけで「道の駅・ねむの丘」を後に七号線を逆に横切り、象潟駅に自転車を漕いだ。たった一㎞か二㎞漕いだ自転車で腿の筋肉が張り、膝に負担を感じた。もし勧められた通り象潟駅から小砂川まで十㎞を自転車で漕いだら、足が痛んでしまったろう。やはり小砂川までは歩こうと思いながら象潟駅に着いた。自転車を返還して時計を見ると十三時四十分であった。予定は小砂川十四時四十三分発、酒田十七時〇二分着の上りで行くつもりであったが、小砂川まで十㎞、最近の私の足で一時間三㎞で三時間かかる。その上自転車で足が痛んできていた。小砂川で次の上りに間に合わなかったら、酒田のホテルの予約を一時間遅れてしまう。時間表を見ると十三時五十三分発、特急最上川が直ぐ来る時間だった。咄嗟に小砂川までの歩きを中止し、特急最上川へ飛び乗っていた。

再び酒田へ

自転車の漕ぎ疲れのためか、電車の中は酒田まで熟睡していた。寝呆け眼で酒田へ降りて、ホテルへの時間は二時間あるので、酒田市内のどこかへ行こうと、うろうろしているうちに、駅の出口の二、三段の石段で足を踏み外し、見事に大きく転倒した。「大丈夫ですか」と周りに人が寄って来た。よほど派手に転んだと見える。自転車といい、この転倒といい「今日は足の厄日だ」と思いながら、やっと立ち上がった。どこも痛みは感じなかった。「いや、大丈夫です」と周りの野次馬さんに例を言いながら、うろうろの続きで歩き始めた。

考えて見ると相当に派手な転倒にもかかわらず、痛みもないのは無意識に受身を取っていたのだろうと思った。

駅前の案内板で、比較的駅近くの「本間美術館」へ行こうかと歩き出した。酒田港は寛文十二（一六七二）年、河村瑞賢一行五十六人が加賀や九右衛門宅に宿して、西回り海路を開いて以後、毎年二千五百艘から三千艘の船が入る東北最大の港となり、庄内米の最大輸出港として豪商が軒を連ねた。「本間家」も酒田三十六人衆の上位を占めた豪商の一人であった。四代本間光道が鳥海山を借景として文化十（一八一三）年に建てた別邸庭園「鶴舞園」がある。昭和天皇も皇太子時代に宿泊している豪邸が本間美術館である。本間という姓は、日本環境学会の運営委員会で十年間以上一緒だった、東京農工大学農学部長で日本学術会議会員だった本間 慎さんを思い出したからである。彼は新潟県の佐渡出身だから、山形県酒田の本間家とは関係ないかもしれないが、その後フェリス女子大学学長になり、現在は佐渡で自然環境保全関係の専門学校を引き受けている。フェリス女子大学時代、私の職場も同じ横浜で近かったこともあって、洗剤汚染関係の臨時講師を二、三度引き受けたことがあった。こういう毛並みのよい連中が国立や著名私学大学の学長になっていることが多いので、関係があるのかも知れないと勘ぐったまでである。

芭蕉は酒田に八日間滞在し、三つの句会に招かれている。「涼しさや　海に入りたる最上川」あとで「暑き日を　海に入れたり　最上川」と推敲されている句も酒田の句会で作られている。ここで小一時間過ごし、〈さかたセントラルホテル〉の場所を聞き、十五

第36日目2013年９月22日（日）
予定コース：象潟—酒田　天候：晴れ

時分	出発場所	到着場所	歩数	距離(km)	買物	金額	適用
4：47	JR大磯				ジパング	21,310	
5：52	東京	上越新幹線 とき305					
8：12		新潟					
8：26	新潟羽越 いなほ1号				駅弁	1,050	
11：12		象潟	6,530	3.92			
13：53	特急最上川		21,634	12.98	切符	650	
14：24		酒田駅			本田美術館	900	
17：10		酒田セントラ ルホテル	26,757	16.1		6,055	
日 計			26,757	16.1		29,965	
累 計			1,057,673	634.6		464,180	

分ほど歩いてホテルに着いた。ここはシングルで二食付六千五十五円の格安ビジネスホテルであった。

この日は二六、七五七歩、十六・一㎞歩いた。千住から一、〇五七、六七五歩、六三四・六㎞歩いて来た。東海道五十三次よりやっと百㎞を越えたところである。

第三十七日目　九月二十三日（月祝）

酒田―鶴岡

翌朝六時に目を覚ますと、昨日転んだときに打った左足が痛んだ。右膝も少し痛みがある。「やられた」と思った。このようなときに限って、貼り薬を持ち忘れていた。リュックをかき回すと、包帯用の生地の薄い粘着テープが入っていた。靴下をいつも通り二枚履き脛当てを穿き、傷む左足の膝をぐるぐる捲きに固定した上に、膝のサポーターを取り付けた。左足の腿の裏に二本出血していた擦り傷も発見したので傷薬を塗った。これで歩けたら歩いてしまおうと思った。七時朝食に二階の食堂へ降りたが、固定された左膝の痛みは抑えられているようである。これなら歩いているうちに忘れてしまうだろうと思った。まさに即席乱暴応急手当である。

芭蕉は北限の象潟を最後にここ酒田から一路越後へ向けて南下するわけであった。私も今日から、越後へむけて、更に越中、加賀、越前へと南下するその第一歩である。あちこち歩いているうちに、東西南北方向感覚が不明になってきたが、八時二十分〈さかたセントラルホテル〉前の路を北へ一直線に進むと酒田市役所にぶつかった。祝日で市役所は休みである。右（西）に曲がると四つ角があり、交差している東西の路が県道三五三号線である。この道を北に進んで行くと目指す国道七号線にぶつかると教えられてきた。ホテルから六、〇五一歩、三・六一㎞、九時三十五分のところで七号線にぶつかった。「新潟・鶴岡方面」へ右折する。ぱったりと人家がなくなった。十分ほど歩くと直ぐ最上川に架かる両羽橋を渡る。ホテルから六、六八六歩、ちょうど四㎞一里歩いたところであった。ここから歩道がなくなり、右に左に小さな陸橋をいくつか潜って、やっと七号線に戻って後ろを振向くと、出羽富士といわれる鳥海山が富士山と同じ二等辺三角形の稜線で晴れた青空に聳えていた。この日はずっと鳥海山に背中を見られながら歩くことになった。

十時十五分酒田市京田、八、八五四歩、五・四㎞に来ていた。路の両側は刈り入れ真っ最中の田んぼばかり、しばらく歩くとガソリンスタンド、修理工場、食品工場が並んできて、十一時、一一、七八三歩、七・一㎞歩いた所に「中村バス停」があった。酒田往きのバス停であった、次は十四時発で五時間待たないとバスは来ないということである。ということでバスは一日に四、五本出ていれば良い方である。しばらく歩くと郵便局が見えた。十一時四十分である。「羽前広野郵便局」と書いてあった。今日は休みなので入り口の石段で休ませて貰う。一五、二六五歩、九・二㎞歩いたところであった。十分ほど休んで歩き出した。人通りがなかったが、たまたま自転車の高校生ぐらいの少年が通りかかったので、「この近くに、食堂はありませんか」と聞くと黙って首を左右に振って、通り過ぎてしまった。きょろきょろと食堂を探しながらしばらく歩くと、七号線から左折する県道三三三号線があった。これが鶴岡への県道であろうと、多少の不安があったが左へ曲がった。直ぐガソリンスタンドがあったので、「この路が鶴岡往きのバス道路ですね」と聞くと「ああ」と答えがあった。「どこかこの辺に昼飯を食べるようなところはありませんか」と聞くと「すぐそこにコンビニがあるけれど、しばらく歩いてもらえば、ラーメン屋がありますよ」とほっとする答えが返ってきた。

そういえば、足がどうなっていたか完全に忘れていた。思い出したということは、痛み出したということで、実は家へ着くまで忘れていたのが本当である。十二時三十分、コンビニに入った。真夏日は過ぎたが、昨日も今日も幸いよく晴れていたが、日除けを垂れ下げ、サングラスを架け、汗だくであった。ソフトアイスが食べたくなっていたが、アイスボックスにソフトがなかった。仕方なくチョコレートバーのようなものを買い求めた。代金を払って直ぐ口に入れた。口の中に広がる冷気が体中の熱気を下げるかと思う清涼感があった。そのときコンビニの出口のアイスボックスに半額のソフトアイスが入っていた。ああ、本当はあいつが欲しかったのにと思ったが後の祭りである。三三三号線をアイスバーをしゃぶりながら「しばらく歩いたところのラーメン屋」を見つけながら歩き続けた。三十分歩いた所に旅館と同じ軒下に〈ラーメン屋はらだ〉があった。二〇、七三六歩、十二・四四㎞歩いていた。ちょうど十三時だった。味噌ラーメンと餃子を頼んだ。餃子は五個、味噌ラーメンはもやしが富士山か鳥海山のように大盛りになっていた。満腹になった。九五〇円であった。「バス停までは、戻った方が近いか、先へ歩いた方が近いか」と聞いた「ちょうど、中間ですね」若い夫婦の女将が答えた。実は羽越線「鶴岡」駅を十六時十二分の「いなほ十二号」の切符を買ってあるので、それに間に合うためには、歩きだけでは間に合わないようである。次の十四時代のバスに乗らないと間に合わないかも知れないと思い始めていたからである。

ラーメン屋を出てしばらく歩くと、十三時五十五分、二二、二六三歩、十三・四km歩いた所に「鶴岡まで九km」の道路標識が出ていた。九kmは私の現在の脚力では三時間かかる。そうすると鶴岡まで十六時十二分に着くことは出来ない。十四時半のバスに乗らないと間に合わないと判断した。後ろを振向くと鳥海山、前には月山、湯殿山、羽黒山の連山が遠く連なっていた。直ぐ「押切りバス停」があった。ちょうど十四時になっていた。バスは十四時三十六分に来た。五、六人と少ない乗客だった。座席に座ると景色が走るように後ろに飛んでいき、歩かずに自動車に乗せられていく楽さ加減と、歩く大変さが身に沁みるより、足が痛みだした厳しさで痛感した。歩くと三時間かかる鶴岡駅に一時間半足らずで着いてしまった。十五時五十分になっていた。JRの〈ニューデイズ〉の売店で家にかたちばかりのおみやげを買うと間もなく十六時十二分の「いなほ十二号」が来た。新潟まで熟睡して、新潟についても一人座席に寝込んでいて、車掌に起こされた。

今日はここまで。あとは逆に上越新幹線と東海道線で帰り、家についたのは十時二十分

第37日目2013年９月23日（月祝）
予定コース：酒田—鶴岡　天候：晴天

時分	出発場所	到着場所	歩数	距離(km)	買物	金額	適用
8：20	酒田セントラルホテル						
9：00	353号線	千石町二丁	3,517	2.1			
9：35	7号線右折		6,051	3.63			人家無
9：45	両羽橋	最上川	6,686	4.0			新潟165、背鳥海山
10：15	酒田市京田		8,854	5.3			
11：00	中村口	バス停	11,783	7.1			
11：40	羽前廣野	郵便局前	15,265	9.2			
11：50	出発						
12：00	7号線		16,944	10.2			前月山、背鳥海山
12：30	333号線	左折コンビニ			アイスバー	270	
13：00		ラーメンはらだ	20,736	12.4	餃子ラーメン	950	
13：40	出発、鶴岡9km	標識	22,263	13.4			
14：00	押切バス停		22,380	13.5			
14：36	鶴岡往き	バス乗車					
16：12					土産	2,000	
16：50	鶴岡	鶴岡駅			土産	3,500	
18：06		いなほ12号					
18：42	新潟	新潟					
21：00	東京	とき346号					
22：30		帰宅					
日計			22,380	13.5		6,720	
累計			1,080,053	648.0		470,900	

だった。今日歩いたのは二五、三二一歩、十三・五kmで合計一、〇八〇、〇六三歩、六四八km。東海道五十三次を一二〇kmばかり超えたところまで来た。

第三十八日目　十一月九日（土）　晴天

鶴岡—温海温泉

十月は、二十六日(土)、二十七日(日)を計画し、交通手段、ホテル予約も取ってあったが、二十七号台風が東北日本海側通過の予報と重なり、その後、陸士同期生会やら「エッセイの会」の例会があり、中止、予約を二週間延期して、この日やっと出かけることができた。このため十月の歩き旅は全部潰されて残念であった。今回の計画は延期になったが、初めて深夜高速バスを利用する事を試みた。深夜バスは三十五年も前、三重大学からの帰り、飲みすぎて名古屋で新幹線下り終電に乗りそこない、名古屋から東京まで利用し、そのまま朝川崎の職場に出勤して以来である。泥酔していたからバスの中は前後不覚に寝入って、乗り心地など分からない。まだ若さの体力もあって、次の日の勤務も実験にも支障をきたすこともなかった。その後初めて乗る深夜バスはどのように改良されているのか、相変わらずか。

今回は、山形県鶴岡から新潟県村上まで日本海羽越街道（七号線）に沿って約七十三kmを歩き、一日目〈あつみ温泉〉で一泊して『奥の細道』をなぞって歩くつもりである。

平成二十五年十一月八日（金）、東京駅北口二十二時二十五分発、酒田、鶴岡往き深夜高速バスは目的地の鶴岡へ直行であった。出発は新宿駅前であるが、東京駅丸の内北口前に寄って行くバスがあったので、東京駅から乗る予約が取ってあった。睡眠薬代わりに〈ワンカップ〉の日本酒を買い込み、バス停で待っている間に飲み干した。定刻二十二時二十五分の十分前にバス二台で現れた。私は二号車の進行方向右側の窓際の前から二番目の席に乗った。通常のバスは真中が通路で両脇に二席ずつ、一列が四席であるが、両窓際に一席ずつ、真中に一席三席、通路が席ごとの間に通っていて、三席が一列になっており、一人一人独立した椅子で個室同様になっていたのには驚いた。その上、運転手のアナウンスですでに窓は遮光カーテンで閉められ、前後左右も遮光カーテンで囲い、完全に個室の座席になっていた。

バスが走り出すと消灯され、大きく後に倒れるリクライニングの椅子で暗闇の中での寝心地は、極めて良好である。三十年前とは格段の改良である。これなら明日、寝不足で歩くという支障をきたすことはないという安心感も加わり、〈ワンカップ〉の酔いもあって、いつの間にか眠りに入った。おまけにトイレつきで、途中トイレ休憩もない。家でもそうだが夜中にトイレで目覚めることもないが、運転手の声で目が覚めると、目的の鶴岡に近づいていて、到着時刻の午前五時半になっていた。慌ててリクライニングを起し、靴を履いているうちに、定刻より二十五分遅れで〈東京第一ホテル鶴岡〉前に着いた。ここで運転手からホテルの朝食バイキングの割引券を渡され、バスは終点の酒田へ出発した。リクライニングで寝た節々の痛みなどなく、極めて寝心地よく、寝覚めも良好だった。もっと好いことに、空は晴天、延期した甲斐があったというものである。思わず空を見上げる。

ホテルの朝食は六時半からであった。食堂前にはどこかの野球部の高校生が二、三十人並んでいた。洗面所で顔を洗いうがいをして、食堂へ戻ると高校生がバイキングの料理置き場に群がっていた。受付で割引券を出すと「高校生で混んでいますから、少し後がよいのではないですか」と言われたが、「席が空いていれば、少しでも早く出掛けたいので」と受付を通った。私は和食の定番、納豆に卵だけあればよいが、ハムや魚野菜の煮物などを選んで、味噌汁と米飯を皿に揃え、出入り口近くの空いている席で、ゆっくり出来ない朝食をかきこんだ。茶を一杯のみ、コーヒーを一口飲んで、はーっと一息つき、席を立ち、受付に「ご馳走様」と言って食堂を出た。洗面所で口をすすぎ、マウスピースを挿入した。

今日は温海温泉まで約二十九・八㎞を歩くつもりである。一日二十㎞以内の制限をどの辺で切り上げるか、羽越線「三瀬」か「小波渡」を考えている。七時二十五分出発、ホテル前の道を西に進むと県道三三二号線に出た。これが旧国道七号線である。七号線を南に進めば新潟に着く、酒田を出たときから変わらない道である。耳が冷たい、冷え込んでいる。毛糸のスキー帽をかぶり耳を隠すと暖かさを感じた。三十分歩いた所に〈ＩＺＵＭＩ主婦の家〉という、まだ開いていないスーパーの前を通った。四、三三二歩、二・六㎞歩いていた。左手に大きな赤い鳥居が見え「三宝荒神社」と矢印があった。交差点に着きコンビニに入り、忘れてきたボールペンを買った。鶴岡市美咲町と地番表示されている。八時半、八、七八四歩、五・二七km歩いたところの左手に「南岳寺即身仏」の矢印があったが割愛した。気が付くと汗をかいていた。綿入れの上着を脱ぎ、スキー帽を脱いだ。

九時十分、一時間四十分ほど歩いたので小休止した。椅子つきのリュックをやめ軽いリュックに変えたので、道中座るところに苦労する。やはり重くても椅子付きリュックがよいかなと迷いが出る。人家のコンクリート塀に腰掛け、魔法瓶のまだ熱い茶を飲む。美味い。九、二〇七歩、五・五二km、九時四十八分、鶴岡市白山でちょうどT字路になって新国道七号線にぶつかる。一一、三四二歩、六・八km歩いたところである。ここから左、南に向かって一路新潟へ進むわけである。白山まであった商店や民家が急に無くなった。

しばらく歩くと鶴岡市中清水、十時二十五分、一四、二三三歩、八・五四km歩いたところに「新潟百四十km・村上七十九km」の道標が出ていた。気が付いて周辺を見ると、進行方向遥か後方、北方には秋田県のもう雪を頂いた鳥海山を背に、この近く前方には、月山、羽黒山、湯殿山の出羽三山が聳えているが、残念だがどれがどれだか分からない。路の両側は刈り入れの終った田んぼの後に丘陵が続いている光景がずっと同じまま。「日本海羽越道」と言っているが前回の酒田から今まで日本海が見えない。しばらく歩くと、山形自動車道と交差し、その陸橋の下を潜って進む。この辺りが奥の細道にも曾良の旅日記にも出てくる「大山」の近くである。

「**越後路**

酒田の名残日を重ねて、北陸道の雲に望む。遥遥のおもい胸をいたましめて、加賀の府まで百三十里と聞く。鼠の関をこゆれば、越後の地に歩みを改めて、越中の国一ぶりの関に到る。此の間九日、暑湿の労に神をなやまし、病起こりて事をしるさず。

文月や　六日も常の　夜には似ず

荒海や　佐渡によこたふ　天河

」

「奥の細道」には酒田から、山形と新潟の境、鼠の関を越え、富山まで九日間をこのように簡単にしか書いていない。曾良の「旅日記」にも、

「一　元禄二年七月二十五日（新暦八月十日）吉。酒田立つ。船橋まで送られる。袖の浦に向かう。不玉父子・徳左・四良右・不白・近江や三郎兵・かがや藤右・宮部弥三郎等也。未の剋、大山に着。状添て丸や義左衛門方に宿。夜雨降る。

◯　二十六日　晴。大山を立つ。酒田より浜中へ五里近し。浜中より大山へ三里近し。大山より三瀬へ三里十六丁、難所也。三瀬より温海へ三里半。この内、小波渡・大波渡・潟苔沢の辺に鬼架け橋・立岩、色々の岩組景地有。未の剋、温海に着。鈴木所左衛門宅に宿。弥三良添状有．少手前より小雨す。暮に及び、大雨。夜中、不止。」

と、覚え書き程度にしか書いていないが、私が、ちょうど今歩いているところあたりを曾良の旅日記は書いている。この辺から由良へ長い峠の昇り道である。

だんだん昼飯の時間が近づいているのに、相変わらず食堂がない。左の歩道を歩いてい

たが、右手にラーメン屋の幟が見えたので、車の合い間を縫って右側へ横断した。目の前に説明板があった。「横光利一の『夜の靴』の舞台羽前水沢」とあって、水沢と小説の舞台羽越線水沢駅周辺の略図が示されていた。早稲田文学の小説の神様と言われた横光利一は、わが師でもある八木義徳の恩師でもある。帰宅後筑摩の文学全集の横光利一集の中に「夜の靴」はなかった。何か感じるもの取っかかりがないのが残念である。旅のエピソードになるようなハプニングは何も起こらなかった。その並びにラーメン屋があった。今は十一時五分、まだ昼時には早いが数少ない食堂を更に難儀する事を考え、その方が切実である。飛び込む。暖簾開けの最初の客が私である。味噌ラーメンと餃子を頼む。街道筋のラーメン屋を何十軒か食べ歩いたが、皆それぞれ特徴があって、不味くて食べられぬラーメンに出会ったことはない。その点では日本の何処のラーメン屋のどんなラーメンも無条件に信頼している。この七号線水沢の〈つばくろ〉ラーメンも蓮華で味噌味を口に入れると、抵抗なく平均的味噌味が口に広がり、一気に食べ終わる。餃子も同様平均的日本の餃子の抵抗のない味であった。「平均的」「抵抗なく」ということは、日本人の三食の食事にとって重要なことだと思う。日本中のラーメンが「平均的」「抵抗なく」味覚を保っていることは、社会的には平和であり、健康的には健全であることのバロメーターだと思わざるをえない。

カウンターでそばを茹で、餃子を焼く若い夫婦と世間話を交わす。「お客さん。歩いてなさるんですか」「ああ、今日は鶴岡から温海温泉まで。日本海羽越街道七号線といっても、鶴岡から十km歩いてきたが、まだ日本海を一度も見ないね」「ああ、ここから峠になって、二番目の由良の峠まで行くと、路が右に折れて下り坂になったところあたりで見えて来ますよ。それはいい眺めですよ」と自慢そうに言った。餃子と味噌ラーメンを平らげ、洗面所で歯を磨き、マウスピースを入れた。「ご馳走様。旨かった」と言っても「平均的」「抵抗なく」旨かったである。これはお世辞か、挨拶か、祈りのようなものか、やはり「ご馳走様」である。店は全座席が埋まっていた。

私は、午後の旅の第一歩、水沢の峠を登りはじめた。新潟百三十七km、村上七十六km、逆方向に酒田二十km、秋田百三十kmの標識が出ている。ここまで二〇、一六三歩、十二・一km歩いていた。長い峠だった。峠の頂上が近づいてきた頃「金山口」の標識が出ていた。ここは金山峠とでもいうのだろうか。「熊の出没に注意」の立看板が出ていた。その頂上から下りではなく、また登りが始まっていた。由良峠であった。峠は登り詰め、下り坂になってほっとするが、また登りだといささかうんざりする。下り坂が少し右曲がりになって来た。曲がると下り坂の先に日本海の水平線が現れた。ラーメン屋の若親父が自慢した日本海の眺めであった。二九、九九一歩、十八km歩いた所であった。峠を降りたところから、路は右が日本海、左は山が迫った街道になっていた。

しばらく歩くと大きなトンネルにぶつかった。その手前に三瀬《さんぜ》駅へ約一kmの左折矢印があった。歩数計も三五、二一〇歩、三万歩を超えていたので、一日制限距離二十kmを越え二十一・一三kmになっているので、三瀬駅に向かって左折した。これが一kmかと思うほど三瀬駅までの距離が長かった。トンネルがあっただけあって、道の右側は山が迫っていた。芭蕉たちはこの山を越えたわけだから「難所也」とだけ書いていたが、今歩いて来た数㎞の峠のコンクリートで舗装された登り道を歩いた辛さと、砂利の自然道を歩いていた芭蕉たちの「辛さ」は質的に比較にならないほどであったであろう。現代人はトンネルを潜って山を越すが、芭蕉たちのようにトンネルの上の山を峠越えする「辛さ」が「難所也」と言う。芭蕉は随所で馬に乗っているが、芭蕉にとっては、「歩く」ことが目的でなく。俳諧の「旅」が目的だから、馬でも駕籠でも舟でもよかったわけである。私は歩くことが目的であって、俳句も素人で俳諧をするつもりもない。「奥の細道」は目的でなく、たどって歩くための参考「経路」のつもりである。その上八十五歳の年寄り爺のために、家人から「一日二十㎞以内」の制限つきである。その上、気儘な一人旅である。雨風や、体力が衰えてくれば、芭蕉が馬に乗ったように、バスでもタクシーでも乗ってしまう。「奥の細道」を忠実に歩くのでなく、「奥の細道崩し」を放浪する独り歩き旅に化しつつある。

三瀬駅から羽越本線上り十五時二十七分に乗り、十五時四十五分に温海駅に着いた。今日予約してある〈三国屋〉は駅から五分と聞いていた。駅を出ると目の前が日本海である。だらだら坂を右折して降りると、鉄道に平行した小道があった。右か左か分からないのでうろうろする。海に向かって、階段があり、海の前が七号線のようである。温泉街のような町並みは見えない。下の路に引き返し、地元の人のような五十がらみの男の人が来たので聞くと、北の方角をさして、あの正面が〈三国屋〉だと教えてくれた。路地沿いの入り

第38日目2013年11月９日（土）
予定コース：鶴岡―あつみ温泉　天候：晴天

時分	出発場所	到着場所	歩数	距離(km)	買物	金額	適用
22:25	丸の内北口				酒つまみ	343	
6:00		東京第一 ホテル鶴岡				7,540	國際興業
6:30	朝食				バイキング	1,000	
7:30	出発、332号	旧7号線					冷こむ
8:00	イズミ主婦の家		4,332	2.6			
8:30	美咲町 コンビニ	三宝荒神社、 南岳寺即身仏	8,784	5.27	ボールペン	95	上着脱ぐ
9:10	小休止		9,207	5.52			
9:47	新7号左折	白山	11,342	6.8			
10:25	中清水		14,233	8.54			村上79、 新潟140k
11:05		ツバクロ（昼食）	17,070	10.2	ラーメン	980	
11:45	出発						横光利一 「夜の靴」舞台
12:20	新潟137k	村上76k	20,163	12.1			水沢駅、酒田 29k、秋田130
12:35	金山峠	金山口	21,500	12.9			
12:46	由良峠	熊出没注意標識	22,235	13.3			
13:15	峠下り		29,991	18.0			日本海水平線
15:27	三瀬駅		35,210	21.13			
16:10		三國屋旅館				7,700	0235-43-2055
日計			40,210	21.13		17,658	
累計			1,120,273	672.2		488,558	

口は料亭になっていて、裏の七号線側に旅館の入り口があった。玄関に入って、人を呼んだが誰も返事をしないし出てこない。留守かと思って、外へ出て周りを探したが人気もなく、また引き返して何回も大声を上げて人を呼んでやっと、女将さんらしき人が出てきた。三階に案内されたが、エレベーターがない。少々左足の膝を痛めているので、三階までは苦労した。風呂は地下一階、食堂は一階である。三階で昇り降りするのに、エレベーターなしは辛い。

「もう風呂は沸いていますからどうぞ」と言われて、早く汗を流したいと傷む膝を庇いながら地下の風呂に入ると冷たい水風呂であった。温泉が湧いてないのである。慌てて風呂を出た。風邪を引いてしまう。水風呂で汗を流したことにして、早く着替え、テレビをつけると「ただいま受信できません」と出てきた。一番明日の天気予報が気になるのに、テレビが受信できない。とんだ温海温泉だった。それでも風邪も引かず、午後七時に夕飯を食べた。もちろん熱燗一本を飲み、畳の部屋に敷きっぱなしの布団にもぐると、夜行バスと二十㎞歩いた疲れで直ぐ寝入ってしまった。

第三十九日目　十一月十日（日）　風雨

温海温泉―村上

四時に目が覚め、窓を開けると空はまだ暗いが曇っていた。相変わらずテレビは点かず、天気予報が分からない。もうなかなか眠れない。六時半まで布団の中でやきもきする。我慢できなくなって「朝食は何時から」と聞く。「何時が宜しいですか」「なるべく早くしてもらいたい」と電話を切る。七時半になって「用意が出来ました」と電話があったので、それでも卵・納豆・味噌汁がついていたので急いで朝飯を平らげた。早々に身支度を調え何回目かの三階を降りて玄関に来た。七千七百円の領収書がつきつけられた。八時玄関を出ると風が戸をぶつけるように吹き、雨が今にも降り出しそうに雲が暗く低く垂れ込めていた。

旅館の前が七号線でその向こうが日本海である。この路を南に進めば今日の目的地の鼠ヶ関は道沿いにあり、その道の先には村上がある。温海から村上までは四十三㎞ある。一日二十㎞の制約だと二日間の行程である。芭蕉の「奥の細道」でも越後（新潟）路の行程の細目は省いているので、新潟は早く通り過ごそうと思っているので、四十三㎞を一日で突破しようと考えている。温海から二十㎞歩いて、後は村上まで電車にしようと、ずるい考えを持っている。当面、目先の鼠ヶ関まで歩こうと足を左、右と一歩ずつ出し歩き出した。まだ一㎞も歩いていないのに、大粒の雨がポツリポツリ降り始め、風が吹き始めた。右の日本海は昨日の晴天の海の色はなくなっていた。どす黒くうねっていた。強い風で傘はさせそうもないので、軒先のある家も少ない中やっと見つけた軒先を借りて、雨合羽を出してズボンを穿き、上着を頭からかぶったが、リュックが入らない。前のリュックは自衛隊の払い下げ品で防水が強く効いていたが、折りたたみ椅子付きで重いので、木綿の軽いリュックに変えてしまった。このリュックだと雨が滲みこんで中の荷物も濡れてしまうだろう。誰か人が通れば後ろからリュックの上へ雨合羽をかけてもらおうと歩きだしたが、なかなか人が通らない。だんだん雨が激しくなってくる。やっと、向こうから女性が来たので、その事をお願いすると、「分かりました」と後に回って、リュックを合羽で覆ってくれようとしたが、なかなか、きつくて入らない「もう少し」と諦めずに頑張ってくれたが、途中でどうしても入らなくなった。「すいません。結構です。このまま何とか歩いてみます」と頭を下げて、中途半端に合羽が覆ったまま歩き出した。

雨と風はだんだん激しくなり、まともに前を見て歩けなくなった。その中を歩き出して二時間、十時半、一五、三五二歩、九・二一㎞まで歩いて来たとき、路の山側、左手に黒造りの冠木門があって、「鼠ケ関」と標柱が立っていた。門の前の説明板には福島県にあった「白河の関」「勿来の関」と並んで奥州三関の一つが「鼠ケ関」である。古代は奥州の蝦夷の侵入を防ぐための関であったが、それを「古関」と呼び、その後の「新関」と場所も別々にあったように記されている。ここは義経が頼朝から追放され、日本海を舟できて、ここから上陸をしたところでもあった。鼠ケ関について調べると、

「古くは蝦夷進出の拠点となり、磐舟柵と出羽柵の中間にあるとされた、都岐沙羅柵が鼠ケ関周辺にあったのではないかと推定されているが、史跡が発見されていないため、史実として確定していない。村上市教育情報センター・村上市立中央図書館のウェブサイト・古代の郷土・磐舟柵の解説によれば、日本書紀（西暦六四六年）の「是歳、越国

の鼠、昼夜相連りて、東に向かひ移り去く」の「越国の鼠」とは内陸に住む蝦夷のこと、また、前年の大化元年（六四五年）十二月の『越国言《もう》さく、海の畔に枯査東《うきき》に向きて去りぬ』の記述「海の畔に枯査」を「海浜に住む蝦夷のことである」としている。

白河関・勿来関とともに奥羽三関と呼ばれ、東北地方への玄関になっていた。当時の文書には根津とする表記もある。一九六八年（昭和四十三年）に発掘調査が行われて存在が確認され、鶴岡市指定史跡「古代鼠ヶ関址」となった。

江戸時代には念珠関と呼ばれており、現在の県境より一㎞ほど北にあって、一八七二年(明治五年)に廃止されるまで北国街道と羽州浜街道の境となっていた。一九二四年(大正十三年）頃に「史蹟念珠関址」として内務省指定史蹟に認定。その後、古代鼠ヶ関址の発掘によって一九八九年(平成元年)に鶴岡市指定史跡「近世念珠関址」となった。「念珠関」の表記は一八八九年（明治二十二年）から一九五四年（昭和二十九年）まで存在した自治体「念珠関村」にも使われていた。

海に突き出した弁天島は源義経の東下り縁の地である。現在は灯台が設置されており、付近を航行する船舶の目印となっている」

左の日本海側から吹き付ける強風が大粒の雨を合羽の上から叩きつける音を聞きながら説明を読んでいた。雨風が激しくなって、歩くと風に押し返されそうになってきた。七号線を避け、少しでも風を防ぐために裏道を歩いた。二、三百ｍで直ぐ本道と合流し、強い雨風に逆らいながら、ゆっくりゆっくり進んだ。今日は村上まで約四十七㎞歩くのが目的だが、一日二十km以内の二倍以上で無理な行程である。二十kmは歩くつもりで出発したが、この強い風と雨ではそれも無理になりそうである。

遠くに〈ツルハドラッグ〉という看板が見えた。あそこまで行けば、リュックも被せる合羽があるだろうと歩いていった。雨風はますます激しくなり、このまま雨風が続けば歩くことがますます困難になると思いはじめた。高い天井の大きな店の中に入ると、外の風雨の音は消え、明るい照明と暖房が暖かった。中途半端に着ていた合羽を脱ぎ、「雨合羽は置いてないですか」「それは、一番奥のホームセンターです」と言われた。ドラッグストアなら薬剤師がいるだろうと聞くと、皆白衣を着ていたが「薬剤師はいません」と言う。話の切っかけをへし折られたようになったが、「実は、僕は薬剤師で同業の誼《よし》みで、お願いできないかと思ったんですが」と切り出した。「ご同業でなくても、できることなら、いたしますから」と、もう年齢は半分か三分の一の白衣の若者が親切に言ってくれた。「実は、店の前にあるバス停の時間表だとバスは出たばかりで、次の来るのが二時間後なんです。この町にタクシーはありませんか」「ああ、この鼠ケ関にも一台あります。呼んで上げますよ。そのくらいの便宜はいつもして差し上げていますから」と店長らしい白衣の四十がらみの男性が言ってくれた。「お願いできますか」「ああすぐと言っても、急な雨で直ぐには来ませんが、必ず来ますから、お座りになってお待ち下さい」「有難う御座います」ということになった。

左膝が痛みがちなので、幅広の粘着包帯と缶コーヒーを買って、入り口脇の長椅子に腰

第39日目2013年11月10日（日）
予定コース：あつみ温泉—村上　天候：風雨強

時分	出発場所	到着場所	歩数	距離(km)	買物	金額	適用
8:00	三國屋旅館						
10:30	鼠ヶ関		15,352	9.21			
11:10	ツルハドラッグ		20,211	12.13	雨具	2,500	
11:20	府屋駅	村上	32,659	19.6	土産	3,870	
11:30	村上						
12:30							
13:59	新潟				弁当	684	
16:00							
16:10		東京					
17:30		大磯					
					タクシー合計	7,700	
	新潟MAX とき338号				ジパング	9,945	
日計			32,659	19.6		24,699	
累計			1,152,932	691,8		513,257	

掛けた。タクシーは三十分ほど待つと現れた。店長にお礼を言って、ますます激しくなった風雨の中をタクシーに乗った。今日はこれで村上までは中止にしようと思った。急行の止まる羽越線「府屋」駅までタクシーに行ってもらった。「急行は今不通のようですよ。秋田発ですからね。いつも北からやられますから」という。次に「どうしますか」と言われたが、どうしようもない。ともかくどんなに時間がかかっても新潟までは行こうと決めた。「府屋まで行ってください」

府屋駅に着くと運転手は駅に飛んでいって引き返し「やはり急行は不通だそうですよ。どうします」と言う。私が諦めてもう一泊するのを促しているようにも見えて、頑固爺の首がもたげてきて「いや、行けるところまで行きます」とタクシーを降りた。歩数計は三二、六五九歩、十九・六㎞歩いていた。四捨五入すれば二十㎞である。今日はこれで終ろうと思った。府屋駅で二十分待たされて、普通「村上」往きが来て、村上で三十分待たされて、新潟行き特急「いなほ八号」に乗れたし、新潟では上越新幹線「Ｍａｘとき」の臨時列車の十五時五十九分発の自由席に乗れた。東京には十六時十分に着き、家には十七時半についた。あまり早く着いたので、孫子共々驚いていた。「雨と風が強くなったので、歩くのをやめ、途中タクシーに乗てしまった。急行も遅れたが何とか着いてよかった」と大荒れの新潟入りは終った。

十一月十九日（火）

第四十日目　十一月二十三日（土）　晴れ

村上—新発田

前回は「歩き旅」で初めて高速バスを利用したが、今回は、出発日始発からJR東海道線が点検か何かで運行中止されるとテレビで流れた。慌てて出発前夜の高速夜行バス便を調べ、新宿二十二時四十分発の新潟行きの予約を取った。前回夜行高速バスが快適だったので、これもまた好しかと思っていた。しかし窓際の座席が狭く、体の大きい私には前回のバスほど快適とはいえなかった。もしまた乗る機会があれば、中央の座席でないと横幅も縦長もある私には窮屈であることが分かった。前回のように個室のように仕切るカーテンもなかった。飲料水も出なかった。バス会社によって、サービスの違いがある事を知った。ただ、JR東海道線大磯駅から山手線新宿駅に出るのに、横浜から南武線武蔵小杉駅を通り、山手線大崎駅から埼京線で高崎まで直通の「湘南快速線」ができたので、大磯から新宿は直通になったのは便利であった。毎月小杉駅から乗り換え南武線溝の口まで通うのにも都合よくなった。

新宿二十二時四十分発は新潟駅に翌朝五時二十九分着で、目的の村上までは羽越線新潟発六時八分で、新発田乗換え、村上へ七時三十一分着であったが、勘違いしてこれに乗り遅れ新潟発六時四十八分、村上往きに乗ることになった。新潟駅の中の店は何処も開いておらず。二回ばかり駅を回ったが、トイレもなく外へ出て〈ロイヤルホスト〉という店が開いていたので、朝食代わりに目玉焼きとトーストを食べ時間を潰した。Ｓｕｉｃａで新潟駅改札を通ったが、Ｓｕｉｃａが使える区間は新発田までで、村上駅改札で、新潟から千百十円取られ、Ｓｕｉｃａのカード精算は新潟駅でやってくれと言われた。ＪＲのＳｕｉｃａに北限がある事を知った。村上へは七時五十六分に着き、改札で清算しているうちに八時過ぎになってしまった。

村上に来たからには、三十年前当時の法務大臣稲葉 修氏の婦人講演会に呼ばれ、「洗剤講演」を依頼された瀬波温泉に寄らなければ、と思っていた。村上駅の事務所で瀬波温泉への行き方を聞くと、百円の巡回バスがあると言って、説明しようとして「ああ、今日は、土曜日で祭日だから、バスは運休だ」と言って、別の民営バスだと「一時間待ち」ということになった。「どうせ、歩き旅だから、歩きます」「歩くと四十分以上かかりますよ」と言われたが、駅から瀬波温泉への三四五号線を教えてもらい。八時十分村上駅を出発した。

駅前の道を北に向かってしばらく進むと陸橋があり、その上の道が三四五号線であった。これを西に進むと瀬波温泉まで一本道である。羽越線を越えて駅の裏側の日本海側にあたる、だんだんと民家が疎らになった頃、九時ちょうど、小休止にした。今日から元の椅子つきのリュックに戻した。多少重たいが、椅子があり、また防水が強く、雨にもリュックに雨合羽をかけなくて好い便利さは捨てがたく元に戻した。リュックの折りたたみ椅子の腰掛け、昨夜入れてきたポットのお茶を一口二口口に含んで眼を瞑った。今日の歩き旅が始まったという思いになった。このあたりを地元ではハマナス街道と名付けているらしい。小さい「瀬波温泉」への矢印の標識が見えはじめた。しかし、温泉街らしい旅館やホテルが見えて来なかった。路が二股に分かれ左折する大きな道に三四五号線とあり、近くに大きなトンネルがあって新潟方面とある。右の道も三四五号線とある。右の路は瀬波温泉を通って、左の三四五号線に先の方で合流するのであろう。右折して瀬波温泉を目指す。

九時半、日本海が見え始め海沿いに路が左へ曲がっていく辺りに、〈磐舟《ばんしゅう》〉という大きな旅館が見え「日帰り湯七百円」とあった。せっかく温泉に来たからにはちょっと温泉に浸かって行こうと〈磐舟旅館〉に入った。「日帰り湯できますか」と聞くと「はーい」とカウンターから若い女性の声が返ってきた。「七百円ですが、今日はシニアデーで、二百円引きの五百円です」という。「温泉は三階です」でエレベーター無し。温泉には誰もいない。独り占めであった。目の前は日本海が丸ごと見えて絶景であるが、あいにく、陸地は晴天であるのに海は水平線を黒い雲が覆っている。明日は雨かなと一寸心配になる。風呂は大浴場ではなく、二十人程が入れる浴場である。汗を流し、日本海の水平線を眺めながら、しばし旅の途中も忘れ、二、三十分湯舟に浸かっていた。それでも誰も入って来ない。あまりのんびりもできないので、ゆっくりと湯から出る。

踊り場で衣類を着ているとやっと一人現れた。「一番風呂ですね」といわれた。そんなこともあるのだと返事もしなかったが、「十時から入浴なのに」とつけたしがあった。「あ、僕は九時半から入りましたよ。『十時から』とは断られませんでしたが」と答えた。「新潟から来たんですよ」「私は歩き旅の途中で神奈川県からきた途中で」と話しながら、後の客は風呂場に消えていった。時計は十時半だったから一時間入浴したわけである。途中、旅館の食堂の前を通ったが、十一時開店でまだ開いていなかった。そのまま、外に出た。「これが朝風呂か」と大きく伸びをした。通りの向こう、建物の間に日本海の水平線が開けていた。そこには灰色から黒がかった雲がぐんぐん発達していた。よく見ると右方西北方の雲の下に大きな島がぼんやりと見えていた。「あれが佐渡島か」と双眼鏡を出して覗いたが、雲の下の島はよく見えなかった。

ここが温泉街かと思うほど、旅館ホテルが疎らというより無い。三十年前に来たときは新潟駅から車で、温泉街も旅館もよく見た記憶もないから、比較のしようも無い。海沿いの街道を三十分も進むと「岩船鮮魚センター」という看板が見えてきた。駐車場は自家用車が数十台止まっていて、中へ入ると人が大勢買い物をし、呼び込みの声が行き交っていた。魚好きというより、魚を見るのが好きな私は、吸い込まれるように飛び込んでいった。最初の店に冷凍だが「たばらがに」が並び、一夜干しの美味そうな烏賊が並んでいた。次に村上の色の濃い塩干し鮭、鮭の子のイクラ、欲しいものばかりである。その一通りを買い、荷造りして発送して貰った。なお目移りしたものが沢山あったが、懐具合が衝動買いを止めさせる即断をさせた。ぐじゅぐじゅと迷わないことで後悔をしない。これが私の土産選びである。一回りして未練がましく後を振り向かず市場を出る。

隣は地元主婦の手作り食堂であった。昼飯はここで済まそうと入ったが、安いことは安かったが、米飯とコロッケのようなもので、期待するほどの食堂ではなかったが、ともかく昼食は済ませた。十一時半になっていた。ここを出て十二時十五分、一一、五六四歩、六・九四㎞歩いた所に『岩船港漁師センター』という同じような市場があったが、ここは通り過ごした。そこからは海側に十㎞以上は続く防風林の雑木林になっている街道を進んでいった。楢、椽の広葉樹が道側にあり、林の中は松林になっているようであった。十三時四十五分、村上駅から一八、六七一歩、十一・二㎞歩いたところは南田中という地名が出ていたがここがどのあたりか検討もつかない。今日の目標である新発田までは三十五・六㎞であるが、二十㎞まで歩いたら、バスがあったらバス。または羽越線のどこかの駅から列車に乗ることを考えていた。前回のように風雨に叩かれた障害に遭えば、歩きが危険になるので乗り物に頼ったが、今日は晴天である。風も無い。朝風呂の湯ざめも無い。前夜の高速バスで多少睡眠不足はあっても、歩くことの支障になっていることもない。ただ全体的に足が重く気力が衰えている。

十四時三十分、二五、六四七歩、十五・四㎞歩いた所の交差点の右、西北角のコンビニに、私がどの辺を歩いているかを確かめようと入った。百円の口中清涼剤のミントを買い、「この辺は羽越線のどの辺ですか」「さあ」と分からないようなので「羽越線はこの方向ですね」と東を指差すと「そうです。そうです」と言う。これだけで判断をしなければならない。「どうも」と店を出て、交差点を左折して羽越線のある東をあてもなく歩き出した。しかし、私は新潟方面、今日の目標新発田方面南を目指さなければならないので、羽越線の東、新発田の南、東南へ東南へと稲刈りの済んだ田んぼの中の路を歩いて行った。岩舟港鮮魚センターを出てから十㎞近く歩いて来たが、車ばかりで歩いている人には一人も遭わない。田んぼの中に葱、人参、玉葱の狭い露地栽培、ハウスなども点在している。やっと葱の収穫をしている高齢女性を見つけて、声をかけた。「羽越線の駅はこっちの方向でいいんですね」「羽越線は平林駅だね。次の坂戸駅は遠いからね。この路を真っ直ぐ行くと、広い道にぶつかるから、それを北に戻るように歩くと部落の中に出るからそれを右に東に向かっていくと三叉路に出るからそれを左へ行くと平林駅にぶつかる」と言う。この言葉をここで事実その通り再現して書けるということは、書きながら今でもこの道の風景も鮮明に浮かぶくらい憶えているくらい切実に聞いていたのであろう。その広い路を左折して行くと、次に小型トラックで農作業から帰ってきた中年の男性に出会って、同じように「平林駅」を尋ねた。あのハウスをとハウスという目印を加え指差して教えてくれ、より具体的になり、三叉路までは先の高齢女性と同じに教えてくれた。

平林駅には十五時三十分、三三、五六七歩、十八・一㎞歩いていた。コンビニから四㎞、一里歩いたことになる。旅でも歩き旅、それも田園の中、地元の人と旅人の距離感の違いをいつも感じるが、狎れる事は無い。平林駅は無人駅である。新発田まで四百八十円、自動販売の切符を買い、十六時十一分発、一時間に一本の発車本数の羽越線で十分も待たずに電車に乗れたのは偶然にして幸運であった。

十六時五十七分に新発田駅着、駅前の〈新発田第一ホテル〉には十七時ちょうどに着い

第40日目2013年11月22、23日（金・土曜日）
予定コース：村上—新発田　天候：

時分	出発場所	到着場所	歩数	距離(km)	買物	金額	適用
20:34	JR大磯	新宿			ワンカップ	99	
22:40	関越高速	新潟駅			バス代	6,025	
5:29	ロイヤルホスト				朝食代	556	
6:48	新潟駅	6:46新発田			羽越線	1,100	
7:56		村上					
8:10	村上						
9:00	小休止	345号	5,865	3.52			
9:30	盤舟日帰湯	瀬波温泉			日帰り湯	500	
10:30	湯上り						
11:00	岩船港鮮魚センター				鮮魚土産	4,400	
11:30	昼食出発				昼食代	1,000	
12:15	岩船港		11,564	6.94			内陸へ防風林
12:35	○橋345号		13,313	8.0			同上楢橡松
13:45	南田中	345号	18,671	11.2			
14:30	コンビニ	羽越線へ左折	25,647	15.4	ミント	100	
15:30	平林駅方向	田圃の中	32,567	18.1			
16:11	平林駅	新発田駅	33,376	20.0	平林—新発田	480	
17:00		新発田第一ホテル	35,332	21.3	宿泊代、二合燗酒、酎ハイ	7,500	0254-26-7333
日計			35,332	21.3		21,760	
累計			1,155,605	693.4		535,017	

た。今日は三五、三三二歩、二十一・三㎞歩いた。ホテルの和食堂で口に合わない定食を二合の燗酒で流し込み、倒れるようにベッドで熟睡した．目が覚めたのは十一時、大相撲千秋楽一日前、稀勢の里が横綱白鳳を破ったニュースを見て手をたたいて喜んだ、昨日日馬富士を破り両横綱を倒したのである。両横綱とも蒙古勢に占められている相撲は面白くない。そこで稀勢の里が両横綱を倒したのだからこんな嬉しいことはない。決してナショナリストではないつもりだが、日本のお家芸の相撲や柔道が外国勢に負けるとやはり面白くない。すっかり酔いが冷めていたので、改めて祝杯が飲みたくなった。部屋の前の自動販売機に日本酒がなかったので、缶酎ハイ一本で独り祝杯を挙げた。それから風呂に入り、寝たのは次の日の四時であった。六時に目を覚ましたが、熟睡した。

第四十一日目　十一月二十四日（日）　雨のち晴れ

新発田—新潟

鼠ケ関から南の越後・新潟県に入ったわけである。このとき書く事を忘れたが、列車、自動車で移動できず、歩くことだけが旅をする手段だった明治時代以前には、日本海沿いに歩く旅の経験的目安は「越後路十日、越中路三日」と言われていたそうである。越後（新潟県）は南北に長く、越中（富山県）は短いと京都へ上り下りする歩き旅の目安になっていたものと考えられる。一日二十㎞以上はとばして歩いているが、新潟へ入ってまだ三日目である。いつ富山へ着くか、見当も着いていない。夕べフロントで貰った「新発田駅（ホテル）周辺案内図」で見る限り、駅前商店街を南へ進んで七号線に合流すれば、新潟まで道は一本道のようである。途中、新潟に近づく国道七号線ならば食堂もあるだろうし、うまくいけば新潟行きのバス道路になっているかもしれない。

朝食は六時半一番に済まし、和食で味噌汁、納豆、半熟卵があったが、牛乳が無かった。早々に済ませ、朝の洗面と用足しを済ませ、フロントでチェックアウトしたのがちょうど八時であった。外へ出ると大粒の雨がポツリときた。昨日は一日中秋晴れであったが、日本海水平線を覆っていた黒い雲はこの雨だったかと恨めしく空を見上げた。雨がひどくならないうちに、雨具をつけようと軒先のある家を探しながら歩き出したが、八時半、三十分歩いても雨脚はだんだん激しくなり、慌てて選ぶ暇なく、近間の軒先に飛び込みリュックから、前回買ったリュックも覆えるビニールの雨具をかぶる。今日は防水性が強い自衛隊払い下げの脚付きリュックにしたが、やはりリュックは濡らしたくない思いがあった。

九時十分、歩き出して一時間たったので、椅子を下ろして小休止にした。七号線と三十二号線の交差点になっていた。すぐ歩き出し、七号線合流地点に近いコンビニ〈サークルK〉と〈カッパ寿司〉のある交差点の駐車場に九時三十五分に着いた。通り雨か、雨が上がったので、七、一三二一歩、六・三㎞歩いたところで雨具を脱いだ。十時五分、日本海東北自動車道の陸橋の下をくぐった。商店街を抜けたところだった。上中沢バス停で、この路は新潟駅行きのバス路線道と歩き道と重なっていて、その上都合よく一本道になっていたので、このまま続いてくれることを願った。九、二三八歩、五・五㎞歩いたところであった。遠く右手に東港火力発電所の三本煙突が白い煙を吐いていた。十一時、西新発田工業団地入り口の道路標識に三号線となっていたが、ホテルから貰った案内図には七号線となっている。旧七号かもしれない。標識には行き先は新潟なのでそのまま進んだ。

十一時過ぎ、昼近くなったが道路沿いに食堂が無い。コンビニも見えなくなった。少し早くても昼飯は確保しようと歩いたが、なかなかコンビニも食堂もない。十一時四十分、臨斉入り口というバス停付近にリサイクル工場のトラックに運転手が見えたので、近くにコンビニか食堂はないか尋ねると二、三㎞先にコンビニならあるが、食堂はないという。一六、一三六歩、九・七㎞歩いたところであった。すぐ「堀川バス停」があった。小休止して魔法瓶の冷えかけたお茶を飲んだ。一七、〇六四歩、十・二㎞歩いていた。

歩き出すと二日目の疲れか、少々足がふらついていた。内島見バス停を過ぎて、歩道を補修した舗装あとに穴が開いていて、そこへ右足が入り、前のめりに派手に倒れた。右手を突いたが、咄嗟に体をかわして、背中で受けたために大きな怪我は無かったが、着いた右掌に紫色の痣ができた。

十二時五十分過ぎ、もう五時間ほど歩いても食堂、コンビニが無く、この先も当分なさそうであった。二四、四八四歩、十四・五㎞歩いた所に「早通」バス停があった。次が十三時ちょうどになっていたので、足のふらつき具合と昼飯にありつけそうもないと、今日はここで歩きは止めようと思った。バスは十分も待たずに来た。

第41日目2013年11月24日（日）
予定コース：新発田—新潟　天候：

時分	出発場所	到着場所	歩数	距離(km)	買物	金額	適用
8：00	新発田第一ホテル				帰片道	7,640	
8：30	降雨		3,088	1.9			
9：10	32号線	小休止	5,345	3.2			
9：35	サークルK	寿司屋交差点	7,232	6.3			カッパ
10：05	上中沢バス停	高速交差	9,238	5.5			
11：00	西新発田工業団地	3号線	13,306	8.0			
11：40	臨斎入口	バス停3号線	16,136	9.7			
11：50	小休止	堀川バス停	17,064	10.2			
12：36	内島見バス停	3号線	20,048	12.0	新潟駅まで	520	
12：58	早通バス停		24,484	12.0	笹団子	1,050	
14：30	新潟駅		25,735	14.5	昼食	1,557	
15：18	MAXとき						
17：20		東京					
18：50		大磯			タクシー	1,070	
日計			25,735	14.5		11,837	
累計			1,181,340	708.8		546,854	

バスに乗っても、足のふらつきと少々朦朧とした頭が戻らなかった。十四時三十分、一時間半揺られて新潟駅前通りにバスが着いても気が付かず、周囲の乗客と運転手に新潟駅であることを確かめて、さだかでない足元でバスを降りた。駅へ着くと二日前高速バスが着いた駅口で、食堂も土産売り場もない。右手駅の反対側に出るブリッジがあるようなので、その階段を登ろうとしたが、足が痛んで登ることが困難になっていた。見回すとエレベーターがあったので、それを使って反対側に出た。そこに見慣れた新潟駅があった。食堂に入り、トンカツライスを食べ、やっと人心地がついた。早く帰ろうと発車直前の十五時十八分発「ＭＡＸとき」に飛び乗った。

二〇一三年十二月一日（日）記

第四十二、四十三日目　平成二十六（二〇一四）年三月八日、九日（土、日）

我がルーツ、旧新潟県西蒲原郡地蔵堂町（現燕市地蔵堂町）

前回、前年平成二十五（二〇一三）年十一月二十四日に新潟市まで歩いてから三月半過ぎ、雪を避けて休んでいたが、次に進む途中に、私が十二歳、七十四年前に亡くなった父五郎の生まれ故郷がある。もう三十年以上ご無沙汰しているが、先祖、伯父、伯母、叔父従兄弟の仏参りをしないで、素通りするわけにいかず、下調べを続けていたが、かつての新潟県西蒲原郡地蔵堂町は、分水町に変わり、今は燕市地蔵堂町になっていた。親戚の住所もそれぞれ変わり、叔父小林吉太郎の次男である、小田原市に住む私と同年の従兄弟国夫君やその弟の横浜の実《まこと》君を頼り、叔父吉太郎、伯母樋口さよ、吉太郎の末っ子の従兄弟、故収《おさむ》君の仏のある地蔵堂本町の家、父のすぐ上の伯父、高野石太郎の仏のある笈ヶ島町の高野家、泉新町に移った本家の仏壇のある小林伊吉家に寄り、菩提寺慈光山雙林寺のお墓を探り当て、この四ヵ所が現在残っている親戚と菩提寺で、ここをお参りしなければならないと決めた。それぞれに手紙、ハガキ電話で、先様の受け入れの了承が得られたのが、二月末であった。時間は油断すると矢のように飛んでいってしまうので、鉄は熱いうちに打ての喩え、こちらで行く日時を設定し、先様の都合を押し付けるようにご諒解を得て、三月八日土曜日と九日日曜日に夫婦で墓参する事を決めた。

　三月八日朝、八時にＪＲ大磯駅から、東京駅上越新幹線、とき三一七号十時十二分発、燕三条駅十二時四分着、現在新潟市の小学校教員をしている従兄弟収君の遺児小林厚司君が、弥彦口改札で出迎えてくれた。初対面であったが、「小林 勇さま」と書いたＢ４の紙をかざして待っていてくれた。見上げるほどの長身で、吉太郎叔父さんや、小田原の従兄弟国夫君に顔や体型が似ていたし、私同様小林一族の面影があったので、すぐに解った。駅舎の外へ出て雪が少ないのには驚いた。同じ新潟県でも、車窓から見た越後湯沢、浦佐の深い雪景色は、川端康成の「トンネルを出ると雪国であった」そのままであったが、燕三条には雪が無かった。

　すぐ車に乗せて頂いて、先ず、地蔵堂本町の小林 収未亡人ケイさん宅、私が戦前訪ねたときの、樋口さよ伯母さん宅に着いた。この家は、昭和七（一九三二）年に建てたまま、地蔵堂町の大火でも周辺が殆ど焼け落ちたが唯一焼け残った家であるという、戦前は床屋であった。さよ伯母さんは、父五郎の喘息が重くなり寝たきりになったとき、平塚の我が家で、父を最後まで看病してくれた伯母である。父の本家の私の従兄弟に当たる伊七さんが入営し、余り時を経ずに現在から七十七年前、昭和十四年（一〇三九）年に中国で戦死し、翌年、父に小学六年生の私と弟の富雄が連れられ、遺骨のお迎えに来たときも、この樋口の家に宿泊したときも、そのとき、さよ伯母さんに吹雪の中を大河津分水と弥彦神社に連れて行ってもらった記憶も残っている。そのときの地蔵堂の商店街は軒先の高さまで道の雪が積もっていたが、そのために商店街は軒を連ねて作ってあり、軒下が冬の通路になっていて現在は道に雪がない。家の調度品も堅牢な茶褐色のつやで輝いていた。この地域は門徒宗で信心深い人が多い。戦死した従兄弟の葬列には、街中の人が沿道で迎え、それぞれ当時の金額で十銭、二十銭の香典を供えていた。高額の香典をしない代りに、縁のない人にも香典をお供えする風習があったのを憶えている。ここの仏壇には樋口さよ伯母、吉太郎叔父、従兄弟収のお位牌にお参りすることができた。大磯の新杵の西行饅頭とお仏典をお供えした。今は独り暮らしのケイさん宅を辞して、笈ケ島町の高野家を尋ねた。

　ここの故高野石太郎伯父は父、五郎のすぐ上の兄で高野家へ婿に行った人で、戦前は信濃川支流の西川の橋のたもとの角で床屋をやっていたが、伯父は運送、建設業をやっていた人だった。この伯父は戦前父が存命中も何度か平塚の我が家に来ていたので、私には馴染み深い人であった。跡を継いだ人が保一さんで、住所も不明になっていたが、現本家当主伊吉さん住所同様、従兄弟、実君のお手数を煩わせて、住所が明らかになったものであった。高野家も、本家伊吉方住所も、まったく新しいところに移転していた。本家伊吉さん宅は新開地の野中の一軒家に住んでおられた。まさに「地蔵堂は昔の地蔵堂ならず」であった。高野保一さんの家でも、お約束どおり、私たち夫婦を待ち構えて迎えて頂いた。早速仏壇に石太郎伯父と従姉妹の位牌をお参りさせて頂き、同様のお供えをした。保一さんからは、「分水町史が事務所にあるから、あとで送って差し上げる」と親父のルーツを知る上での分水町（地蔵堂）の町史をお借りする約束をした。大変な収穫であった。一日で三軒と菩提寺とお墓を回らなければならないので、早々に高野家を辞して、本家に向かうことにした。

本家伊吉さん宅は新泉町の広い新開宅地の道路側近く高野家同様新築の一軒家であった。早速、お先祖様はじめ、本家私の父の長男と祖父、従兄弟の子吉さんの位牌にお線香を上げさせて頂いた。拝み終わって、初めて自分の先祖が確かめられた実感が湧いた。伊吉さんは、早速、お寺の過去帳から調べた本家前当主の名前、私も事前に調べてきたうちで、父の姉兄弟のうち長男である本家当主の名前だけが思い出せないので困っていた、その名前を聞かせてくれることになった。

「それがね、俺にもわからねえんだ」といわれ、がっくり。「過去帳には『金太郎』と『虎一』とあったが、どっちかだと思うんだ」という。その父の長男の伯父の顔写真をみせられ、小学校低学年時代見た顔であった。この父の長兄の当主の子供たち、私にとっては従兄弟達のうち、跡継ぎの長男故仁太郎は新潟の家をとび出し、私の父を頼って平塚に来て、そのまま平塚に住み着いてしまっていた。仁太郎には星三太郎、子吉、伊七、宇一と兄弟がいたが、小林家を継いだのは三番目の子吉でその息子が伊吉当主である。

「俺の親父は三番目か」と私の話で初めて知ったのには私が驚いた。子吉さんは戦前東京で働いていた。休日には我が家と、兄仁太郎の家に来て、何度も会ったことがある。徴兵で入営し、陸軍砲兵の通信曹長であった。昭和十一（一九三六）年の二・二六事件のときも我が家にきていて父に叛乱軍が戦車でバリケードを張り、重機関銃を構えている話をしていたのを聞いた憶えもある。その後召集され、終戦時、相模原陸軍病院で戦病死した。私も陸軍予科士官学校から復員してすぐ病院へ駆けつけたが、間にあわなかった。額の中の写真には、陸軍曹長の軍服姿の子吉さん、小林家の当主だった伯父の遺影があった。私が少年の頃、見覚えのある顔であった。

「本家は、長男で太郎がついていたと思うので、金太郎かも知れませんね。金太郎にしましょうよ」と私が強引に言ったので、居合わせたみんなの失笑を買った。床の間に掛け軸の肖像画がかかっていた。顎が張り、長いまつげを持ち、目は穏やかに少し下がり目で、鼻は両翼が張って獅子鼻で大きく、鼻先はとがった小林一族の特徴をそなえていた。私が見ていると、

「この人が、爺さんですよ。新町から婿に来て、小林家を支えた人と聞いているが、この人の名もわからねえんだ」この肖像画が私の祖父であると言う。過去帳を見ても「金太郎」

「虎一」と同じにあって、誰が誰だかがわからないとか。私は父の長兄が金太郎なら、その父親が虎一だろうと思う。この肖像の祖父の顔が小林一族の原型であろうと思った。伊吉の母親の子吉夫人さんは、寝たきりになっているが九十三歳で元気でおられると聞いたが、お会い出来なかった。

だんだん私の本家のイメージの形がぼんやりと浮かびつつあった。父から本家は舟運を業としていたと聞いていたので、小林家へ婿に来た虎一爺さんは、信濃川の支流、本家の前を流れていた西川に船を浮かべ、米、その他の船運びを仕事にし、それを徐々に大きくして、小林家の金太郎、石太郎、さよ、五郎（父）、吉太郎、久四郎、重太郎の七人の子供を育てたのだろうと思った。私の父は小学五年を終えると、東京の米問屋の丁稚《でっち》に出され、番頭になるまで勤め上げた。それから平塚の料理屋の店主に転進する経緯は、あまり鮮明に聞いていないので、それなりにいろいろあったのだろうと思っている。

本家当主の伊吉さん本人は三男子吉の長男で家を継いだ。長男の仁太郎は家出同様に父五郎のところへ飛び出し、平塚に住み着き、次男三太郎さんは星家の婿養子になった。そのため子吉さんが小林家を継ぐことになったが、終戦時戦病死、そのとき伊吉さんは三歳だったというから、そんな本家を母一人子一人で、高野石太郎叔父の建設業の事務所で働きながら、本家を守ってきた。そのややこしい経緯も知らずに来たことは、周辺の親戚が暖かく本家を守ってきたような気がした。

伊吉さんが「墓参りするんだが、いつも寺が留守で、本堂に鍵をかけてしまってるんですが寺へ寄りますか、お墓へ直接お参りするだけで良いですか」何処の寺も同じように、近頃檀家との関係がよくないようである。私は「ええ、お墓へ、お参りできれば、お寺さんは宜しいですよ」といって、車二台でお墓に直行した。五、六分でお墓に着いて、四、五センチ積もった雪のなかの墓地の真中ほどに小林家の墓があった。本家の墓と並んで「故陸軍歩兵上等兵　小林伊七の墓」があった。その墓碑が、陸軍中将田中静壱中将書とあったので、私は、「あっ」と声を上げて驚いた。終戦時、東部軍司令官田中静壱大将の書だったからである。私は終戦時、陸軍予科士官学校在校中で、昭和二十（一九四五）年八月十五日の無条件降伏の詔書が煥発された終戦後の二十三、四日にわたって隣の中隊同期生が陸士五十七期の本田八朗区隊長に引き連れられＮＨＫ川口放送所を占拠し、全軍に戦争継続を呼びかけようとした事件を起こしたとき、東部軍司令官田中静壱大将自らこれを鎮圧し、反乱同期生を前に、

「諸氏が戦後復興に邁進せんことを心から祈る」と訓辞し、全陸軍の終戦時の叛乱を抑えたその夜、拳銃自決された。その田中大将の書が伊七さんの墓碑銘であった。墓石の裏に、

「昭和十四（一九三九）年五月一日東部二十三部隊入隊。

昭和十四（一九三九）年八月二十四日中支内山部隊山村部隊編入。

昭和十四（一九三九）年九月二十三日湖南省岳陽県沙港関付近で戦死」

とあった。入隊してたった三ヵ月の訓練で最前線部隊に投入され、そのまま戦闘一ヵ月で戦死している。敵前渡河戦で敵弾にあたり戦死と記憶している。「将校商売、下士官道

楽、兵隊さんばかりが国のため」旧軍隊の本音を口ずさんだ常用句があったが、兵隊さんは「一銭五厘の赤紙」で召集された消耗品であった。私の方は職業軍人とも現役将校とも言われた「将校商売」であったが、航空で「特攻要員」だったので消耗品派と同じであった。「志願してくる馬鹿もある」の方であった。伊七さん戦死の昭和十四（一九三九）年九月二十三日は、七十五年前で私十一歳で小学校六年生のときである。戦後四分の三世紀の平和は有難い。阪神淡路、東日本大震災は自然災害で死者二万人程度、十五年戦争では死者三百万人、東京大空襲は一夜で十万人爆死、広島、長崎の原爆投下で三十万人原爆死、沖縄戦でも二十五万人戦死、被害の規模も比較にならない。「戦争放棄した日本憲法は日本国民の宝である」と菩提寺慈光山雙林寺の小林家と故陸軍上等兵小林伊七の墓前で思ったことである。

これで予定した先祖の墓、親戚の仏壇のお参りは全て済んだ。時間があったら地蔵堂の郷土史と良寛資料館を見たいと話してあったが、高野保一さんが「分水町史」を貸して下さる約束をしたので、あとは良寛資料館であったが、小林ケイさん・厚司親子に分水資料館をすすめられ、「大河津資料館」へ案内された。拝観料は無料であったが、入館者名簿に神奈川県大磯町と書いた我々を見て「神奈川県からお出でになったのですか」と案内に職員がついてくれ、「十分間ビデオで概略をつかんで頂くと、より分水の歴史がわかりやすいと思います」と撮影室に案内された。

地蔵堂を含む旧信濃川流域一帯は打ち続く信濃川の氾濫で、田んぼも腰まで浸かる湿地帯で、舟を使って田植えから稲刈りまでしていた地域であった。信濃川の大河津に堰を作りここから十キロの分水路を作り日本海に河川水を放流して、洪水を止め、湿地を乾燥することが悲願であった。この嘆願が取り上げられ、明治から昭和初めにかけて、三回の工事で明治時代の日本人口四千万人の延一千万人の労力を駆使して昭和六年に完成した運河が大河津分水であった。地蔵堂を流れる西川は信濃川と分水の間を流れている。婿養子の虎一祖父はこの信濃川、大河津分水と西川を利用した水運業で小林家を起したのであろうと想像した。この分水工事がなければ地蔵堂町の小林家の発展もなかったかもしれないと考えた。ケイさん、厚司君の好意と案内で大河津分水資料館を見せていただけたのは、父と我がルーツを知る上で極めて適切であった。

ついで、分水資料館を出て、分水土手の桜並木を通り、燕市分水良寛史料館へ案内して頂いた。土手の桜は植え替え中で、新しい木はまだ十分育っていないという。春の花見は見事だろうと想像する。良寛史料館に行く。「奥の細道」を歩いて書いた芭蕉は元禄二（一六八九）年四十六歳で、五年後の五十一歳、元禄七（一六九四）年に亡くなっているが、良寛の生きた宝暦八（一七五八）年から天保二（一八三一）年は約百年後である。芭蕉と良寛の接点はまったくといってない。「奥の細道」には山形と新潟北端の県境の「杜松（鼠）の関」から「一振りの関」まで僅かな記載しかない。

「〈**越後路**〉

酒田の余波《なごり》日を重ねて、北陸道の雲に望む。遥遥のおもひ胸をいたましめて、加賀の府まで百三十里と聞く。鼠の関をこゆれば、越後の地に歩行《あゆみ》を改めて、越中の国一ぶりの関にいたる。此の間九日、暑湿の労に神をなやまし、病おこりて事をしるさず。

（「奥の細道菅菰抄」注釈1）

文月や　六日も常の　夜には似ず

荒海や　佐渡によこたふ　天の河　」

芭蕉「奥の細道」は九日間の越後の旅をこのように書いている。江戸時代の勝れた芭蕉研究家、蓑笠庵利一《さりゅうあんりいち》（一七一四―一七八三）の「奥の細道菅菰抄」は、「奥の細道」をほぼ実地に踏査し十年間かかって百二十三部の引用文献を駆使し、詳細で正確な注釈をしたものである。「奥の細道」研究家で本書に拠らないものはないといわれる名著である。この注釈には、

「『暑湿の労に神をなやまし、病おこりて事をしるさず』　神は、精神を言う。越後高田にて、医師のもとを宿として、なやみ申されたる事あり、此つかれ成べし。その時の句は、付録にしるす。○此九日の間の事をもらし申されしは、徒に病のおこるのみにあらで、かならずゆえあるべし。今ひそかに察するに、象潟より越後の国へ出るには、庄内の地、もと来し道へ立ち帰らでは叶わず。強いて此の間の事をしるす時は、その文重複して見苦し、又越後のうちには、歌名所かってなく、たまたま古跡旧知ありと言えども、いずれも風騒家の取るべきものにあらず。殊に往来の道筋には、しかじか風流の土地なく、奥羽の致景佳境につづけんには、何をよしとして書くべきや。且無用の弁に、紀行

の長々しからむ事を恐れて、かくははぶき申されし成るべし。是亦道の記の一躰ならんをや。猶此間の句句は、付録に拾う。

文月や　六日も常の　夜には似ず

この真蹟、今猶越後今町聴信寺に有り。詞書付録にしるす。

荒海や佐渡によこたふ天の河　是も今町にての吟なりと言う。佐渡の島は、今町より西北にあたりて、海上二十里ばかりもあらん。いと長う海上に臥たり。博物誌に、天河与海通。詩に、銀漢鵲橋横。歌に『てる月の流るる見れば天の川いづる湊は海にぞ有りける』など風情を得て、この句はなりけりと見えたり。」（「奥の細道菅菰抄」注釈1より）

と「奥の細道」の越後路九日間の芭蕉を注釈している。「曾良旅日記」を見ても、鼠ヶ関から越後へ入ってから、紹介状を示して、宿を乞うても、行く先々で状を『不快（快よからず）』して出」とあるように、芭蕉を迎える紹介先は「不止（止らず）」と対応は良くなかった。それは出雲崎まで続き、「奥の細道菅菰抄」注釈1にあるように「暑湿の労に神をなやまし、病おこりて事をしるさず」気を悩み、病気になってしまっている。今町へ来て聴信寺の弥三郎の状が届き、句会など開き、四日間逗留して、「奥の細道」でも二つの句を詠むほどに回復することができた。芭蕉にとって越後の印象は良くなかったようである。此の間、寺泊へ行く途上、国上（山）や渡部の分水町を通っていることが「曾良旅日記」に記載されている。良寛とは百年のすれ違いがあるが、二人ともに分水、地蔵堂の地を踏んだ縁はあったということである。これも曾良が一言書いたから三百年後も残されているのである。書き残すことの重要さを示している。

良寛史料館には、良寛が出雲崎橘屋山本新左衛門の長男に生まれ、地蔵堂の大森子陽の私塾三峰館で学び、晩年国上山の五合庵に住み、最晩年島崎村〈長岡市〉木村家の草庵へうつり、死ぬまでが展示されていた。厚司君の亡くなった父親の収は拓本を集めていたということで、彼は拓本の展示に強い興味を示していた。

午後半日、本家小林伊吉方初め三軒の伯父、伯父、伯母、従姉妹、従兄弟の仏壇をお参りし、先祖のお墓参り、戦死した従兄弟故伊七さんの墓参りと強行軍だったが、ケイさんと厚司君母子の車に乗せていただき、無事予定通り、父五郎の生まれ故郷の先祖親戚の墓参を済ませることができた。八十六年生きてきて、最初のことである。おそらく最後になるものと思う。「奥の細道」「曾良旅日記」蓑笠庵利一の「奥の細道菅菰抄」まで仔細に調べたのも、父の故郷『地蔵堂』「分水」に縁があったからであろうことは自明である。

その後、弥彦温泉まで車で厚司君に送って頂き、温泉に浸かった。翌日までもケイさんに燕三条駅まで送っていただいた。本当にお世話になり親切にされた墓参の旅であった。

二、三日後には高野保一さんから分厚い「分水町史」四冊と魚沼産コシヒカリが送られ、伊吉さんからもコシヒカリが送られて、恐縮している。私の返礼は、この記録だけである。有難う御座いました。

平成二十六（二〇一四）年三月十七日

小林家家系図

〈本家〉
小林帍一—金太郎—高野石太郎—樋口サヨ—五郎—吉太郎—久四郎—重太郎

—仁太郎　—保一　—栄子　—守信

星　—三太郎　—サキ子　—国夫

—子吉〈戦病死〉—伊吉〈本家〉　—勇　—和夫

—伊七〈戦死〉　—茂　—智子

—卯一　—智恵子　—美智子

—信枝　—実

—富雄　—収（小林ケイ）

—真樹子

菩提寺：慈光山　雙林寺

第四十四、四十五日目　三月二十一、二十二日（金、土）

［予定］「奥の細道」独り歩き新潟県寺泊―直江津まで

＊一日目　三月二十一日（金）四時十五分自宅発、四時四十七分ＪＲ大磯発、東京五時五十六分着、上越新幹線、とき三〇一号東京、六時〇八分発―燕三条七時五十九分着、弥彦線吉田乗換え、越後線寺泊着十時〇〇頃（二十km）出雲崎十四時、〈ホテルニューグリーン柏崎〉十七時着。電話〇二五七―二四―一一一一　朝食付き六、八三〇円

＊二日目　三月二十二日（土）〈ホテルニューグリーン柏崎〉（二十km）―柿崎十一時十四分―直江津十一時五十四分―十三時十一分―長野十四時四十七分着、あさま五七〇長野新幹線十五時十四分―東京十六時五十六分。

の予定で準備し、出発する。

第四十四日目　三月二十一日（金）

新潟県寺泊―柏崎

今日は、平成二十六（二〇一四）年、昨年から四ヵ月ぶりの初歩きの日である。「予定はあくまで未定にして、しばしば変更ることあり」と旧陸軍の作戦要務令にはあったが、今回はそれを地で行った話になってしまった。

朝は「四時十五分自宅発、四時四十七分ＪＲ大磯発、東京五時五十六分着、上越新幹線とき三〇一号、東京六時〇八分発、燕三条七時五十九分着、弥彦線吉田乗換え」まで予定通り進んだが、弥彦線吉田から越後線乗換えで寺泊まで行く予定が、越後線吉田駅で十二時三十五分まで、三時間以上待たないと越後線がない。駅員に聞いても三時間待つのは当たり前のように答える。時間の違う国に来てしまった感じである。これが我が父の故郷の常識なのである。

「もし、タクシーで寺泊まで行くとしたら」「約四千円かかります。バスがありませんし」当たり前のことを聞くなという、普段の顔でお答えになった。言葉を失ったような喪失感を味わったが、気を取り直して、駅前に止っていたタクシーの運転手に聞いた。

「まあ、四千円懸かるね」である。ここで三時間待つか、四千円でタクシーに乗るか、もう一つは本来の目的である、独り歩きするか。

鉄路の距離は約十㎞、歩く道は真っ直ぐではないから十五㎞はある。それだけで一日の制限距離になってしまう上に、今日の出発点に着いただけなので、今日の歩き旅はゼロということになる。三時間待つとなると、もし三時間歩いたとすると約十㎞は歩けると思う。その時間をじっと待つなど考えも及ばない。四千円はケチケチ旅の目的に反し、年金暮ら

しには痛いが「背に腹は変えられぬ」である。結局タクシーに乗ることにした。雨も降り出した。私は運転手に、

「寺泊から出雲崎に出る道の辺りまでお願いします」「それでは、メーター四千円のところまでお連れします」先日、来たばかりの分水の近く、弥彦山を右に見て、しばらくいくと国上山《ぐじょうざん》が見え、しばらくすると「五合庵」入り口の矢印が国上山の上り口にあった。良寛が住んでいた五合庵である。すぐ分水を渡る橋があって、その橋に「渡部」の標識が見えた。いまタクシーで通った道を芭蕉も良寛も通ったわけである。残念ながら親父の故郷の地で同じ道を歩かずに、さまざまの事情が重なり歩くことが出来ずにタクシーで通っている。極めて残念であった。雨のなかを歩かねばならないので、タクシーの中でリュックから雨着のズボンと上着を取り出して着替える。

しばらくして、「メーターが四千円になったので下ろしますよ。次の信号まで、少しだけサービスしましょう。そこは道が重なって、少し判りにくいですから」五又信号の手前までタクシーを走らせて止り、「ここから四〇二号線で出雲崎まで真っ直ぐですが、少しここの交差点が込み入ってましたから、四〇二号線までサービスしました」寺泊大和田と言うところで停めて、四千円のレシートを渡された。

タクシーを降りると、雨がさんさんと降っていた。寒い。耳が冷たい。耳覆いのある毛糸の黒い帽子を冠り、その上から合羽の覆いをする。少しは寒さが柔らぐ。雨の中を歩き出した。雪にあうことの警戒から、今日は、編上げ靴を穿いてきた。多少は重いと思ったが、

それ以上に、脚をしっかりと抑えた安定感がよい。このよさで重さは感じなかった。雪は無いが長歩きには安定感があって、編上げ靴がよいようである。遠い昔、軍隊ではこの靴と巻脚半で百㎞行軍も歩いて来たわけである。次回から、編上げ靴にしようと思った。

四〇二号線は出雲崎に向かって右手西側は日本海、左は丘陵地帯の狭い崖っぷちの道である。日本海側から西風が吹いているし、雨も横殴りに降りかかっていた。近くに佐渡島があるが、雲に隠れて南半分も見えない。島から陸へ向かって黒い雲が燃え上がるように動いていた。にわかに、歯をむき出したような白い波が、四〇二号線に襲い掛かるように押し寄せていた。にわかに、雨は霰《あられ》に変わって、雨合羽にパラパラと叩きつけてくる。しばらくすると「天領の里」まで十二㎞という標識のところまで来た。十時四十分、八、六〇五歩、五・二㎞歩いた所である。

天領の里というのは出雲崎が徳川幕府の直轄地の天領だったことらしい、「道の駅・出雲崎」とも添え書きされているので、そこまで行けば、なにか昼飯にはありつけるだろうと思った。十二㎞は今の歩度では四時間はかかる。文字どおり雨霰の中を黙々と歩く、人家は疎らにあるが、人には一人も遭わない。車は引っ切り無しに行き交う。波の音も風に消され、雨合羽を叩く雨と霰の音だけである。十一時七分「天領の里まで十㎞」という標識が出てきた。約三十分で二㎞歩けたことになる。十二時までに食堂を見つけたいと思ったが、「天領の里」までなさそうである。十二時ちょうど山田海岸と表示されたところ、夏場は海水浴場なのだろうか、今朝、大磯駅前のコンビニで買ってあった食パンになにか挟んだ食糧を思い出し、それを雨宿りもない雨降りの露天で昼飯にしようと、リュックの椅子を下ろして食べようとしたら、目の前の道路上にタヌキの礫死体が長い腸管を投げ出して、眼をむいていた。思わず食事を中止し、しばらく歩き出した。「アーあ、まったく」と呟きつつ、轢死体のみえなくなるまで、食事はすることが出来なかった。それでも、あまり芳しくない昼食を済ました。朝入れてきた魔法瓶のお茶は、まだ熱くて唇を火傷した。熱いので口のなかがサッパリせず、タヌキの死体の長い腸管が網膜から消えなかった。そこまで十二時ちょうど、一五、二二四歩、九・一km歩いていた。

歩き出して間もなく「出雲崎町境」の表示が出ていた。ここから出雲崎である。十二時三十六分、一七、六二二歩、十一・四km歩いたところである。相変わらず雨霰交互に日本海の右から吹き付けていた。雲は流動的で、晴間は出さないが、雲の中にいつの間にか、佐渡島が南北の長い全島がぼんやり姿を現していた。またすぐ雲隠れするのだろう。十二時五十分、一七、六二一歩、十・六km歩いたところに天領の里まで五・七kmという所に来た。まだか、まだかと草臥れた身体に鞭打って歩いているときの「何処まであと〇〇km」という表示は、元気付けの目標にもなり、まだこれきりしか歩いていないかのがっかり材料にもなる。

十三時二十二分、二一、八九〇歩、十三・一km井鼻海岸でリュックを下ろし小休止を取った。やはり歩き初めで、脚の負担がきつくなってきた。その上、雨霰である。魔法瓶のお茶を一口飲んだ。お茶はまだ熱い。重い足と腰を上げて歩き出すと、すぐ、天領の里まで三・三㎞と出てきた。「ああ、もうすぐだ」と、少し元気が出た。少し離れたところに三点の灯りが見えた、もしかしてあれが天領の里かと思ったが、近づくとガソリンスタンドであった。そこのサービスボーイに「出雲崎の駅はどちらへ行くのですか」と私は尋ねた。「ああ、判りやすいんですよ。今来た道を戻って、山側の坂道を登って、峠道ですから、あがって、降っていくと広い道とぶつかる十字路になるから、それを右に真っ直ぐ行けば、ほぼ突き当たりですよ。近くはありませんが、わかりやすい道ですよ」と、高校生アルバイトという感じの青年が明快に答えてくれた。私は「天領の里」の行き方も聞くことを忘れ、そのまま駅への道を急いだ。疲れを感じていたのだろうと思う。十四時ちょうど、二四、七三九歩、十四・八㎞歩いたところであった。言われたとおり峠道は近くはなかった。しかし、「駅は近い、駅は近い」と念じながら、長い峠を登りきり、下って十字路に出た。広い道を右に曲がると、珍しく土地の人にあった。思わず、

「駅は、この道真っ直ぐですね」と確かめた。

「え、え、」と耳が遠いのか、何度も聞き返して、道を渡って近くに来てくれた。親切な人であった。ところが越後弁訛りのひどい人で、よく聞き取れなかった。手でT字路を示したので、この道がT字路にぶつかるということらしい、左を指して「そっちへ行けば×× の方だ、街中に行くには右に行け」と聞こえた。当然駅は街中だから、右に曲がればよいと聞き取ってしまった。また誰かに聞いて確かめればよいと思い歩き出した。

十四時三十五分、二七、六〇一歩、十六・六㎞歩いたところであった。ところがそこからは、

誰にも会わなかったのである。突き当たって右に曲がり、街のスポーツセンターや公民館が立ち並んでいたところを歩き、〈良寛資料館〉は一・五㎞の標識もあった。出雲崎は良寛の生まれ故郷である。相当に歩いたが、街中という感じはいつまでたっても現れない。案内図板があったので見ると、「天領の里」の近くらしい。そこへ突然、後から人が現れたので、「すいません。駅は何処ですか」と絶叫に近いかすれ声で、叫んだ。

「あっち。うしろ、反対へ真っ直ぐ」と後の方を指差した。私は駅から遠ざかる反対の方向に向かって歩いていたのである。少なくとも二、三㎞は逆に歩いてしまっていた。誰にも苦情も言えない、自分の判断違いで、はっきり自分に責任がある。私は回れ右をして、肉体的にも精神的にも重くなった脚を一歩一歩踏み出した。八㎜フィルムを逆回しするように、今来た公民館やスポーツセンターが次から次に現れる。いつまで歩いても右折したT字路に戻らない。それだけ自分の間違いの大きさを見せ付けられる。まだかまだかとますます足は重く、歩度は遅くなる。やっと、スポーツセンターの東端が現れ、T字路の橋が見えてきた。この橋からT字路を左折して、反対方向の一歩がこれから始まる。ここから近いのか遠いのかわからない。重い重い、一歩一歩、前へ前へ足を上り坂へ踏み出した。上り坂はどこの坂よりきつく感じた。足の重力を感じるように、本当に脚は重いと思った。峠を登り詰めたと思ったら、また登りがあった。何回それを繰り返したか、峠の頂上に達し、下り坂になった。進む道を横切る広い道が見えてきた。人家も増えてきた。広い道に近づいたとき、左の矢印で出雲崎駅という表示があった。やっと着いたと思った。矢印の方向に上り坂の路地があったのでそこが駅だと思ったら、路地の先は出雲崎小学校で、学校の塀が路地の行き詰まりであった。右の路地の先に広い通りを見つけたので、広い道に下りた。商店街であった。前の店から主婦らしい女性が出てきたので、思わず、

「出雲崎の駅は何処ですか」と声をかけた。

「え、え、聞こえないんですが」と聞き返された。

「出雲崎駅です」

「ああ、すぐそこです。行くと駅舎が見えます」と指差してくれた。脚もとはよれよれと揺れた。百mも行かぬうちに右手に駅前広場と駅舎が見えてきた。駅舎の待合室にはストーブが赤々と燃えていた。その前に腰掛け、雨にぬれた体を温めた。燃える火の暖かさが、身体中に反射して熱い熱反射を受けた。すぐうとうとして思わず居眠りをしてしまった。眼が覚めると十七時になっていた。ホテルには十七時までにはチェックインすると予約してあったが、次の電車は十七時二十五分発である。柏崎のホテルに着くには一時間以上かかる。電話すると、ホテルは、

「ハイわかりました。お待ちします」と了承された。歩数系は三八、八七九歩、二十三・三kmになっていた。間違いの右折から七km以上無駄足をした計算になった。

柏崎駅前の〈ホテルニューグリーン柏崎〉には十八時四十分、三九、九四一歩、二十四km歩いてしまった。夜中に右足が攣り、治まると左足が攣って苦しんだ。夜中に風呂に入り、脚を暖めて、両足の突っ張りは治まった。

第44日目2014年３月21日（金）
予定コース：寺泊―柏崎　天候：雨、霰、強風

時分	出発場所	到着場所	歩数	距離(km)	買物	金額	適用
4:47	JR大磯				ジパング	7,400	
5:52	東京とき301						
7:59		燕三条					
8:54	燕三条弥彦線						
9:07		吉田					
10:07	国上山、渡部	寺泊大和田	6,007	3.6	タクシー	4,000	402号
10:40	天領の里12km		8,605	5.2			402号
11:07	天領の里10km		12,960	7.8			402号
11:45	山田海岸		14,214	8.5			402号
12:00	山田海岸 (昼食)		15,220	9.1			パン・軽食 食堂無
12:36	出雲崎町境		17,621	10.6			402号
12:50	天領の里まで 5.7km		19,019	11.4			402号
13:22	井鼻海水浴場		21,890	13.1			
14:00	澤田GS手前左	折峠越え	24,739	14.8			
14:35	十字路右折		27,601	16.6			
17:00	左折間違右折	出雲崎駅着	38,879	23.3	柏崎まで	380	
17:25	出雲崎駅発						
18:40	柏崎	ホテルニュー グリーン柏崎	39,941	24.0	ホテル代	6,830	
					夕食	2,020	
日計			39,941	24.0		20,630	
累計			1,221,281	732.8		567,484	

「予定はあくまで未定にして、しばしば変更することあり」と、今回は変更に変更を重ね、それを地で行った話になってしまった。

平成二十六（二〇一四）年三月二十四日（月）

第四十五日目　三月二十二日（土）

柏崎―直江津

昨日の終日雨に引換え、今朝は晴。六時の携帯電話の目覚しで起きる。足が攣った昨日の疲れは、今朝はない。節節、筋肉痛はあまりなし、ゆっくり着替えてすぐ出られる旅支度を調えたあと、七時過ぎ朝食のバイキングに食堂へ降りる。食後の歯磨きを終え、用便を済ませると八時。チェックアウトして外へ出るときは、八時十分過ぎになっていた。ホテルの前が柏崎駅である。今日柏崎から直江津への国道八号線はＪＲ越後線の柏崎駅の反対側を通っている。駅の北端に交番があって、その横に線路を潜る地下通路がある。交番の前を通るとき、中をのぞくと警官が二人いた。今日の行き先案内を聞くために、交番に入った。若い警官が地図を探し説明しようとすると、ベテランのもう一人の警官が、巡警の身支度をしながら、

「ここの道はね。八号線は山の上、旧道は海岸線沿い、ＪＲ越後線は海岸線、旧道は入り組んだ海岸線沿いなので、歩く距離が長くなるが、ほぼＪＲ線に沿って走っている。八号

線は真っ直ぐだが、ＪＲ線に出るには山を下って海岸まで降りなければならない。何処を通るかは、海の景色を優先するか、距離を短縮したいか、ＪＲに近いか遠いか、どれにするかは目的によって違ってくるから、その辺をめどに選ぶんですね」と概略の地形を教えてくれた。極めて短く解りやすく適切な案内だと思った。若い警官も一緒に聞いている。若い警官にも実地教育になっている。

「ここから柿崎まで約二十㎞なので、そこまで歩いて柿崎から十一時代の越後線で直江津まで行きたいと思っています」

「柿崎より、米山駅のほうが大きいから、米山がいいと思いますよ」とアドバイスもしてくれる。この交番で聞いた案内で、大略、この辺の大雑把な地形が把握できた。八時半、地下道を潜りぬけ八号線に出て、南に向かって歩き出した。右、西側遥か向こうに日本海が開けていたが、昨日の風雨に荒れた海とは違い、穏やかな青い海になっていた。しかし、佐渡島は雲に隠れていた。歩き出すと、昨日の疲れか、脚が少し重い。今日は土曜日であるが、まだ人は誰もいない。人家も疎らである。車も行き交うが、混雑しているわけでもない。ちょうど歩き始めて一時間、五、二二一歩、三・八㎞歩いたとき、道の反対側に白いミニバンの車が止り、手を振って私になにか呼びかけている。よく聞くと、

「何処へ行くんですか、乗りませんか」と、叫んでいた。

「あ、有難う御座いまーす」私の身体が、反射的に動いて、車を待っていたように反対歩道へ道を横切って駆けていた。

「お乗りなさいよ」と助手席を空けてくれた。いつもなら、まだ歩き初めで、私は断るのが当り前なのに、今日は「ありがたい」と思ってしまっていた。助手席に乗り込む。

「何処まで行くんですか。私は、この先のお宮までお参りに行く途中、今日は休みで時間は充分ありますので、行くところまで乗せて行きますから」

「今日は、直江津まで行くんですが、柿崎までが柏崎から二十㎞なので、そこまで歩いてそこから越後線に乗っていくつもりなんですが。十一時前に越後線へ乗れる駅なら何処でもいいんです」街道沿いに「フィッシュ産業センター」と地産物資を売る多くの店が並ぶところがあった。車はそこから海側に右に回り、坂道を下りはじめた。私にはそこがどこかわからない。すぐ、海が見え、駅が見えてハート型の色紙が無数に絵馬のように金網に張られていた。

「恋人岬というんですよ。青海川駅ですよ。まだ十時前だから、十一時には時間がありますよ。ここはみんな無人駅で、この一駅先が米山駅で無人駅でも少しは大きいから、そこまで行きましょうか」

「お願いできますか。米山さんという歌のあの米山ですか」

「そうです。あの米山さんです」と再び車でもとの八号線へ出た。「実は、私は今日は、五歳のとき助けられたお宮にお礼参りに行くところだったんです。盲腸炎で化膿して手術しても助からないと医者に見離されたとき、このお宮さんを教えてくれる人がいたので、そこでお祈りして頂いたら『鯉の生き血を呑めば治る』とお告げがあって、叔父さん親子が偶然釣をしていて、鯉が釣れたので、その生き血を呑んだら助かったんです。それで、毎年、そのことのお礼参りを欠かしたことがないんです。今日も、あなた様を見て疲れて歩いていたんで、お宮さんが『助けなさい』といわれたと思って、お助けしたんです」ああ、私は『お宮さん』のお告げで助けられたのかと思った。

「有難う御座いました。実は昨日、雨の中を寺泊から出雲崎まで二十三㎞も歩いて、夜中に足が攣り、今日は何処まで歩けるかと歩き出したところだったんです。今日はもう歩くのは止めて、これから直江津に出てから神奈川県の大磯まで帰ります」と抵抗もなくしゃべった。「実は、八十歳まで働きましたが、八十六歳で引退後、「奥の細道」を芭蕉の歩いた道を歩き出し、今年は三年目、ここまで歩いて来たところです。ちょうど分水が父の故郷ですから、先日先祖のお墓参りもしてきました。その前に東海道五十三次も歩いてきました。今日のお礼に東海道の記録をお贈りします」

「ああ、そうですか。私ももう七十歳過ぎですが、まだやめろと言われないので働いています。〈ブルボン〉というレーズンサンドのお菓子の製造をしています。社長秘書に成った人も、世界中旅行をした人です。ああいう人はやっぱり出世するんですね。私の兄も予科練の特攻帰りですが、戦後早稲田を出て、アメリカに留学して牧師になって帰ってきました」

「私も陸軍の特攻要員で十七歳で終戦組です」私は名刺を出した。医学博士の肩書きに、

「お医者さんですか」

「イヤア、私は医者ではありません。食品や水の衛生学専門の公衆衛生の博士です。日本では医学になるので医学博士になっています」

名刺を頂いた。〈ブルボン〉の会社の名刺で総務部の係長をされている吉田幸雄さんという方であった。

「それじゃあ、うちの会社の〈ブルボン〉も食品衛生では社長が、もっと力を入れなければと言っています」

「そうですか、食中毒、食品添加物、残留農薬、残留放射能なんての安全管理と特に商品検査が専門でした」と車の中の話が弾んだ。

「これは早速、社長に報告しなければ駄目だ。好い方とお会いできて、いい話を沢山聞いてよい日でした。これもお宮さんが人を助けろと言われたご利益ですよ」

車は八号線を走り、また坂を下り、いつの間にか「米山駅」についていた。そこで降ろしてもらい、幾度もお礼を言いお別れした。今日はもっと疲れ果てて歩くつもりだったが、吉田さんから旅の情けを受けて、疲れた脚をあまり使わず。予定は見事に覆り、とんでもない結末になった。「予定はあくまで未定にして、しばしば変更ることあり」であった。

そのあと十時十三分初の直江津往きに乗り、直江津から長野に出て長野新幹線で帰る予定だったが、「長野まわりよりも、越後湯沢まわりの方が近くて早いですよ。そこのみどりの窓口で、進路変更で切符買い替えできますよ」と教えてくれた。すぐ切符を買換えたが、ジパングのカードも忘れ、手帳も持ってなかったので、割引なしの進路変更になった。

第45日目2014年3月22日(土)
予定コース:柏崎—直江津　天候:晴

時分	出発場所	到着場所	歩数	距離(km)	買物	金額	適用
6:00	起床						
7:00	朝食						
8:10	ホテルニューグリーン柏崎						
8:30	駅前交番				帰り切符	10,080	
9:30	8号線(吉田氏車乗る)						
11:00	直江津はくたか7号	越後湯沢			土産	920	
12:04	越後湯沢						
13:31		東京					
14:40		大磯					
日計			6,254	3.8		11,000	
累計			1,227,535	736.5		578,484	

いつもはジパングのカードは持って旅を出るのに、今回は持って出なかった。十一時直江津発のはくたか七号がすぐ来て、越後湯沢には十二時前に着いた。十二時〇四分のとき三二二号東京行きに乗った。東京には十四時三十三分、大磯には十五時四十分についてしまった。こんなに早く帰る予定ではなかった。この独り旅は最後まで「予定はあくまで未定にして、しばしば変更ることあり」である。平成二十六（二〇一四）年三月二十五日（火）

第四十六、四十七日目　四月十九、二十日（土、日）

直江津―糸魚川―市振

［計画］

＊一日目、四月十九日（土）五時〇〇分自宅発、五時三十七分ＪＲ大磯発、東京六時四十分着、上越新幹線、とき三〇三号東京、七時〇〇分発―越後湯沢八時十一分着、ほくほく線乗換え、越後湯沢はくたか二号、八時二十分発、直江津九時〇五分着（二十㎞）筒石駅まで十六時三十分富山行き、糸魚川五十六分着、〈ビジネスホテル・トーア〉、素泊まり、十七時着。電話〇二五―五五二―〇九〇〇

＊二日目、四月二十日（日）〈ビジネスホテル・トーア〉八時〇〇分発（十㎞）―親不知―市振十二時〇〇分―青海十五時二十七分―糸魚川十五時三十三分着、十五時三十七分発はくたか十七号、越後湯沢十六時五十三分着、とき三三六、十七時〇一分

発―東京十八時二十分着。

第四十六日目　四月十九日（土）晴れ

直江津―糸魚川

午前五時、今日は直江津から歩く、直江津は四十五年前、私が四十才で生まれた一人息子と妻をホンダの軽自動車に乗せ、前の晩に太平洋岸の川崎を出て、未明に十八号線の碓氷峠を登る。今の十八号線は二車線になったが、当時は一車線で対向車の大型トラックとすれ違うというより、上から襲い掛かるトラックに碓氷の崖から押し落とされそうな恐怖に襲われながら、登りきると軽井沢に着いた。昼近く、右に野尻湖、左に黒姫、妙高山が見えるところにたどり着き、野尻湖でいつも休憩を取ったものであった。ここを出発するとすぐ直江津で、太平洋を出てから初めて本州を横断して日本海が見えるところに着いたものである。ここから左折して、糸魚川、子不知、親不知の難所を通り、入善、黒部、魚津、滑川を通り富山まで通った道である。

今日はその直江津から糸魚川まで歩く予定である。ここまでは東海道線で大磯から東京まで、上越新幹線で越後湯沢で乗換え、金沢まで通っているホクホク線で直江津まで来れるようになった。来年からは長野から金沢まで北陸新幹線が開通する。今までは東海道新幹線で小田原から米原乗換で北陸本線で富山まで六時間かかった。しかし、上越新幹線まわりは、大磯から東京まで一時間かけて東京まで出なければならない。大磯は湘南の真っ只中、雪は降らず、台風も稀にしか通らない。住むには好いところだが、交通の便に難がある。交通の便のよくないところから旅をするのだから不便は覚悟である。

朝五時に家を出て、直江津には九時に着いた。歩く前に四時間電車に乗らなければならない。一回一泊二日の細切れ旅の宿命である。駅を出て北側が日本海であるから、北へ北へと進めばよいと思っていたが、そこから感ピューターの誤差があった。芭蕉は日本海沿いに歩いたようだが、私の四十年前の経験から八号線へ出れば、後は南へ南へ進めばよいと考え、駅より日本海側に八号線がある、と私の感ピューターが計算したが、なかなか見つからない。最初に出てきた交差点を左折すると一二三号で、左折して行く先が糸魚川になっていたので、この道を行けば八号線にぶつかるだろうと私の感ピューターが感じ取った。それは間違いではなかったが、正しくもなかった。次の交差点の標識に左折すると八号線と出ていた。左折して左折すると元へ戻ることになるが、このようなことは、何回も繰り返してきた。損をしたとか、間違えたとか考える暇があったら、惑わず、思った方向に歩いた方が早い。という経験と感が身についてきていた。脚は左折して八号線へ歩き出していた。

十時五分、列車を降りてからちょうど一時間過ぎている。五、五八六歩、三・四㎞歩いていた。八号線の交差点まで十分歩いた。一時間目の休憩を取った。リュックの折りたたみ三脚に腰を下ろして、魔法瓶のお茶を飲むと、まだ熱い。思わず口から離したが、唇を火傷した。まさに「キス　オブ　ファイヤー」である。自業自得で苦笑いするほかない。もう迷うことはない。八号線と北陸本線がほぼ併行して南へ糸魚川、富山の方向に走っている。歩きだした方向に山が道を塞ぐようにはみ出しているのが気になった。右側が日本海であるが、八号線からは見えない。そうするとあの山はトンネルで潜るのかと思いながら歩く、歩く速度も東海道を歩いたときと比べると、すっかり落ちているのがわかる。足も重くなってきた。前回から編上げ靴を履いているが、右足のくるぶしの辺りがすれて傷む傾向がある。何か柔らかい布を当てたらよくなるだろうかなどと思いながら歩いている。山に向かって上り坂である。先を見ると長い坂である。その先に道の両側に大きな店の様なものが見えてきた。プレハブに近い建物である。魚勢という鮮魚の小売センターが八号線の海側、陸側が食堂であった。まだ十一時前で昼食には早すぎる。いつも昼食時間と食堂がある場所が合わない。どうもこの先に食堂はなさそうであるが、食堂があったからといって、無理に早すぎる時間に昼食をとることも出来ない。恨めしそうに食堂の前を通り過ぎると、すぐトンネルが見えた。「富山百十七、魚津九十四、糸魚川三十九㎞」の標識が出ていた。

歩く人にとって、トンネルはあまりよいところではない。何処のトンネルも車のために作られているため、「歩行者は通れません」が常識になっているからである。地元の人に聞くと「ここのトンネルは、八十㎝ぐらいの歩道があるから歩けますよ」というところもあって、尿前の関のトンネルではそういわれ、狭い歩道を通ってきた。恐る恐るトンネルを入ると、直江津のトンネルも尿前の関と同じようなコンクリートで段差のついた八十㎝ぐらいの歩道があった。ほっとしてトンネルに入っていった。長いトンネルだった。出てきたときの標識を見ると、入ったときの標識との差で一㎞のトンネルと分かった。トンネルを抜けると目の前に日本海が広がっていた。

十一時二十分、直江津駅から一二、七九〇歩、七・二㎞歩いたところであった。後ろを向くと日本海につきでた直江津港に石油の丸い白いタンクが連なっていた。その後の山々は佐渡なのだろうか、もう佐渡は見えないのだろうかなどと思いながら休憩した。ポットのお茶を「キス　オブ　ファイヤー」にならぬように少しずつ口につけた。日本海に青空が広がり、波が静かであった。先を見るともうトンネルはなさそうで、昼食の食堂探しをしながら歩く時間になっていた。一時間ほど歩いたとき、赤い看板が見えて〈デイリー〉というコンビニに出会った。十二時三十分、一五、九九四歩、九・六㎞歩いた谷浜というところであった。

迷わずコンビニに入って弁当を買った。食堂を探してコンビニを通り過し、食堂もコンビニもどちらも見つからなかったことは毎回あったから、決断が必要である。近頃のコンビニは店の周りに、椅子を置かない。ゴミ箱も置かないように合理化している。自動車の連中は車の中で弁当を食べるが、私はリュックの折りたたみ三脚に腰を下ろして、日本海を眺めながら弁当を食べた。弁当の食べかすを持ってうろうろしていたら、従業員が「ゴミ箱は店内にありますよ」と教えてくれた。「お客を外に出し、ゴミ箱を店の中に入れる」

ちょっと考えたが、深く考えると、倫理や道徳や哲学になるので止めにした。洗面所を借り、歯とマウスピースを洗い、歩き出した。今日は筒石駅まで約二十km歩く予定であったが、しばらく歩くと北陸本線のトンネルの出口が現れ、「谷浜駅」と左折の矢印が見えた。糸魚川より一駅目である。一八、〇〇〇歩、まだ十一km今日は、筒石まで歩く予定だが、もう歩きたくない誘惑を抑えて、左折せず、八号線を南に歩き出す。

日本海沿いで後ろに佐渡島も見えなくなった道を二時間ほどだらりだらりと歩いて行くと、名立川にぶつかり、真新しい白い橋が架かり、上流の土手に満開の桜並木が続いていた。今朝出てきた太平洋岸相模湾の大磯では、とっくに桜が散っていたのに、今年二度目の桜を見るちょっとした驚きがあった。立ち止まって、じっと桜並木を見る。桜というやつは、桜の花を見るのではなく、薄桃色をした花霞か、幕を見ているようなものである。それが土手に続いている薄紅色の横断幕か花霞がよいのである。自宅の近くの花水川の土手の桜並木を今年は見落としたが、ここまで来て名立川の土手に満開の桜並木を見せてもらったのはやはり幸いであった。多少、足取りも軽くなったように感じた。川の手前に名立駅が見えた。十六時五十九分になっていた。二八、四五六歩、十七・二km歩いたところであった。まだ二十kmには達していないが、今日はここまでにしようと決めた。

名立駅は無人駅であった。無人駅になっても、駅の時間表に示された発車時間は正確に運行されている。運転手、車掌が無人の駅員の分まで働かされていることになるからである。糸魚川まで北陸本線に乗った。糸川駅前の〈ビジネスホテル・トーア〉は一階から三

第46日目2014年4月19日(土)
予定コース:直江津―糸魚川　天候:晴

時分	出発場所	到着場所	歩数	距離(km)	買物	金額	適用
5:00	自宅				タクシー	1,730	
5:37	JR大磯駅				ジパング	16,500	
6:40		東京駅					
7:00	東京発 とき303				弁当	373	
8:11	越後湯沢						
8:20	白鷹2号	越後湯沢					
9:05	直江津						
10:05	8号、123号	交差点8号へ 右折	5,586	3.4			
10:15	休憩(10分)						
10:55	魚勢センター		9,909	5.9			
11:20	トンネル抜ける		12,032	7.2			日本海岸
11:36	富山116	魚津93、 糸魚川39	12,790	7.7			
12:30		コンビニ 昼食	15,994	9.6	弁当	594	
13:18	谷浜駅		18,357	11.0			
15:59	名立		28,456	17.1			
16:56	糸魚川駅				土産	1,096	
17:00	ビジネスホテル						
日計			28,456	17.1		20,293	
累計			1,255,991	753.6		598,777	

階までは、バーかスナックの飲み屋になっていて、昼間は閉まっている。四階だけが十室ほどのホテルで、素泊まり専門である。夕食も朝食もなく、外食である。フロントのおばさんに、夕食を食べる適当な食堂を紹介してもらい、地酒があるそば屋で夕食を済ませた。風呂を浴び、そのままベッドに入って、死んだように寝入ってしまった。目が覚めたら四時半になっていた。十時間眠ったわけである。中途半端な時間なので、また風呂に入ったというより、湯船に漬かっていた。ボヤーッとして、疲れが抜けるように感じた。一人旅ではなくては味わえない、緊張感がほぐれるときである。風呂から出て、裸のままでも、だれからも急き立てられず、部屋の暖房で温められ、睡眠は十分にとったし至福の自由な時である。まだ六時前である。何もしなくてよい。小さな部屋にたった一人である。この気分がたまらなくて、一人旅をしているのかもしれない。芭蕉さんも「奥の細道」も孤独な一人旅を満喫する手段かもしれない。

第四十七日目　四月二十日（日）
糸魚川―市振

だらだらと過ごすうちに七時半になった。八時には出かけねばならないと、旅支度にかかった。フロントに出ると昨日と違うおばさんがいた。
「今日は、親不知を通って市振まで歩くんですが、親不知は三十年前何回か行き来したが、あの断崖を通る薄気味悪さの気分はいまだに嫌なものですが、今はトンネルが多くなって、トンネルの中を歩いて通ることになるんでしょうね」

「お客さん、そのお歳では歩けませんよ。あそこのトンネルは狭くて歩道がないんだそうですよ。絶対歩いてはだめです。青海駅か親不知駅からタクシーで通りなさい。糸魚川タクシーは電話で呼べますから」とメモ用紙にタクシーの電話番号を渡された。

「お客さん。歩くのはだめですよ。タクシーに乗りなさいよ」と念を押されたが、私はそれでも何とか歩きたいし、三十年前の親不知の断崖の薄気味悪さは嫌だしと迷いながら、フロントのおばさんの言葉を言い訳にしたいようなで、ホテルから駅に向かわず八号線を親不知に向かって歩き出した。すぐ、姫川の橋に架かった。この姫川の河口の玉石に「翡翠」があって、糸魚川から、市振にも、富山県に入って境の関の越中宮崎駅にも「翡翠を探そう」の看板が続いている。歩いているうちに親不知は近づいてきて、青海に来てしまった。ここから先が子不知、親不知、犬戻り、駒返しなどの難関である。私はどうしてもあの薄気味悪い難所を独り歩きする気にはなれなかった。仕方なくおばさんから渡されたタクシーの電話番号番号のメモ用紙を取り出し、携帯でタクシーを呼び出した。

タクシーは十分もしないうちに来た。「市振の長円寺まで」と運転手に行先を告げた。タクシーは親不知を抜けるまで、狭いトンネルの中を次から次に入っては抜けて、断崖も海も見えない中を走って行った。薄気味悪いものが見えなければ、恐怖もない。トンネルの中を見ると、やはり歩道はなかった。このトンネルは通らなくてよかった。しかし、トンネルばかりで親不知の自然を見ることはできなかった。道は北陸本線が見え隠れするように通っていた。

　八号線は親不知駅前を通り、すぐ八号線沿いにある長円寺に着いた。境内に入ると、寺は空家になっていた。芭蕉の「一家に　遊女も寝たり　萩と月」の句碑を捜して歩き回ったが、境内の奥へ入って行っても見つからない。運転手も出てきて、「見たことがあったような気がしたのですがねえ」と捜してくれて、やっと見つけた場所は入口に近い道路沿いの境内であった。もっと大きいものかと思ったが、古びた自然石に、刻まれた句もすり減っていて原文を知っているから何とか読み取れるほどになっていた。市振に来た目的はこの句碑を見ることができたので、これですべてのような気がして、運転手に「ここで結構です」とタクシーを降りた。あとは芭蕉が泊まった市振の宿「桔梗屋」の跡と、市振関所跡がある。旧道になるのか、現八号線より海寄りに急坂を下りて、すぐ市振小学校跡があり、その敷地のなかに「市振関所跡」の石柱が建っていただけであった。「桔梗屋」も街並みの民家に「桔梗屋跡」の標柱と「説明板」があるだけであった。「市振関所跡」から旧道を南に進んでいくと、一㎞も進まないうちに北陸本線「市振駅」があり、通り越してさらに一㎞ほど進んだところに、「道の駅・市振の関」があった。ここで十二時半になった。道の駅に食堂があったので朝食を兼ねた昼食をとった。

「奥の細道」の中で「一振」の章は、評論家、解説者に議論と話題になるところである。まず「一振の章」の原文、

「一振
　今日は親しらず・子しらず・犬もどり・駒返しなど云う北国一の難所を越て、つかれ侍れば、枕引き寄せて、寝たるに、一間隔て面の方に、若き女の声二人ばかりきこゆ。年老いたるおのこの声も交じりて物語するを聞けば、越後の国新潟と云う所の遊女成し。伊勢参宮するとて、此の関までおのこの送りて、あすは故郷にかえす文したためて、はかなき言伝などしやる也。白浪のよする汀に身をはふらかし、いまのこの世をあさましう下りて、定めなき契、日々の業因、いかにつたなしと、物云うを聞く聞く寝入りて、あした旅立に、我々にむかひて「行衛しらぬ旅路のうさ、あまり覚束なう悲しく侍れば、見え隠れにも御跡をしたひ侍ん。衣の上の御情に大慈のめぐみをたれて結縁せさせ給え」と、泪を落とす。不憫の事には侍れども、「我々は所々にてとどまる方おほし。只人の行くにまかせて行くべし。神明の加護、かならず恙なかるべし」と、言捨て出つつ、哀れさしばらくやまざりけらし。
　一家に　遊女もねたり　萩と月
　曾良にかたれば、書きとどめ侍る。
」（「奥の細道」より）
この最後の一行「曾良にかたれば、書きとどめ侍る」と書かれたが、曾良の「旅日記」には何も書いてなかったことが、「一振」解釈や評釈、評論で、諸家が「何故か？」の推論から、虚構説が生まれるに至っていくのである。しかし、芭蕉も曾良も、その裏付けとなるものは残していない。私が参考にした著作の中から、金森敦子著「芭蕉『奥の細道』

の旅」には、

「芭蕉は市振で伊勢へ行く新潟の遊女の事を印象深く書き留めている。曾良の日記には何も触れられていず、この挿話はおそらくフィクションだろうといわれている。

元禄二年当時女性二人だけで長旅をすることは非常に稀なことで、春をひさぐのが目的だと思われても仕方ないところがあった。女性だけの旅には危険がつきものだったから、男性の供を連れて行くのが常識である。また新潟から伊勢へ行くなら善光寺を経由して中山道に出るのが普通で、市振から加賀へまわるのは、京都本願寺参詣の他は殆ど例がないようである。

『奥の細道』の完成稿を仕上げるまでに芭蕉は五年を要している。(素龍が浄書をし終えたのは元禄七年初夏)。ある人が草稿を覗いたときは越後路の事も多く書かれていたというが、推敲後は旅日記には『病おこりて事をしるさず』と十一文字になってしまった。しかし、曾良の旅日記には『病』の事は記されていない。遊女の挿話を際立たせるために『病』という理由をつけて越後路を削ったというのが、あるいは真相なのかも知れない。」

とフィクション説をとっている。

蓑笠庵梨一(正徳四(一七一四)年~天明三(一七八三)年))の「奥細道菅菰抄」では、遊女の語源の解説だけ長々と書かれているが、この話の真偽の事には何も触れていない。尾形仂著「おくのほそ道評釈」では、

『おくのほそ道』の中でも最も異色ある物語的趣致にとんだ一章である。『曾良に語れば、書きとどめ侍る』と結ばれてはいるが、『旅日記』には『十二日（中略）申の中剋、市振に着き、宿る。十三日、市振に着、宿。十三日、市振立つ。虹立つ』としるすのみで、『書留』にもこの句を録さない。のみならず、「一つ家に」の句は、『ほそ道』以前の諸集にも所見がなく、本文執筆に際して創作されたものである可能性が濃い。右の文言は、虚構を事実と見せかけるための、二重の虚構と見るべきだろう。当時の紀行文の創作意識においては、旅の本意をつづることが主眼とされ、事実や体験の有無などは、近代の私小説家流におけるほど問題ではなかったのである。ただし、港町には遊女も多く、ぬけ参りの風習の流行の中でも殊に遷宮の行われるこの年、芭蕉らが越路の旅を続けるうちに、どこかでこういう体験をしなかったとは限らない。それを象潟の西施、越後路の七夕の恋の気分のうつりの中で親知らず・子知らずの難所を越え旅のつらさ悲しさの高まった市振の関に配したところに、芭蕉の構成上の手際がある。『源氏物語』や『和漢朗詠集』をふまえた美文調の行文が、薄幸の遊女との出会いに、物語的幻想のかげをそえているが、文中の文言や結びの形の類似から見て、芭蕉がこの物語的な一章を脚色するのに、広本「選集抄」五ノ十一「江口遊女の事」を下敷きにしたこともまた否定できない。芭蕉はいわば西行と江口の遊女との出会いのパロデイの形で、紀行の運びに恋のいろどりをそえるとともに、どうすることもできない人生の寂しさ悲しさを伝えて、旅のあわれの一つとしたのである。『あわれさしばらくやまざりけらし』の文言の中には、社会的無力者の自覚に伴った芭蕉の強烈なヒューマニズムが脈打っている。」

と評釈している。しかし、いずれもフィクション（仮構）としているが、確証でなく推論である。推論や推察は評釈者の主観的判断である。遊女との嫌な関係で芭蕉を汚したくない芭蕉びいきが働くのはむしろ当然である。しかし、芭蕉は遊女たちに、

『あした旅立に、我々にむかひて「行衛しらぬ旅路のうさ、あまり覚束なう悲しく侍れば、見え隠れにも御跡をしたひ侍ん。衣の上の御情に大慈のめぐみをたれて結縁せさせ給え」と、泪を落とす。不憫の事には侍れども、「我々は所々にてとどまる方おほし。只人の行くにまかせて行くべし。神明の加護、かならず恙なかるべし」と、言捨て出つつ、哀れさしばらくやまざりけらし。』

と同行することを拒否し、遊女を突き放す冷たさを率直に描いているのはフィクションよりこの冷たさに芭蕉の客観性を感じ、芭蕉のリアリズムだと感じるのが私の主観的見方である。五年もかけて推敲した「奥の細道」にフィクション（虚構）を入れるのは紀行のリアリズムに矛盾すると考えるからである。芭蕉の俳風思想というのか、俳風哲学は「不易流行」と言われている。「不易」は詩の基本である「永遠性」である。「流行」は日々移り行く「新しさ」で、永遠と日々流れる流行は、相互に矛盾しているように見える。しかし、ともに風雅の誠から出ているものであるから、根本的に同じものであると芭蕉は同じものと統一して、それを「俳風思想」とした。芭蕉が「奥の細道」の冒頭、

「月日は百代の過客にして、行きかふ年もまた旅人なり。船の上に生涯を浮かべ、馬の

第47日目2014年4月20日（日）
予定コース：糸魚川―市振　天候：曇り

時分	出発場所	到着場所	歩数	距離(km)	買物	金額	適用
8：00	ビジネスホテル・トーア						
12：00	青海駅		12,342	7.4	タクシー	3,660	
12：10	長円寺						
12：20	市振関跡						
12：30	道駅市振関（昼食）				土産 天玉そば	20,923 500	
13：20	市振駅		18,523	11.2			
13：28		糸魚川					
13：30	白鷹13号						
14：51		越後湯沢					
15：04	越後湯沢 とき340						
16：20		東京					
17：40		自宅					
日計			18,523	11.2		25,083	
累計			1,274,514	764.7		623,860	

口とらえて老いを迎ふるものは、日々旅にして、旅を栖とす。古人も多く旅に死せるあり。予も……」

「旅は栖《すみか》」である。フィクションはないのである。と我がリアリズム論者は主張しておく。私でも、誰でも、息巻いて、力んでみても、歩き旅のリアリズムは、一歩一歩足を出して歩くことである。私は親不知の恐怖がいやであるから、芭蕉の時代は馬に乗れたが、現代はタクシーで歩道のないトンネルを通って断崖の自然を見る怖さを避けて、親不知を通り越してきた。虚構（フィクション）では、それを歩いたと嘘を書くことになる。私は嘘を書きたくない。むしろ怖がりの恥を書いて、リアリズムで書く。

市振では歩き旅より、芭蕉の遊女で、とんだ道草を食った。道の駅「市振の関」で土産を買い。今日はここまでと、市振駅に引き返した。十三時〇五分過ぎになっていた。一八、五二三歩、十一・二km今日は歩いた。千住を出て累計一、二七四、五一四歩、七六四・七km歩いたことになる。東海道五十三次の五三〇kmを超え、二三〇km以上歩いたことになる。

市振駅は、当たり前のように無人駅である。それでも、十三時二十分の直江津行は、正確な時間に来た。糸魚川で特急「はくたか十三号」に乗り換え、越後湯沢から上越新幹線上り十五時〇四分発で、帰ってきた。

第四十八、四十九日目　四月二十六、二十七日（土、日）

市振―富山

〔勇 予定〕四月二十六・二十七日（土・日）

＊一日目　四月二十六日（土）　五時〇〇分自宅発、五時三十七分ＪＲ大磯発、東京六時四十分着、上越新幹線、とき三〇三号東京七時〇〇分発―長岡着八時三十三分着、信越本線に乗換え、長岡北越二号、八時四十七分長岡発、糸魚川十時〇一分着、乗換十時三十三分発、市振十一時〇〇分着・二十km入善駅まで歩く、北陸本線入善十四時三十分発、十四時四十八分、滑川着、〈サンルート滑川〉泊まり。

＊二日目　四月二十七（日）　滑川八時〇〇分発（十km）水橋十一時三十九分発―富山十一時五十分着、富山で昼食。

帰路：富山発十五時四十九分、はくたか十九号、越後湯沢十七時五十二分着、とき三四〇、十八時四分発―東京十九時二十分着。

〔幸子 予定〕

＊一日目　四月二十六日（土）　十時二十分自宅発、十時四十六分ＪＲ大磯駅発、東京着十一時四十七分着上越新幹線、とき三二一号東京、十二時十六分発、越後湯澤着十三時二十六分着、ほくほく線乗換え、越後湯沢、はくたか十二号、十三時三十四

分長岡発、魚津十五時十五分着、乗換十五時二十五分発、滑川十五時三十三分着、〈サンルート滑川〉泊まり。

＊四月二十九日（火、祝）帰路

富山発十五時四十九分、はくたか十九号越後湯沢十七時五十二分、たにかわ四二四号、越後湯沢十八時十二分発、東京十九時四十分着、大磯二十時五十分頃。

四十八日目　四月二十六日（土）

市振―滑川

ゴールデン・ウイークに入ったのか、予定した越後湯沢廻りのほくほく線特急指定席が満席で長岡廻り信越本線北越二号で糸魚川乗換、市振まで行くことになった。遠回りになったわけである。朝も四十八分ばかり早くなった。予定通り、とき三〇三号東京、七時〇〇分発、長岡着八時三十三分着の上越新幹線に乗ったが、寝込んでしまい、目が覚めたら、長岡を出るところであった。乗り越しである。慌てて次の燕三条で、八時四十五分上りの新幹線に飛び乗ったが、長岡へ着いたのが八時五十五分、乗り換えの北越二号は出た後、改札で、事情を話し、最短時間で市振に行く方法を調べてもらったが、普通・普通で乗り継ぐ方法が一番早く、それでも十一時ちょうど着の予定が十三時十六分に、予定の時間より三時間遅れになる。長岡発九時二十分発直江津行まで二十五分待ち、市振まで四時間の旅である。方法はないとの結論に達し、三時間遅れを覚悟した。「予定は、あくまで未定にして、しばしば変更することあり」である。一瞬間の居眠りが、三時間の予定超過になってしまったわけである。時間厳守は重要なことはわかっているが、居眠りという生理現象のために、独り旅であるから、自己責任で、自己管理で、朝寝坊も、寝不足による居眠りも、三時間遅れの処理を修復するだけで許される。独り歩きの個人管理で個人責任であるからよい。数百人、数千人の指揮者であったら、数百数千の生命にかかわる責任である。それでも切り替えねばならない場合があるのである。

「予定は、あくまで未定にして、しばしば変更することあり」という「作戦要務令」にあった指揮官が経験から生んだこの命題には、深い意味が含まれている。日本海側の車窓から幾度も往復した越後の海を直江津から糸魚川、子不知、親不知と通った。この四時間は居眠りするには充分ある時間なのに、逆に目が冴えて眠くならないから、人間の生理は勝手である。名立の土手の桜もまだ咲いていた。子不知、親不知のトンネルをいくつも潜ったあと、四時間の長い列車の旅が終わり市振に着いた。三時間遅れの処理をどうするかの糞度胸は据わっていた。一人旅であるから歩かねばならない、三時間歩く予定をいかにして短縮するかの工夫が必要であった。

市振駅から南に向かって歩き出し、「道の駅・市振の関」へ着いた。この前と同じように、ここの食堂で、天ぷらうどんの軽い食事をとった。食器をセルフサービスで返却するとき、「富山方面へ向かって、市振の次の駅まではどのくらいありますか」と聞いた。「次は越中宮崎だから、五、六分かな」「歩いてです」「えっ、歩いたことはねえから、わからねえな」であった。現代は「歩く」ことが異常なことになっている。車の移動が常識な時代である。歩く時間は知らないのが常識である。「歩かれるの」と変人を見るように上から下まで見返される。

「隣り町は『境《さかい》』で越後と越中の境目、今、ちょうど『関所祭り』の真最中ですよ」という。越後の市振の関所は役人がだまって通したが、境の関所は厳しく、「入り手形」「出手形」を出さないと通ることができなかった。芭蕉も曾良も手形の入手に苦労したことが残されている。もちろん、現代は県境を越えるのに手形もパスポートも必要はない。出入り自由である。食堂を出て南へ向かい歩き出すとすぐに川があった。この川が新潟県（旧越後）と富山県（旧越中）の境界の境川であり、あった。にわかに太鼓と笛の音がしだし、ひと足も増えてきた。関所の軒ごとに、家紋入りの赤いのぼり旗がたてられ、交通案内の役員が要所要所に立っていた。その役員に、「越中宮崎の駅までは、何㎞ぐらいありますか」と聞くと「五、六㎞かな。いやもう少しあるかな」とあいまいな答え。左側に関所の大きな門があって、中から太鼓と笛の音が聞こえ、大勢の人が詰まって、まつりの会場のようであった。ここが境自慢の「護国寺」のようであった。富山は細君の田舎である。独り歩きの途中、富山の義姉に挨拶せずに素通りできないので、細君も一緒に行くということになり、市振から富山の手前の中間で落ち合うことにしてあった。特急が泊まる「魚津」にしたが、魚津周辺のビジネスホテルは満員で取れないので、次の駅の「滑川」のビジネス

第48日目2014年4月26日（土）
予定コース：市振―滑川　天候：

時分	出発場所	到着場所	歩数	距離(km)	買物	金額	適用
5:00	自宅						
5:37	JR大磯				JR	22,770	
6:40		東京					
7:00	東京とき303						
8:33	長岡	(乗り越し)					
8:45	燕三条	長岡					
9:20	長岡	直江津乗継					
13:16		市振					
14:00	道の駅市振 昼食		2,534	1.5			
14:30	境関祭り	境護国寺	4,044	2.3			
14:50	境出口		5,081	3.1			
15:30		越前宮崎駅					
15:53		滑川駅					
16:05		サンルート滑川			ホテル代	8,000	
日計			10,253	6.1		30,770	
累計			1,284,767	770.8		654,630	

ホテルで落ち合うことにしてあった。彼女の滑川到着予定は十五時三十三分着である。三時間遅れを取り戻し、十五時三十分前後に滑川に着く修正をしなければならなかった。予定は市振から泊まで歩いて、泊から滑川へ電車に乗れば間に合う筈であったが、何処まで歩いたら、時間調整がうまくいくか歩きながら考えていた。

護国寺で十四時三十分、四、〇四四歩、まだ二、三㎞しか歩いていない。ここでまた、越中宮崎駅までの距離を聞いた。「あと、三㎞ぐらいですか」「いやそんなにないですよ」と答えてくれたので、ほっとしていると追いかけてきて、「いや、三㎞以上は確実にありますよ」と訂正された。しばらく進むと八号線とＪＲ北陸本線とが並行して走り、その間で都市ガスの配管工事をしていた。「越中宮崎駅は、この先まだですか」「いや、三百ｍぐらい先の踏み切りを渡って戻ったところですよ」。境出口で十四時五十分、五、〇八一歩、三・一㎞、越中宮崎駅で十五時三十分、一〇、二五三歩、六・一㎞今日はここから滑川まで、電車にのり、細君と落ち合うことで、三時間遅れを誤魔化すことができた。ホテルの〈サンルート滑川〉へ着いたのは、十六時五分、十八時の夕食前に風呂を浴びた。二食付き八千円で夕食朝食とも豪勢とはいえないが、夕飯の熱燗一本が、三時間遅れのお灸のように効いて、朝六時まで熟睡できた。

いよいよ富山駅で、両親を早く亡くした細君の親代わりのゆり子姉に、久しぶりにお会いする。明日が月曜日で、孫の夕食を作らなければならないため、私はとんぼ返りをしなければならない。細君は二、三日泊まっていくことになっている。

第四十九日目　四月二十七日（日）

滑川─富山

越後路は雨が多かったが、昨日今日と天候に恵まれ、晴れであった。滑川と富山市の間は十八㎞程で、二十㎞以内なので、歩いて行くつもりだったが、久しぶりに義姉に会うのに、とんぼ返りしてしまう時間を少しでも多くとりたいと、今日の独り歩きは割愛することにした。「奥の細道」での芭蕉の足取りも、越中（富山）は素通りして、金沢まで旅しているので、富山は何度も来ている私も、そのせんで行こうと思っている。

朝食を済ませて、九時前後の北陸本線で滑川駅から富山へ列車に乗った。細君は義姉さんと〈大和デパート〉正面玄関で十時に待ち合わせているようであった。富山駅は来年に控えた北陸新幹線のために、出口も地元特産品の売り場も食堂のあった駅ビルも建て替え工事中で、駅前も変わりつつあった。来年春完成後は新幹線駅舎もどう変わるのであろう。タクシーで駅前から〈大和デパート〉正面玄関まで行ったが、玄関手前に着けられたために、玄関を探すのにしばらく迷った。義姉さんの姿を見つけて、そこに玄関があることが分かった。

まず、私と同年である義姉さんの健康そうな様子を見て、ほっとした。デパートの中を上下する細君に引きずられたが、家でもそうだが、末っ子の細君のわがままぶりは義姉さ

第49日目2014年4月27日(日)
予定コース:魚津—滑川　天候:

時分	出発場所	到着場所	歩数	距離(km)	買物	金額	適用
9:10	滑川						
9:25		富山			土産	25,000	
15:49	富山 はくたか19号						
17:52		越後湯沢					
18:04	越後湯沢 とき340						
19:20		東京					
20:30		自宅					
日計			0	0		25,000	
累計			1,284,767	770.9		679,630	

んの前でも、そのままだった。結局は地下の食品売り場で、土産品を買い、家に宅配でまとめて送ってもらうことにした。最上階で喫茶店に入り、コーヒーを飲んで一休みした。

十二時過ぎになったので、義姉さんから〈五万石〉で、豪華な昼食を頂くことになった。私の個人的な「奥の細道独り歩き」の旅の途次に、通り道なのでちょっと挨拶に顔を出す程度、それに便乗して、細君が里帰りをすることになったということで、言い訳になるが、義姉さんにはお土産も用意して来なかった。それにもかかわらず昼食をご馳走になるなんとなく後ろめたさが残る。帰ってから何かをしなければならない気持ちが強く残った。昼食のお刺身が特に美味しかった。昼間から酒は止めようと言っていたが、「一本だけ」と細君が言い出し、私は盃二杯頂いたが、その二杯で顔が赤らみ、酔いが強くまわってきた。一時間半以上時間をかけ、すっかりご馳走になり、〈五万石〉を出た。富山駅は近かったが、工事中のため、途中で通路がふさがれていたりした。

時間を見ると、一つ前の「特急はくたか」に間に合うかもしれないと、切符の変更に「みどりの窓口」で並んだが、前の客がなかなか動かず、結局間に合わず一時間。十五時五十二分発「はくたか十九号」まで待つことになってしまった。

予定通り、越後湯沢廻りの上越新幹線で東京を経て、大磯に着いた。翌日の孫の夕食は作ることができた。細君は二日後、二十九日まで、義姉さんのお世話になって帰ってきた。義姉さん大変お世話になりました。

平成二十六（二〇一四）年五月五日（月）

第五十、五十一日目　五月二十四、二十五日（土、日）

富山―高岡―金沢

〔計画〕

＊一日目　五月二十四日（土）　自宅五時五十分発―ＪＲ大磯発六時二十六分―東京七時三十六分着、とき三〇七東京七時四十八分―越後湯沢九時〇四分、ほくほく線湯沢発九時十四分はくたか四号―富山着十一時二十二分―十八・五km徒歩、高岡着十七時〈ホテル・アルファーワン高岡駅前〉五、二〇〇円。

＊二日目　五月二十五日（日）　八時高岡駅発十八km徒歩―石動駅十五時二十一分発―金沢着十五時四十五分着―しらさぎ十四号十六時四十八分発―米原十八時四十四分着―ひかり五三二号十八時五十二分―小田原二十時三十七分着、湘南電車二十時五十四分発―大磯駅二十一時十分着。

第五十日目　五月二十四日（土）

富山―高岡

今回は、大磯を出て、東京、上越新幹線で越後湯沢、ほくほく線と北陸本線で富山金沢を経て米原に出、東海道新幹線で小田原、東海道線で大磯へと前へ進むだけで、回れ右することなく本州内陸を一周する初めての旅である。次回からは、東海道新幹線だけで、東北、上越線は今回で終わりである。

越後湯沢駅発ほくほく線の特急の始発「はくたか四号」が九時十四分のため、家を出るのも遅くなったが、今日の歩き始めの富山に着くのも十一時二十二分で、歩く時間は午後半日しかない。富山駅は来春北陸新幹線到着駅となるための工事中である。十一時半過ぎになっていたので、山側出口の仮設土産売り場にあるそば屋で昼食をとった。白海老のかき揚げうどんを食べたが、六五〇円取られたが、立ち食いソバより美味いとは言えない。仮設売り場を出て、十二時五分、地図を頼り、すぐ前の道を西に向かって歩き始める。出発地が遠いために、午前中に出発できなかったことは、「東海道」と「奥の細道」を通じて初めてだと思う。今日の歩く時間は午後だけである。高岡に通じる四十四号線を目指して歩き始める。すぐ左へ曲がり、神通川を渡る橋に通じる広い道に出る。

橋の手前の車道と民家の間の歩道を歩いていると、車椅子の男に家の中から声をかけられた。「どこまで歩く?」こちらの旅装を見て、ぶっきらぼうに話しかけてきた。「高岡」、「そりゃあ、遠いや。あまり無理はせんがや」富山弁として正確ではないが、そのように言われたと思っている。遠い高岡は事前の調べで二十㎞、約五里である。私の歩き旅では標準という所である。神通川は水清らかという形容がぴったりで、透明な上、水量豊かで滔々と流れていた。橋を渡るとすぐ七号線にぶつかり、左折矢印に四十四号線と出ていた。

左折してしばらく進むと四十四号線との交差点に出た。そこを右折すれば高岡まで一本路である。すると右の角に「西尾薬局」という、昔の薬屋のように商品を並べている店のない、病院の発行する処方箋の調剤だけをする調剤薬局があった。いかにも富山の老舗という大きな木造の家構えだったので、ここが細君の高岡女学校の同級生の家であると直感した。携帯で確かめると、その通りであった。

この辺りは五福町で富山大学がある学校街である。すぐ大学正門があった。富山は江戸時代から「越中の薬売り」以来現代まで、殿様を先頭に全国に薬を宣伝した売薬の伝統がある。戦前から国立薬学専門学校があり、戦後は富山大の医学部ができ、名前は亡失したが、もうとっくにお辞めになっている富山大学長には、私が公衆衛生院時代に、東京大学伝染病研究所（伝研）で、寄生虫の専門家で私の恩師であるウイルス学の、甲野礼作先生と芦原善守先生のところを訪ねてきていたので、面識があったといっても、六十年以上も前の話である。現公衆衛生学部教授とは助教授時代、学会で飲み歩いた仲であったが、もう私も引退して十年、御無沙汰している。すべて、昔話になってしまった。

そんな思い出に浸りながら、道は呉羽山の峠にかかっていた。峠を越えたところが茶屋町、十三時二十三分、富山駅から約一時間半歩いた一一、〇八六歩、六・七㎞の所であった。十四時ちょうど、高山線陸橋で一四、八三六歩、六・八㎞歩いていた。ここで小休止し、今朝、家で作ってもらった握り飯二個のうちの一個を食べた。魔法瓶のお茶は、まだ口を火傷するくらい熱かった。陸橋の下を彩色を施した特急電車が走って行った。休憩にどこでも座れる折りたたみ椅子付リュックは便利だが、肩に食い込み重く感じるようになった。歩き始めて五㎞、足慣らしができたころのはずが、日増しに足が重くなっている。十五時五十五分沿線バス停「手崎」二二、九七〇歩、十三・八㎞の所で、二個目の握り飯を食べている間に、高岡行のバスが通過していくのを恨めしく見送った。

　東北を一回りし、新潟を通ってきたが、山と田圃、まばらな人家と続いていたところが目立ったが、富山から歩いてきて、人家が切れることなく家並みが続いていた。新潟県内まで、ＪＲの多くの駅も無人駅だったが、富山へ入ってから無人駅がなくなった印象が強い。富山は人口密度が高いのかもしれない。今晩の高岡駅前の〈ホテル・アルファーワン〉は十七時チェックインに予約してあったが、高山まで歩いて十七時までには着かなくなった。小杉駅行きのバスが来たので、バスに乗った。十分も乗らないうちに、小杉駅に着いた。十六時三十分、二六、九七〇歩、十五・九㎞歩いて今日は終わりである。小杉から十六時五十七分発金沢行に乗り、高岡には十七時五分に着いた。二十㎞には達しなくても、十五・九㎞も歩くと、足が痛みだすようになっている。車椅子の男の戒めではないが「無理をしないで」のささやき声が聞こえてくる。

　夕飯なしなので、ホテルと高岡駅周辺を一回りしたが、飲み屋はあるが、食堂はない。仕方なくホテル内の〈やるき茶屋〉をすすめられて入ったが、ここも一杯飲み屋であった。「刺身」「白海老のかき揚げ」「焼き鳥盛り合わせ」と地酒立山を頼んだ。途中握り飯を二個食べたので、これで夕飯にした。疲れていたのであろう、立山は一合で効いた。日本海

第50日目2014年５月24日（土）
予定コース：富山—高岡　天候：晴れ

時分	出発場所	到着場所	歩数	距離(km)	買物	金額	適用
5:50	自宅	JR大磯駅			ジパング	18,038	
6:26	JR大磯駅	東京駅					
7:36	東京駅						
7:48	とき307						
9:04		越後湯沢					
9:14	はくたか４						
11:22		富山駅					
12:05	富山駅				ラーメン	650	
12:10	神通川渡		4,441	2.7			
12:21	7、8号交差点	五艘手前	5,554	3.3			
12:40	55、54交差点	五福、西尾薬局	7,136	4.3			44号左折
13:23	呉羽峠茶屋		11,086	6.7			
14:00	高山線陸橋		14,836	8.9			
15:55	手崎		22,970	13.8			
16:30	小杉駅近く	小杉までバス	26,453	15.9			
16:57	北陸本線	小杉	30,778	18.5			
17:05	高岡着				夕食	3,070	
17:10		ホテル アルファ・ワン			宿泊代	5,200	
日計			30,778	18.5		26,958	
累計			1,311,219	786.7		706,588	

氷見港が近い高岡の刺身の鮮度はなく、何か日本の味、和食の味がない。「白海老のかき揚げ」は天ぷらではない。どこか異国の味がする。ラテン系の味である。焼き鳥は日本の焼き鳥ではない。食べ残しの嫌いな私が、それぞれ食べ残して、立山でラテン味の和食で、口をごまかして夕食を止めた。三千七十円取られた。日本へ帰りたいと思った。そのまま、ベッドへ倒れこみ翌朝五時半に目が覚めて、風呂に入った。

朝食バイキングも〈やるき茶屋〉であった。納豆、卵があってほっとした。味噌汁が美味くなかった。味噌汁に出汁の味がなかった。尾籠な表現だが「馬の小便」である。歩き旅の朝食は十分詰め込まないと、途中、食堂なし街道の多いところでは重要である。朝食を十分詰め込んでおくと、最悪の場合の昼抜きにも耐えられるからである。納豆と卵、海苔、あとの煮物はラテン味であったが、米の飯は十分詰め込んだ。一泊朝食付五千二百円のホテルの食事である。「和食味なしホテル」であった。

第五十一日目　五月二十五日（日）

高岡―金沢

高岡について「奥の細道」では「那古の浦」の一節にこのように書かれている。

「那古の浦　くろべ四十八が瀬とかや、数しらぬ川わたりて、那古と云う浦に出。担籠《たこ》の藤波は、春ならずとも、初秋の哀というべきものをと、人に尋ねれば、『是より五里、いそ伝ひして、むかふの山蔭にいり、蜑《あま》の苫《とま》ぶきかすかなれば蘆の一夜の宿かするものあるまじ』といひをどされて、かがの国に入。

わせの香や　分入右は　有磯海　」

芭蕉は、黒部川は氾濫して幾筋も川が流れていたので「くろべ四十八が瀬とかや」と、人足を雇って黒部川を渡り、翌日高岡を通って「奈古の浦」についている。現在、高岡から万葉線に乗って三十分ぐらいのところの氷見市には放生津《ほうじょうつ》八幡宮がある。天平十六（七四六）年、今から約千二百七十年前、いわゆる万葉の時代、越中国司として赴任した大友家持が、奈古の浦の風光を愛して豊前の宇佐八幡宮から分霊を勧請したのが始まりの古社であるという。境内の隅に「わせの香や分入右は有磯海」の芭蕉句碑もある。有磯海とは、枕詞で、富山湾全体という説と氷見の雨晴海岸付近という説がある。ここで大友家持が「東風《あゆのかぜ》　いたくふくらし奈古の海人の　釣する小舟こぎ隠るみゆ」（万葉集）をはじめ数多くの歌を詠んでいる。曾良の旅日記にも「ナゴ・二上山・イハセノ等ヲ見ル」と書いているが、私は十年ほど前訪れたこともあって、今回は割愛して、ホテルから八号線へ出て、金沢を目指して直行して歩いた。ホテルを七時五十分にチェックアウトし、北陸本線の北側、西の八号線に向かって歩き出した。前述のように那古の浦は割愛して、金沢を目指した。五十分歩いて八時四十分に八号線にぶつかり、左折して南を目指して、金沢に向かって歩き出した。五、二七七歩、三・一㎞歩いた所であった。そこから二十分ほど六家という所、九時ちょうど、七、八二八歩、四・七㎞歩いた所に〈マクドナルド〉を見つけ、汗が出て喉が渇いたので、アイスクリームみたいなものがほしいと飛び込んだ。朝から汗をかくようでは今日は一日暑いぞと感じた。十分も落ち着かないで店を出て歩き出した。

十時三十分、一二、三〇六歩、七・四㎞の所に「道の駅万葉の里高岡」があった。那古の浦は寄らなかったので、道の駅の万葉の里は覗いてみようと、立ち寄ってみた。地産のお土産が主な店になっていた。それでも、氷見が近いので、「昆布締め」がいろいろあったので、昆布締めが好きな息子の顔が浮かび、何種類か買って、持ち歩けないので、宅配してもらった。この八号線を歩いていけば金沢に着くことは地図上で調べてある。日曜日なので、行き来する車も業務車両でなく、自家用車が多い。金沢の手前、越中富山県と加賀石川県境に倶利伽羅峠がある。この峠は、砺波山という二五〇ｍほどの低い山の峠なので、さほどではないと思われるが、義姉も細君も「倶利伽羅峠だけは、トンネルが多く、人里がなく、危険だから、歩くのを止めて」と強く言われていた。私の年齢を考えてのことだが。「奥の細道」では「金沢」の節で「卯の花山・くりからが谷をこえて、金沢は七月中の五日也。(後略)」としか書いていない。しかし、源氏贔屓の芭蕉が「源平盛衰記」で木曾義仲が倶利伽羅峠の戦いにおいて、平家軍の半分にも満たない三万の兵で倶利伽羅峠に陣を張り、平維盛の率いる七万の平家の大軍を、中国の古事に倣った牛の角にたいまつを括り付けた「火牛」数百頭を、平家軍に向けて放つと、虚をつかれた平家軍は倶梨伽羅谷へなだれ落ちていった。勢いを借りて義仲は京へ攻め上って行った古戦場である。私も東海道五十三次の終着近く、琵琶湖の大津の街道を歩いて「義仲寺《ぎちゅうじ》」を通った。ここに芭蕉の墓があり、義

第51日目2014年5月25日（日）
予定コース：高岡—金沢　天候：晴れ

時分	出発場所	到着場所	歩数	距離(km)	買物	金額	適用
7：50	ホテルalpha I						
8：40		8号線	5,277	3.1			
9：00	マクドナルド	六家	7,828	4.7	(マクドナルド)	347	
10：30	道の駅	万葉の里高岡	12,306	7.4	土産	5,520	
12：30	小矢部市	新栄バス停	20,466	12.3	（ローソン）	471	
12：53	石動駅				うどん	470	
13：20	金沢駅		23,932	14.5	コーヒー	1,050	
14：44	しらさぎ12号	金沢					
16：44		米原					
16：58	米原 ひかり528						
18：36		小田原					
19：10		大磯					
日計			23,932	14.5		7,858	
累計			1,335,151	801.1		714,446	

仲の墓と隣り合わせに芭蕉の墓もあった。そんなことで倶利伽羅峠は歩きたかったが、細君姉妹が厳しく止めるので、逆らわずに、手前の「石動《いするぎ》」駅まで歩き、倶利伽羅峠は北陸本線に乗って越えることにした。

この辺は小矢部市になっており、石動駅近くに来ると、お祭りの真っ最中で、大勢の人だかりの真ん中で、獅子舞が演じられていた。石動駅に着くと「木曾義仲」大河ドラマ実現のための小矢部市プロジェクトの看板と宣伝が物々しかった。十二時近くに石動駅に着いた。二三、九三二歩、十四・五㎞歩いた。倶利伽羅峠を前に、歩くのは中止した。瘦せ我慢して強がりを言っているが、二日間歩いてきて、リュックの重みは肩に食い込み、足のふくらはぎが痛み、足の裏全体が水ぶくれができたように、しびれてきていた。だんだん無理をしないようにと弱気になってきているのも本音である。石動駅に予定より三時間早く着き、金沢では一時間前の特急シラサギで米原行きに乗り、家にも一時間早く着くことができた。

第五十二、五十三日目　六月二十八、二十九日（土、日）

那谷寺―山中温泉―永平寺　細君幸子同行特別日

〔計画〕

＊一日目　六月二十八日（土）　自宅七時発―ＪＲ大磯駅七時十七分発―小田原七

時四十六着、ひかり五〇三号八時〇八分発―米原着九時四十五分、米原発しらさぎ三号九時五十六分発―加賀温泉着十一時二十二分、路線周游バス十一時五十五分発―那谷寺十二時半着、昼食―十四時十七分発加賀温泉十五時十分発―山中温泉行〈お花見久兵衛〉十六時着。（一泊）

＊二日目　六月二十九日（日）〈お花見久兵衛〉九時十五分発―山中温泉九時四十分発―永平寺十一時着、十二時四十四分発―福井駅十二時五十五分着、十五時三十六分しらさぎ一二号―米原十六時四十四分着、ひかり五二八号十六時五十八分発―小田原十八時三十六分着―大磯自宅十七時半着。

第五十二日目　六月二十八日（土）
那谷寺―山中温泉

今回の旅には「那谷寺は見たことがないし、永平寺は両親の遺骨を分骨した総本山」なので行きたいと、細君が同道した旅になった。細君と行く旅は、歩くことがないので、前記のように立てた計画は、東海道新幹線、米原乗換、北陸本線特急しらさぎで加賀温泉駅まで、計画通りの時間に着く。駅からは一時間に一本の千円で一日、乗り降り自由にできる「加賀周遊バス」が出ている。片山津温泉、山代温泉、中山温泉の観光協会が作る株式会社「まちづくり加賀」が運行している。予定通り駅前十一時五十五分発のバスに乗る。

土曜日「なのに」なのか、「でも」なのか、平日を知らないが、バスは半分ほど座席が埋まっていた。三十分ほどで那谷寺に着き、ほぼ全乗客が降りてしまった。心配していた雨が降り始めていた。計画と違ったのは、この日ほぼ終日雨降りであったことである。

まず、受付で入園料六百円を取られ、十年以上前に来た時は観光バスの集団で来たのでわからなかったが、こんもりとした寺の中に進んで、すぐ左手に金堂、華王殿があり、高さ十m以上はありそうな十一面観音像が安置された金堂があった。色彩鮮やかで比較的新しいもののようだと思ったが、六百五十年前に消失したものを平成二年に再建されたのだと分かった。観音堂を出て、奥に進むと池のある庭園が開け、池の背景が切り立った岩肌を白くあらわした崖の奇岩遊仙境の自然公園があった。太古の噴火の跡で、長年波に洗われて奇岩が形成されたという。「石山の　石より白し　秋の風」と「奥の細道」で芭蕉が詠んだところである。文字も崩れて読み取れないような「句碑」を見たが、私はこの句碑を見たので、今日の旅の目的はほぼ達成したものと思った。池を渡った奥に石段があり、その上に本殿があった。細君は階段は昇れないので、私だけ五十数段の階段を登り本殿をお参りした。その奥が岩窟の胎内めぐりになっているが、細君が待っているのでやめた。門前に戻り、門前のそば屋でそばを食べ、周遊バスを待ち、加賀温泉駅に戻った。ここからは中山温泉の〈お花見久兵衛〉から一時間ごとに、送迎バスが迎えに来ていた。十六時には宿に着き、今日は温泉と夕食で、独り旅とは違った。中山温泉は、奥の細道で芭蕉が八日間も滞在したところである。「奥の細道」では、

「**那谷**
山中の温泉《いでゆ》に行くほど、白根が嶽跡にみなしてあゆむ。左の山際に観音堂あり。花山の法王、三十三所の巡礼遂げさせ給いて後、大慈大悲の像を安置し給ひて、納谷と名付け給うと也。那智・谷汲の二字をわかち侍りしとぞ。奇石さまざまに、古松植えならべて、萱ぶきの小堂、岩の上に造りかけて、殊勝の土地也。
石山の石より白し秋の風」
と描いている。続いて山中温泉について、
「**山中**
温泉《いでゆ》に浴す。その功（効）有明（有馬温泉）に次ぐと云う。
山中や　菊はたおらぬ　湯の匂《かお》り
あるじとする者は、久米之助とて、いまだ小童也。かれが父俳諧を好み、洛の貞室、若輩のむかし、爰《ここ》に来たりし比（頃）、風雅に辱しめられて、洛に帰りて貞徳の門人となって世にしらる。功名の後、この一村判詞《はんじ》の料を請けずと云う。今更むかし語りとはなりぬ。
曾良は腹を病みて、伊勢の国長島と云う所にゆかりあれば、先立ちに行くに、
行き行きて　たふれ伏すとも　萩の原　曾良
と書きおきたり。行くものの悲しみ、残るもののうらみ、隻鳧《せきふ》のわかれ雲にまよふがごとし。予も又
今日よりや　書付消さん　笠の露」

芭蕉は、山中温泉に八日も逗留した。しかし、曾良は腹痛を病み、伊勢の長島に療養のため、芭蕉と別れることになる。奥の細道でも終わりに近くなって、芭蕉は独り旅になった。しかし、金沢から同行してきた北枝《ほくし》がこの後、しばらく芭蕉を送って行くことになった。曾良が腹痛で別れたことについて、芭蕉と曾良は深くはないが、同性愛になっていて、金沢から北枝が芭蕉にまとわりつき、曾良はこのことに嫉妬して急に腹痛と称して別れたという一説もある。また、曾良隠密説では、北枝が芭蕉にまとわりついていることを幸い、隠密の仕事を果たすために別れたという説である。どちらも、勘繰り程度の話で深く根拠のあるものではない。

第五十三日目　六月二十九日（日）
山中温泉――永平寺

奥の細道では永平寺について、

「**天竜寺・永平寺**

丸岡天竜寺の長老、古き因あれば尋ぬ。金沢の北枝といふもの、かりそめに見送りてここまでしたひ来る。ところどころの風景過ごさず思いつづけて、折節あわれなる作意など聞こゆ。今既に別れに望みて、

物書きて　扇引さく　余波《なごり》哉《かな》

五十丁山に入て、永平寺を礼す。道元禅師の御寺也。邦機千里を避けて、かかる山蔭に跡をのこし給ふも、貴きゆえ有とかや　」

永平寺には、私たち夫婦は〈お花見久兵衛〉から、山中温泉―永平寺バス停まで八百五十円で送ってもらい。永平寺に四十分ぐらいで着く。バスは上り坂の参道の下で降ろされ、乗客は上り坂の参道を歩かされ、土産物屋そば屋で金を落としてもらう仕掛けのようである。沿道の店屋の呼び込みはしつこい程まとわりつく、やっと、永平寺入り口に着き、石畳の参道へ入る。見取り図があるが、膝の好くない細君が、上り下りの少ない堂塔のどこをお参りできるか見たが、広過ぎて、坂が多くてとても無理のようである。しばらく歩くと左手に受付があったが、ここも階段で受付まで行けそうもない。階段下に車いす用のスロープがあり、車いすの人は受付で料金を払ったらそこから入れと書いてあった。私だけ階段を登り、自動販売機で入場料一人五百円を二枚買って、細君のところへ戻り、スロープから建物の中に入った。そこは資料館のようなところであった。靴は脱ぎ、スリッパに履き替えることになっていた。エレベーターやら廊下やらを伝い着いた。そこで、靴はビニール袋に入れるように、下足番の小母さんに怒鳴られた。大広間に入れと言われた。そこでは若い僧が、礼拝経路を説明していた。その説明が、一番知りたいどこを礼拝するのかも説明もしないで、改装した建造物や展示物の説明ばかりで終わってしまった。広間を出たが、行く先は階段々々で細君は行けない。うろうろしていると、もう一つの広間で、ビデオを映して永平寺を案内していた。ここなら、歩かなくても永平寺を案内してくれると中へ入ったが、ちょうど、厨房と修行僧の食事のことばかり写されていたので、疲れた私はいつの間にか眠ってしまった。それを見ていた細君が諦めたのか、私の肩を突き、起こして「出ましょう」と連れ出された。そのまま奥の石段は行けないので、元来た廊下伝いに外へ出てしまった。出たが、表も石段ばかりで、寺の中へ進むことは出来なかった。

「もう七十年以上も前、父に手を引かれて、母の納骨に来たのはこの参道だった」と細君が言った。「じゃ、ここで手を合わせて、永平寺詣りにしよう」参道で二人並んで合掌した。

永平寺は一人五百円取って観光地として見せる永平寺であって、亡き母親の納骨をお詣りする永平寺ではなかった。長い坂道を下り、参道の店屋も覗かず、福井駅行きのバスに乗った。福井駅には二時間も早く着いてしまったが、休日で早い時間発の特急の空きがなく、二時間を食事やら、コーヒーやら、お土産やらで過ごしたが、それでも時間が余り、待合室で腰掛けていたが、ここでも私の居眠りで、肩を突かれ、起こされ、早かったがホームに入った。

第五十四、五十五日目　七月十九、二十日（土、日）

福井―武生―敦賀

〔計画〕

＊一日目　七月十九日（土）　自宅五時五十分発―ＪＲ大磯駅六時二十四分発―小

田原六時四十二分着、ひかり五〇一号七時〇四分発―米原着八時四十八分、北陸本線米原発しらさぎ一号八時五十九分―福井十時着、(八号線)―(約二〇km)武生駅前〈武生パレスホテル〉電話　〇七七八―二三―八一〇〇(一泊朝食　七千七百四十円)十八時着。

＊二日目　七月二十日(日)〈武生パレスホテル〉八時発―(約十九km)今庄駅北陸本線十三時四十五分発―敦賀十四時着、しらさぎ六〇号十四時十分発―米原十四時四十二分着―ひかり五二四号十四時五十八分発―小田原十六時三十七分着、小田原十七時二十六分発―大磯駅十七時四十二分着、自宅十八時着。

第五十四日目　七月十九日(土)

福井―武生

三年前、東京千住から「奥の細道」の芭蕉を後追いして独り歩き旅をしてから、延べ三年間、実日数五十四日目で敦賀までたどり着くことになった。敦賀から終点大垣までは約五十kmそこそこ、全行程約二千kmとするとあと残り二・五%になってしまった。九十七・五%は歩き終わってしまったことになる。八十六歳爺のよちよち歩きでも、三年がかりの「塵も積もれば山となる」である。長閑《のどか》な時代の塵と違って、現代の塵は福島第二原発の放射能塵の時代で、積もらない方がよい塵ばかりで、譬えにもならないが、実際歩いた距離は八百三十㎞で半分は、気力体力の衰えで、電車、バスに乗った。芭蕉と曾良も「奥の細道」「曾良の旅日記」を読むと、随所で馬に乗っている。もちろん、街道も雨が降れば泥濘で、砂利を敷いた整備もないところの多い自然道だった違いもあるが、現代の道はコンクリートで整備されているが、それは自動車のための道だからである。現代の「奥の細道」には車道はあるが、人の歩くための歩道はない。人を邪魔にする車道ばかりで、「歩き旅」に適した道ではない。「そこのけそこのけ車が通る」車の排気ガスと、巻き上げる煤塵と、雨のしぶきを浴びる旅である。基本は二本足の歩きであるが、歩き疲れれば八十六歳爺は、バスに乗り、停車場近くなら電車に乗る。時代の違いで江戸時代の芭蕉は歩いて、時に馬に乗ったのである。現代の八十六歳爺は歩いて、時にバスに乗り、電車に乗る。それを比較して「芭蕉の足の強さ」をいい、「自動車社会に歩く馬鹿」というのは、見当違いである、歩きもしないか、または歩けない書斎派が空想的に井戸端会議の「岡目八目」的見てきたような嘘を吐く批評である。「見て」「聞いて」批評するだけは勝手だが、得てして、こういうテレビ狎れした批評家が知ったような嘘を言う。リアリズム（現実）ではない。批評するなら東海道でも中山道でも奥の細道でも百㎞（二十五里）歩いてから批評しろと言いたい。芭蕉と現代八十六歳爺を比較するな。私は私である。

ところで、芭蕉は、福井から曾良と別れ、残り大垣までの約五十㎞を私と同じ「独り旅」になる。「奥の細道」では、

「**等栽**
福井は三里計《ばかり》なれば、夕飯したためて出るに、たそかれ路たどたどし。爰に等栽と云う古き隠士有《あり》。いずれの年にか、江戸に来たりて予を尋ね。遥か十とせ余り也。いかに老いさらばひて有るにや、将《はたして》死にけるにやと人に尋ね侍れば、いまだ存命して、そろそろと教ゆ。市中ひそかに引入りて、あやしの小家に、夕貌《ゆうがお》・へちまのはえかかりて、鶏頭・はは（箒）木ぎに戸ぼそをかくす。さては、此のうちにこそと門をたたけば、侘し気なる女の出て、「いずくよりわたり給ふ道心の御坊にや。あるじは此のあたり何にがしというものの方に行ぬ。もし用あらば尋ね給え」という。かれが妻なるべしとしらる。むかし物がたりにこそ、かかる風情は侍れと、やがて尋ねあひて、その家に二夜とまりて、名月はつるがみなとたび立つ。登載も共に送らんと、裾おかしうからげて、道の枝折と浮かれ立つ。」

この章は、芭蕉が山中温泉で曾良と別れたあと、独り歩きを福井市から始めるところである。私も今日は自宅を出て、東海道新幹線の米原で乗換え、北陸本線福井駅まで行き、そこから歩き始めるので、芭蕉と重なるところである。

私は福井駅にちょうど十時に着き、ここから八号線を歩いて武生まで歩く予定である。駅舎の西側を出ると、真ん前に仮小屋のような観光案内所があったので飛び込む。女性が二人いて対応していた。私は八号線で武生まで歩きたい目的を話し、八号線への行き方を教えてほしいと聞いた。すると、武生へ行くなら、路面電車の通っている二二九号線を歩いた方がよいと教えてくれた。八号線は新北陸道で、二二九号線はその旧道であったようである。東海道と「奥の細道」を歩いた経験から新道は、自動車道路で旧道が歩道であることを学んできたので、さすが旧道を教えた観光協会職員であると思った。迷わず、路面電車の道の案内を選んだ。駅前は工事中で、駅から二二九号線へはテント張りの工事中の中を通る道を教わったとおり「ありがとう」とそこを出ると、後ろから追いかけてきて「この地図の方が、解り易いので」と別の地図を渡してくれた。電車路に出て左に進むと路面電車が交差している十字路があり、そこを左折する道が二二九号線でここを迷わず真直ぐ歩いていけば武生につく道である。すぐ足羽川にかかる幸橋があった。十時二十七分、福井駅から二、八三七歩、一・七㎞歩いた所であった。

路面電車とともにしばらく歩くと、電車が道を左折し道が二股に分かれたが「電車の方に曲がらず真直ぐに」と教えられたとおり進むと、それが二二九号線である。十時五十分、月見一丁目、四、九九九歩、福井駅から三㎞歩いたところであった。しばらく行くと「越前市「(武生は町村合併で越前市) 十九㎞、鯖江市十一㎞」十一時八分、六、二二九歩、三・七㎞歩いた所に道路標識が出ていた。もう歩き旅も終わりになるがこの何百回と道路標識にお世話になったが、一日中歩き疲れて「次の目標まで」あと何㎞かと、常に考えているときに、「どこどこまで、あと○○㎞」と出ると、もやもやした気持ちが急に晴々して、心持足が軽くなる思いを何百回と繰り返してきた、その「道路標識」である。今日もこの標識を頼りに何処まで歩けるか。路面電車が通り、福井から鯖江への道は人家が密集し、クマの出るような山の中でも、田んぼばかりでも、日本海の沿岸でもなく、人家が並んで、人のぬくもりを感じられる道で、歩いていて見えなくても人を身近に感じられる街中の道であった。食堂もコンビニのない街道を何十㎞、何百㎞と歩いてきたが、食堂もコンビニも適当にあり、二二九号線は人肌の温もりがいつも離れない安心感のある道であった。

条件反射で昼近くなると、食堂を逃がさないように気配りし、食堂がなければコンビニがないかとピリピリする、この気配りは過疎の郊外の歩き旅で身についたものである。この道ではその心配はないと解っても「もしも」の心配は全身でアンテナを張って食堂を探していた。過疎地の街道には珍しい〈吉野家〉の看板が見えた。歩き旅で〈吉野家〉へ入るのは初めてだと思うのだが、次に食堂があるかないかは解らないと思う不安から飛び込むように入った。まだ十一時二十五分、十二時前であった。狐《きつね》川の橋の手前であった。八、八七三歩、福井駅から五・三㎞歩いた所であった。〈吉野家〉は牛丼であるが、メニューに季節柄、鰻丼があり、二重の鰻が重なった鰻丼があったので千百四十円と安かったので、味は期待しなかったが、歩くエネルギー補給の方を評価して頼んだ。期待を裏切らず、値段並みの少々我慢のいる味であったが、すきっ腹に押し込んだ。

三連休の休日で自家用車が多かったが、歩道があって、車の危険を感じる思いはあまりせずに歩ける道であった。十三時十五分、福井市真木町、浅水駅前あたり、福井市の外れ、鯖江市に近い付近になってるはずである。一二、一一四歩、十二㎞歩いた所であった。人家が疎らになり、田園風景が広がっていた。大きな交差点があって、その手前のコンビニでソフトアイスを買った。今日は、今まで欠かさず持ち歩いた小型魔法瓶の水筒二本を、荷物を軽くするために置いてきた。途中、自動販売機のお茶を買うことにしたが、水を飲まない慣習は東海道歩き以来変わらない。それでも今日は途中雨が降ったり止んだり、汗で全身グショ濡れであるが、水は飲みたくない。あまりの暑さにソフトアイスをなめるだけである。ついでに店員から「鯖江駅まではどのくらいか」を聞いた「途中西山公園あるでしょ」といわれたが、私は知らない。すぐそこにあるような話だったが、かなりの時間歩いたが西山公園には出会わなかった。

しばらく歩き進むと大きな交差点があり、〈コメダ珈琲〉と大きな看板があって、大きな喫茶店があったので入った。ちょうど十五時、一三、〇三八歩、十三・八㎞歩いた所であった。ブレンドコーヒーが四百円。水を飲まないといいながら、ここでは無料の冷たい水を三杯も飲んだ。空が明るくなってきたので雨合羽を畳み、身支度を調えて、十五時四十分に出発した。更にしばらく歩いたが、西山公園らしきものは現れなかった。西山公園の標識が現れだしたので、確かに近づきつつあるようである。公園というより「道の駅」のようなところであるらしい。だんだんわかってきたが、動物園や遊園地もあるらしい。バス停が見え始めた。標識を見ると「すずらんバス」という、鯖江市の「市役所」「西山公園」「JR鯖江駅」を回る回遊バスのようである。しばらく歩くと、鯖江市役所の建物があって、その前にバス停があったので、そのバスへ乗ると「西山公園」を通り「JR鯖江駅」へ行くので、十七時までに予約してあるJR武生駅前の〈パレスホテル〉に着けるだろうと、時間もちょうど発車時間が近かったので、ここからバスに乗ることに決めた。バスに乗り、料金箱に金を入れようとすると「降りるとき、百円入れてくれればよい」と言われ「へえ」と思った。バスはすぐ道の両側がこんもりした丘があって、それが西山公園であった。そこを左折して間もなくJR鯖江駅があった。「鯖江」という地名は士官学校の軍歌の中でも七十年前から聞かされた地名である。鯖江には「歩兵聯隊」があって、

一、浜田か、鯖江か、村松か
　　飛ばされそうで気にかかる
　　これでも足は十二文
　　肩には銃が五つのる
二、区助（区隊長）は何時も俺に言う
　　貴様はバタ（歩兵）が最適じゃ
　　うまくいったら天保銭（陸軍大学校）
　　左へ散るが能じゃない

士官学校の「雄叫び」という軍歌の中の「外編（正規でないという）」という生徒の本音をうたった軍歌集の中の「歩兵志願の歌」にあったほど「鯖江の歩兵聯隊」は有名であった。私は航空科志願で歩兵には縁がなかったが、実際この地へ来たのも生まれて初めてである。しかし、東海道、奥の細道と徒歩で旅する姿は歩兵《バタ》そのものである。実際、予科士官学校の訓練そのものが歩兵教育で、こうして八十六歳で五百㎞、八百㎞と踏破できたの

第54日目2014年7月19日(土)
予定コース:福井—武生　天候:晴れ

時分	出発場所	到着場所	歩数	距離(km)	買物	金額	適用
5:50	自宅				ジパング	17,380	
6:24	JR大磯駅	小田原					
7:04	ひかり503						
8:48		米原					
8:59	しらさぎ1						
10:00		福井駅					
10:27	229号 路面電車道	足羽川幸橋	2,837	1.7			
10:50	市電道左折	月見1丁目	4,999	3.0			
11:08	越前市19km	鯖江11km	6,229	3.7			
11:25		狐川吉野屋	8,873	5.3	鰻丼	1,140	
13:15	福井市真木町	浅水駅前	12,114	7.3			
14:15	鳥羽2丁目	鳥羽中橋	20-36	12.0			
15:00	Komedaコーヒー		23,038	13.8	コーヒー	400	
16:00	すずらんバス 鯖江市役所前		31,997	19.2	バス代	100	
17:00		武生パレス ホテル					
日計			31,997	19.2		19,020	
累計			1,367,148	820.3		733,466	

も、十代終わりに歩兵教練で鍛えられたからに他ならない。鯖江歩兵聯隊に縁がないどころか歩き旅の大恩人である。

すぐ鯖江駅前について、百円を料金箱に入れてバスを降りた。電車も間もなく来て、十七時半〈武生パレスホテル〉に着いた。雨と汗でずぶ濡れの旅装を解いて、部屋中に広げ乾かした。乾いた汗の量だけリュックが軽くなるからである。ホテル前の〈大江戸〉という食堂に入った。二合の大きな徳利の熱燗と鯖の酢の物で一杯やり、天ぷらそばを夕飯にした。足が沸くほど酔った。そのままベッドで倒れこんで寝てしまい。五時間ほどで目を覚まし、風呂に入った。風呂の中で三分間正座し、足を延ばして五分間ほど、湯でほぐした。そのあといつも来る足の痙攣は起こらなかった。そのまま六時の目覚ましまでぐっすり寝た。

第五十五日目　七月二十日（日）

武生—敦賀

七時からの朝食バイキングに、七時に部屋を出た。すでに食堂は混んでいた。納豆、卵、味噌汁と私の朝食定番メニューを平らげ、歯を磨き、マウスピースを咥え、朝の用を足して、フロントへ向かった。フロントの柱時計は八時十分過ぎ、外は朝から雨であった。

「今日は、ここから三六五号線で、今庄《いまじょう》まで歩きたいのですが、三六五号線へ出る道を教えてくれませんか」と、私の声に、フロントの従業員が一斉に私に顔を向けた。足元から頭の天辺まで私を見て「今庄⁉　大変ですよ！」異口同音であった。

「あそこの手前に長いトンネルがあるので、その手前の湯尾《ゆのお》ならどうです」「いやあ、それでも大変だと思います」とはじまって、フロントは少々とんでもない爺さんがやってきたと、騒がしくなった。年配のホテルマンが、

「三六五号よりJR北陸線の向こう側の川沿いの道なら、湯尾でも今庄までも一本道ですから、ホテルからその道をお教えしますから、そこを行かれるとよいと思いますよ。北陸線とほぼ並行してますし、途中、手前のどの駅からでも、電車に乗ることもできますから」

私は、リュックから雨合羽を出し、リュックの上から覆った。年配のホテルマンが、傘を差して北陸線を潜る地下道入口まで案内してくれた。もう、日本にはなくなってしまった素朴な親切心に珍しく出会った思いだった。

「どうも、ありがとうございました」「お気をつけて」と別れた。地下道を出ると「川沿いの道」、歩道は狭くて定かでない一車線の道に出た。歩道が定かでないということは、車道優先道路で歩く人間にとっては、歩道がないに等しい道なので、自動車をよけながら、自動車の方も歩く人を避けながらの道なので、歩きにくい道なのである。この道は最後まで歩道がなく歩きにくい道であった。そこを右折してビニール合羽の上から雨に叩かれながら敦賀方面を目指して歩きだした。川は川幅五、六十mの日野川という土手の道という感じであった。すぐ交差点があって「堀川橋」がかかっていたが、この交差点を横切る道

が三六五号線だった。三六五号線へ曲がらず交差点を越えて直進した。八時四十分、一二、四三七歩、一・五㎞歩いた所であった。十分ぐらい歩くと雨が上がった。雨合羽で蒸し風呂の中のように、汗びっしょりになっていた。すぐ合羽を脱いだ。そのあとは雨が上がって降らなかった。雲も薄れてきた。

標識に敦賀四十㎞、越前市六㎞と出てきた。今日は敦賀まで歩く予定だが、四十㎞は「一日二十㎞制限」の倍なので、手前の今庄駅かその手前の峠越えが大変なので、湯尾までになるかと考えていた。九時十分、五、六九〇歩、三・四㎞しか歩いていない。王子保駅という矢印が出てきた。妙な名前の駅だなと思ったが、今朝、フロントで「おおじお駅」という言葉が盛んに出ていて、私は「大塩駅」という字を考えたが、あの「おおじお」は「王子保」だったとは、全く見当はずれであった。九時五十五分、一〇、三七五歩、六・二㎞歩いてきた。合羽は脱いだが、汗は噴き出るように全身を濡らしていた。しかし、あまり喉の渇きはなかった。いつか道は川から離れていた。ホテルで聞いたように、沿道に民家が絶えることなく、山や、田園がなかった。十時二十分、四㎞進んで、標識は敦賀三十六㎞、木ノ本五十一㎞と変わっていた。一二、二八六歩、七・四㎞歩いた所であった。暑さと汗で急に疲れが出てきていた。一時間歩いた所〈セブンイレブン〉が見えたので、ソフトアイスを買って舐めた。体中の熱をソフトの冷気が胃の中で激しく反応しているように、何とも言えない冷感が心地よかった。十一時二十分、一四、八一五歩、八・九㎞、一時間に一・五㎞しか歩けなかった。相当よれよれに歩いているのであろうと思った。レジの高校生アルバイトの少年に「次の南条駅はどのくらいですか」と聞いた。「まっすぐ行くと、中学校が見えますから、その手前の十字路を右に曲がったところです」。

目指す中学校がなかなか見えてこなかった。おそらく、ふらふら歩いていたのだろうと思う。やっと、中学校が見えて手前の信号を右折して、南条駅まで、汗と暑さにまみれて一時間ぐらい歩いたと思ったが、たった二十分歩いただけであった。十一時四十分、一八、九七九歩、十一・四㎞歩いた所であった。

目標の湯尾駅は次の駅であったが、今日はここが限界と、ちょうどほどなく来た敦賀行の列車に乗って、今日の歩きはこれ以上無理であると見切りをつけた。南条から湯尾、今庄、敦賀までは、武生から南条までと違って、人里疎らになり、こんもりした山に囲まれ、長いというより殆どトンネルの中を通り抜けると敦賀についたという感じであった。歩かなくてよかったとほっとしたのが、本音であった。敦賀には予定より二時間早く着いたので、敦賀駅のみどりの窓口で二時間前の特急しらさぎと、米原で乗り継ぎの東海道新幹線ひかりに切り替えてもらった。お蔭で早く大磯についた。

ついに敦賀まで歩いた？「奥の細道」は残り大垣まで約五十㎞、一泊二日の行程で最後の旅になる。一昨年五月、東京千住を出てから二年四ヵ月かかったわけであるが、まだ続いている感じで、終わりが近いという思いはない。振り返ると長い思いより、「もう終わりか」という、「あっと終った」と、短かった思いが強い。それは東海道五十三次を歩いた八十二歳と違って、八十六歳になって体力気力が衰え、生真面目に歩かず、疲れたら

第55日目2014年7月20日（日）
予定コース：武生―敦賀　天候：雨後曇り

時分	出発場所	到着場所	歩数	距離(km)	買物	金額	適用
8:20	パレスホテル				宿泊代 （2食付き）	7,730	
8:40	日野川堀川橋	土手道365号	2,437	1.5			
8:50			2,892	1.7			雨あがる
9:10	敦賀40km	越前市6km	5,690	3.4			
9:55	王子保駅		10,375	6.2			
10:20	敦賀36km	木之本51km	12,286	7.4			
11:20	セブンイレブン		14,815	8.9	ソフトアイス	200	
11:40	南条駅	北陸本線 しらさぎ58号	18,979	11.4			
12:10		敦賀					
12:50	敦賀	米原					
12:59	米原 ひかり520						
14:36		小田原			土産	8,200	
15:00	小田原						
15:30		大磯駅					
日計			18,979	11.4		16,130	
累計			1,386,127	831.5		749,596	

バスに乗り、電車に乗って、恥とも思わなくなった図々しさか、悟りか。自らも「奥の細道崩し」と居直って歩いたことによるものと思っている。細君を「殺傷石」「平泉」「那谷寺」「永平寺」へ連れて、旅の理解を感じてもらい、出羽三山はバス旅行のツアーに便乗し、大いに「奥の細道崩し」を断行した。後ろめたいことはない。現代の八十六爺の「奥の細道崩し」のリアリズムを実行したまでである。

帰ってきて体重を量ったら、二・五kg減量していた。今回の二日間で搾り取られた汗の量である。まだ絞る汗が残っている。というわけで、来月八月の猛暑の中を歩くのは敬遠して休み、九月に敦賀から大垣まで一泊二日歩いて「奥の細道崩し」の終焉とする予定である。

第五十六、五十七日目　九月二十一、二十二日（日、月）

敦賀—木ノ本—米原

〔計画〕

＊一日目　九月二十一日（日）　自宅発五時五十分—JR大磯駅発下り六時二十四分—小田原六時四十七分着、ひかり五〇一号七時〇四分発—米原八時四十八分着、しらさぎ一号八時五十五分発—敦賀九時二十七分着—（二十五km）—木ノ本泊。〈草野や〉電話　〇七四九—八二—二二四〇　一万二千三百円予約。

＊二日目　九月二十二日（月）　木ノ本発八時―（二十三㎞）―米原新幹線ひかり五二四号十四時五十九分発―小田原十六時三十七分着。

第五十六日目　九月二十一日（日）

敦賀―木ノ本

八月炎天下の歩き旅は避け、次の日程の都合がつかず、九月下旬になってしまった。最終点大垣までは迫っていたので、計画してみると、あと二回の計画で大垣に着いてしまうことが分かった。調べて解ったが、この区間芭蕉は曾良と別れて、大垣まで独り旅になってしまっていたので、「奥の細道」にもこの間の記録はなく、曾良の「旅日記」にも当然、記録はない。芭蕉研究者の間でも、芭蕉が辿った敦賀から大垣までの経路は現在でも「不明」というのが定説になっているようである。敦賀から大垣に出るには、途中木ノ本と長浜までは北陸街道（旧八号線）を通らねばならないので、おそらく芭蕉もここを通ったに違いない。ここから途中関ヶ原までをどのコースをとったかで、幾つか考えられる。私は中山道で米原から関ヶ原。ここで一泊して大垣へと決めて計画した。

九月二十一日（日）計画通り自宅を出、ＪＲ大磯駅より小田原へ。小田原から米原停車のひかりで、米原からしらさぎ一号で敦賀まで順調に進んで行った。敦賀には九時二十七分の時刻表通り正確に到着した。改札を出たが、駅舎は新しいが、買い物の店はなく〈キオスク〉もなかった。待合室に案内窓口があったので、八号線へ出る道を聞き、木ノ本までの観光地図をもらった。駅前は工事中で、曲がりくねった通り道から駅前大通りへ出て、直進すると〈アルプラザ〉というビルがある大きな八号線と交わる交差点に出る。そこを左折すると八号線、今日の目的地木ノ本へは一本道である。すぐ深川にかかる木の芽橋があった。もう十時十九分になっていた三、九六二歩、二・四km歩いていた。

この近くに気比神社があるようだが、時間がないので割愛した。敦賀気比高校は先月の甲子園高校野球大会では、準優勝に輝いたので、敦賀気比の名は全国的に知られたばかりである。敦賀市内八号線の街並みは、山が両側から迫っているが、どこにもある都会の自動車、タイヤ、修理の販売店が並んでる風景は日本中同じである。一時間ほど歩いた所で、北陸本線の陸橋と交差した。十一時十五分、八、七六九歩、五・三km歩いた。右も左も小さな山が迫り、八号線は山間の街道になっていった。左側の山のふもとを北陸本線が途中トンネルをいくつも通りながら、八号線から見えつ隠れつ走っていた。十一時四十分、八号線が左へ、右に曲がり緩い上り坂になっていった。一〇、七七〇歩、六・五km歩いていた。

途中のガソリンスタンドで食堂がないか聞いたが、「木ノ本までないだろう」と言う。「コンビニならもうしばらく行けば道の反対側にある」と教えられ、十二時半になった。コンビニ〈ローソン〉に着いた。今朝、細君に握ってもらった握り飯を昼食にしようと、六十五円の鳥の唐揚げを買い、喉が渇いたのでソフトクリームも買った。三年前「奥の細道」を歩きだしてから、気が付いたのだが、何処のコンビニでも、店の周辺に置いてあったベンチを取り払ってしまった。マイカーの客は車のなかで食べられるが、我々歩き客は、食べる腰掛をとられて困ってしまっていた。ここにもベンチも腰掛もなかった。地べたに胡坐をかいて、握り飯を食べた。ここまで一五、二〇三歩、九・一㎞歩いてきた。コンビニの前から道が十六号、八号に分岐していて、長浜四十㎞、木ノ本二十㎞の標識が出ていた。予定では敦賀から木ノ本まで二十三㎞としたが、もう九㎞歩いているのに、まだ木ノ本まで二十㎞歩かねばならないので、少々、予定が違ったと気づいた。仕方なく左折して八号線を進んだ。ここからは両側を山に挟まれた峠の登り道になっていた。山間であるが、疎らに人家があり、畑も点在する。真っ赤な彼岸花が畑の周辺で咲いていた。もう秋なのである。

十四時五十二分。一つの峠の登り坂の頂上である。二二三、二八四歩、十四㎞歩いていた。道は緩く下り坂になったと思ったら、また上り坂になった峠である。次の峠の頂上に着いた。十五時七分、二四、二五六歩、十四・六㎞歩いていた。その次の峠の頂上には十五時五十五分、二七、三八〇歩、十六・四㎞、そこが福井県と滋賀県の県境であった。そこに〈孫べえ〉という峠のそば屋があった。そこを終点に木ノ本行きのバスの停留所になっていた。峠を下ってしばらくすると、鶴ケ丘バス停があった。時間表を見ると十六時〇六分、二時間に一本のバスがすぐ来ることが分かった。次のバスはなかった。地方のバスは、ＪＲも同じだが、時間は割に正確である。五分から十分遅れで来ることは経験済みである。このバスに乗り損なえば、北陸本線木ノ本駅まで三時間以上歩くことになる。草野旅館の予約五時には着かない七時過ぎになる。それよりも明日への歩く体力は確実になくなる。ここは、決断のしどころと、時間、脚力、明日への体力を考え、バスに乗ることを決断した。バスは五分遅れで到着した。歩いて三時間はバスでは三十分かからない。

書き忘れたが、計画段階で一週間前の天気予報は、今日明日は雨だったが、二日前になって、晴れに変わった。それはよかったが、もし降られたらの不安もあって、重装備の雨具をリュックに入れ、逆に日よけの登山帽を忘れてしまった。リュックは重いし、それでも夏の陽ざしより低い二十四度に照らされ、帽子の下にタオルを垂らしたが、顔は真っ赤に焼け、鼻の頭は赤く皮がむけてしまった。

ちょうどバスで走った途中が天正十一（一五八三）年、豊臣秀吉が柴田勝家と佐久間盛政と戦った賤ケ岳の戦いの古戦場であった。この時の加藤清正、福嶋正則、加藤嘉明、平野長泰、脇坂安治、糟屋武明、片桐且元があの賤ケ岳の七本槍であった。秀吉の側室茶々は敵将柴田勝家の娘である。芭蕉は奥の細道で「敦賀」について次のように書いている。

「**敦賀**

漸白根が嶽かくれて、比那が嵩あらわる。あさむづの橋をわたりて、玉江の葦は穂に出にけり。鶯の関を過て、湯尾を越えれば、燧が城、かへるやまに初雁を聞きて、十四日の夕ぐれ、つるがの津に宿をもとむ。

その夜、月殊に晴れたり。『明日の夜もかくあるべきにや』といえば、『越路の習い、猶名夜の隠晴はかりがたし』と、あるじに酒すすめられて、けいの明神に夜参す。仲哀天皇の御廟也。社頭神さびて、松の木の間に月のもり入りたる、お前の白砂霜を敷けるごとし。往昔、遊行二世の上人、大願発起の事ありて、みづから草を刈、土石を荷い、泥渟をはかせて、参詣往来の煩いなし。古例今にたえず、神前に真砂を荷い給う。『これを遊行の砂持ちと申し侍る』と、亭主のかたりける。
　　月清し　遊行の持てる　砂の上
　十五日、亭主の詞にたがわず雨降る。
　　名月や　北国日和　定めなき
と記している。次に「種《いろ》の浜」を記している。

「**種《いろ》の浜**
　十六日、空霽れたれば、ますほの小貝ひろはんと、種の浜に舟を走す。海上七里あり。
天屋何某と云うもの、破れ籠・小竹筒などこまやかにしたためさせ、僕あまた舟にとり
のせて、追い風時のまに吹き着ぬ浜はわづかなる海女の小屋にて、侘しき法華寺あり。
爰に茶を飲み、酒あたためて。夕ぐれのさびしさ、感に堪えたり。
　　寂しさや　須磨にかちたる　浜の秋
　　浪の間や　小貝にまじる　萩の塵
　その日のあらまし、等栽に筆をとらせて寺に残す。」
と記録し、次の章は大団円の「大垣」になって終わっている。
木ノ本駅近くの〈草の旅館〉に泊まる。一泊二食で「地酒七本槍」徳利一本付きで

第56日目2014年9月21日（日）
予定コース：敦賀―木ノ本　天候：晴れ

時分	出発場所	到着場所	歩数	距離(km)	買物	金額	適用
5:50	自宅				ジパング	16,380	
6:24	JR大磯駅						
7:04	小田原 ひかり50						
8:48		米原					
8:55	米原						
9:27		敦賀駅					
10:00	敦賀駅	8号線	3,026	1.8			
10:19	深川	木の芽橋	3,962	2.4			
10:45	岡田1丁目		6,367	3.8			
11:15	北陸線交差		8,769	5.3			
11:40	左から右へ	8号線	10,770	6.5			
12:30	8、16号分岐点	ローソン			唐揚げ	385	
13:10	昼食、 長浜40km	木之本20km	15,203	9.1			
14:52	峠頂上		23,384	14.0			
15:07	次の峠頂上		24,256	14.6			
15:55	次の峠頂上	孫べえ	27,380	16.4			
16:06	近江バス	鶴ケ丘					
16:30	木ノ本	草野旅館	29,678	17.8	宿代	13,000	
日計			29,678	17.8		29,765	
累計			1,412,805	847.7		779,361	

一万三千円。地酒七本槍は濃厚で七本飲まずに一本で酔いが回った。畳部屋で椅子のない布団部屋、ベッド生活に三十年以上狎れているので、畳の上に座れなくなってしまった年寄りには、洋室一人部屋、ベッドとウォシュレットのトイレが良い。部屋に床が敷いてあったので、九時前だったがそのまま寝てしまった。夜中に目が覚め、十二時前後だったが、喉が渇いていたので魔法瓶の湯で茶を入れ飲んだ。この茶が美味かったので、翌日長浜で、旅館のお茶が美味かったので、どれか解らぬか聞いたが、解らぬという。土産物の店番でお茶は知らない。長浜で鹿児島のお茶を薦めている店番も困ったものである。鹿児島なら知覧茶が美味いのは知っている。

二時ごろまでテレビを見たが、眠気が来たので、六時の携帯電話の目覚ましが鳴るまで熟睡した。朝七時に朝食の予約をしていたので、ちょうど良い時間である。無精ひげが気になったので、旅館では使い捨ての髭剃りも出なかったので、手持ちのもので、固いあごひげをだましだまし剃った。あまり手触りでは滑らかには剃れなかったが、見た目は何とかごまかせるだろうと思った。それほど、無精髭を気にしたこともないくせになぜ、気にするのだろうか。考えたが解らなかった。細君が身だしなみに喧しいので、それが映ったのかも知れない。

第五十七日目　九月二十二日（月）

木ノ本―米原

今どき一万三千円出せば、熱海や湯河原の温泉旅館で、伊勢エビやアワビの二食付で歓待されるのが相場だが、滋賀県の木ノ本の私一人宿泊の旅館では、不景気の分までこの年金老人から貧困な食事で金を巻き上げようというのか、その気持ちも解らないではないが、私のような馬鹿正直者にはできない。できる勇気は何だろうか。など余計なことを考えてしまう。四、五十代の夫婦が旅館を賄い食っていくには、それなりに大変なのだろうと思う。お互い「外面如菩薩内面如夜叉」愛想よく、「ありがとうございました」「お世話になりました」ともう会うこともないだろうと嘘つき同士は、愛想笑いを交わす。こんな俗世の卑しいことを芭蕉は旅をしながら考えたことはなかったろう。彼は、家を捨て「旅を生涯の棲家」として旅立ったわけだったし、行く先々で、俳句の同人、弟子たちに句会を開いて歓待され、時には馬をあてがわれ、送り迎えまでされた旅であった。しかし、時には対応が悪いと腹を立て、宿を断りなど世捨て人らしからぬ、俗世の人間の感情をあらわにもして、捨てきれない人情を引きずりながら、俳句を作るのがプロの俳諧師だから、俳句の小売りを商売しながら歩いて、あまり宿賃の心配もしない気楽な旅であったともいえる。現在のように道はコンクリートで舗装されていないし、自動車もない旅であったという人が、現代人の歩き旅は雨にもぬからない舗装道路を歩くことで芭蕉との違いを言うが、現代の道は自動車のために舗装された道であって、歩く旅人には歩道がなく、自動車と自転車優先道路で遠慮しながら脅えながら歩いていることと、どちらがつらいかわからない。私も年八十六歳になって足も体力も弱まり、芭蕉が馬なら、俺はバスに乗ろうと、特に後半、倒れて人に迷惑を掛けるより、倒れる前にバスに乗ろうと決めている。たまには理解を得るために、膝の好くない細君をバス旅行で同行したりする。これが現代の年寄りの歩き旅とはばからない。

拙著『東海道五十三次八十二歳独り歩き』について、あれこれ批判される方がおられるが、どんな歩き方をするかは、個人々々それぞれ違ってよいのではないかと思っている。年齢、性、生まれつきの体力差など、人それぞれ持つ条件が違うのは当然と思う。「歩き旅」に優劣はないのである。ましてや、三百二十五年も前の芭蕉の江戸元禄時代と比べるなど、余計な暇つぶしにもならない。私のルーツである新潟県の地蔵堂町にいた良寛は芭蕉より百年後に生れた人だから、芭蕉と良寛はすれ違ったこともないのは当然である。こんな簡単で理のかなった比較をまじめな大学教授や芭蕉専門家や「奥の細道」専門家が目くじら立てて言うのが目につく。案外このような人たちは「奥の細道」を自動車で下検分して歩いたことがないのかも知れない。むしろそんな人が本を書いているのかも知れない。

朝八時二十分に旅館を出て、八号線まで歩いた。左折し南へ長浜に向かう。八時四十分、木ノ本生活館というスーパーのような大きな建物があり、広瀬西口というバス停に着いた。標識に長浜まで十五㎞とあったが、下調べでは二十四～五㎞はあるはずなので、十五㎞はあてにならないと睨んだ。道路標識を疑うのはおかしいが、三年間以上「奥の細道」を歩いて叩き上げられた勘のようなものである。そしてその勘が当たっているのである。まだ一、七四二歩、一・一㎞しか歩いていない。今朝も通じがなく、歩いて腸を動かすと、その兆候が表れることを期待しながら歩いていると〈マクドナルド高月店〉の看板が現れた。九時三十分、五、八七五歩、三・五㎞歩いた所である。朝食後なので、アイスコーヒーを頼んで、トイレで頑張ってみようと、ウォシュレットの便器にまたがったが、昨日の分も脱水されて固くなって、踏ん張っても踏ん張ってもなかなか出ない。出ないと後が続かないと覚悟を決めて、時間がかかったが、踏ん張った。やっと固いやつが出口を痛めながら出てくれた。ほっとした。固いやつが出ると続いて柔らかいのが、水門が開けられたように噴き出てきてくれた。これで歩きが楽になると思った。やっとアイスコーヒーが喉を流れて、コーヒーの味がした。昨日の山間の峠道とは違って、平坦で山が遠景になり沿道に家が並んでいる。ところどころに田んぼがあり、稲刈りも済んでいるところもあった。右側の道は琵琶湖畔を通る道になっているようで、宿の主も湖畔の道を通ると景色も好いといったが、私は景色より歩くことを優先するので、とうとう八号線を選んで歩き、琵琶湖は見なかった。昨日の疲れが脹脛《ふくらはぎ》に残り、腿も張っていた。前へ出す足も、もったりもったりとスムーズではなくなっている。大きな交差点にさしかかった。長浜市湖北町宇根という標識が出ていた。

十時五十五分、一〇、七三九歩、六・四㎞歩いていた。湖北町青名コンビニ〈ローソン〉が見えた。毎晩、習慣で歯を磨く前に牛乳を二百㎖飲むことを思い出し、通じがないのもそれが原因と、牛乳を一本飲む。十一時十五分に着き十一時二十五分に出発、八号線基点から五百㎞の標識が出ていた。新潟か富山が基点であろうが、八号線は京都まで北陸道の幹線である。一三、〇七四歩、七・八km歩いた所であった。歩道橋があり、速水の標識が出ていた。十一時四十分、一四、三二三歩、八・六km歩いた所であった。大きな橋と川にぶつかった。橋の名は解らなかったが、川は高時川と分かった。十二時十五分になっていた。一七、四九六歩、十・五km歩いていた。標識が正確ならあと五kmで長浜に着くのだが、しばらく歩くとバス停旭町があった。一時間に一本の長浜駅周りのバスが間もなく来る時間になっていたので、あと五kmはバスに乗ることに決めた。米原発の新幹線が十四時五十八分なのであまりのんびり歩いてもいられない都合もあった。

バスに乗ってみると、歩くこととの違いがよく解る。歩いて見る道の周りの印象は、割合に記憶に残るが、バスや列車ではどこかを通過しているが、何処のどのような風景かは、印象にも記憶にも残っていないことが殆どである。案の定、今旭町から長浜駅までのバスの窓から見えた風景や印象は、すっかり忘れている。残っているのは終点の長浜駅前だけである。ＪＲ長浜駅は新しく、入り口も上下のエスカレーターになっていたし、何か土産物屋はないかと探したが、〈キオスク〉の小さい売店しかなかった。駅舎の反対側へ行ってみたが、コンクリートの壁だけの殺風景さであった。昼食を食べる所もなかった。仕方なく駅舎を離れたが、駅前にスーパーと土産品店を兼ねたようなビルがあったのでそこへ入った。

「昨日木ノ本の旅館で飲んだお茶が美味かったので、この辺は近江茶の本場でしょ、どのお茶が美味いですかね」と聞いたが、はっきりしない。逆にこれは「鹿児島のお茶ですよ」

第57日目2014年９月22日（月）
予定コース：木ノ本—米原　天候：晴れ

時分	出発場所	到着場所	歩数	距離(km)	買物	金額	適用
8:20	草野旅館						
8:40	木之本生活館	広瀬西口	1,742	1.1			長浜15km
9:30		マクドナルド	5,857	3.5	アイスコーヒー	340	
10:05	マクドナルド	高月					
10:55	湖北町	宇根	10,739	6.4			
11:15	湖北町	青名			牛乳	117	
11:25	湖北町	速水	13,074	7.8			
11:40	速水	歩道橋	14,323	8.6			
12:15	高時川		17,496	10.5			
12:35	旭町	バス停	19,096	11.5			
12:46		長浜	23,115	13.9	土産	3,000	
14:29	昼食					1,350	
14:58	米原						
16:37	小田原				食材	3,000	
18:00		自宅					
日計			23,115	13.9		7,807	
累計			1,435,920	861.6		787,168	

と地元のお茶を薦めない。それだけで土産を買うのはやめた。長浜らしさを売る意欲を感じなかった。昼食の店を探したが、特徴的な店が見つからず、何処にもあるハヤシライスを掻き込むように押し込んで、十四時二十九分快速姫路行に乗り、米原で十四時五十八分ひかり五二四号に乗って、帰路についた。

第五十八、五十九日目　九月二十七、二十八日（土、日）

米原―関ヶ原―大垣

〔最終計画〕

＊一日目　九月二十七日（土）　自宅発五時五十分―ＪＲ大磯駅発下り六時二十四分―小田原六時四十七分着、ひかり五〇一号七時〇四分発―米原八時四十八分着、米原発（二十二km）―関ヶ原泊〈枡や〉電話　〇五八四―四三―〇〇一五　一泊二食、八千五百円。

＊二日目　九月二十八日（日）　関ヶ原〈増屋〉―大垣十三km―大垣十四時三十七分（しらさぎ八号）―名古屋十四時四十八分着、新幹線ひかり発五二四号十五時二十七分発―小田原十六時三十七分着。

第五十八日目　九月二十七日（土）

米原―関ヶ原

今回の二日間は、「奥の細道」結びの、総仕上げの最後の二日間である。約二年半前、平成二十四（二〇一二）年五月十七日、東京千住を皮切りに第一歩を踏み出し、芭蕉の歩いた江戸時代初期元禄二（一六八九）年、今から三百二十五年前、時間的に余裕はあるが、交通手段は歩くこと以外に、発達してなかった時代と違って、連続して歩き続けるゆとりのない現代では、時間が空いたときに、新幹線中心に行ったり来たり、八十六歳の高齢の私の健康維持も考えての家族の決めた「一回一泊二日、一日歩き二十㎞以内」のルールを守ることを条件に、二十八泊、五十七日間で約二千㎞の道程を、最終足だけで歩いたのは八百八十八㎢を、千百十㎞をバスとローカル電車で補いながら、やっと歩き終わった。那須殺生石、平泉中尊寺、新潟燕市、富山市、永平寺は理解を得るため、妻同伴でバスの旅とし、出羽三山は近鉄のバスツアーで補った。日光と出羽三山は出発時の計画から、高齢を考えて割愛していた。「年寄りの『奥の細道崩し』の独り旅」になってしまったが、実際歩いて見て、八十二歳で東海道五十三次を独り歩きをした時より、気力体力共に衰え、自信がなくなると、路線バスが通っていれば、乗ってしまう不甲斐なさの恥をさらしても、健康管理を優先して、ためらわずバスに乗ってしまった。クマの危険、歩道のないトンネルの危険は、私より地元の宿のおかみから厳重注意を受け入れたこともあった。そんな安全と健康第一が「年寄りの『奥の細道崩し』の独り旅」を終わりに近づけたことと思っている。

今日は米原から関ヶ原を歩き、明日は関ヶ原から最終地点大垣まで歩く計画である。最後なので、バス崩しはしない。独り歩きを守ることを目標に、九時、米原駅東口を中山道に向けて歩きだした。下調べの段階ではすぐ八号線にぶつかり、それを東に進むと二十一号線（新中山道）につながり、そのまま歩くと関ヶ原に行くことになっていた。ところが私は八号線を突っ切り、さらに坂道を登って行ったところに古い街並みを見つけ、「これが中山道ですか」と聞くと地元の女性に「そう旧中山道」と答えられ、元へは戻らず、そのまま東へ進んだ。京風の数寄屋風格子戸の家が並び、曳山の小屋があり、古い伝統を守り続ける地域の匂いを感じた。すぐ両側から木が覆いかぶさるような坂道にぶつかった。「深山坂」という標識があり、由緒を掲げられた立て看板があった。関ヶ原の戦いで井伊直正がここに攻め入り、この地を所領に与えられ、江戸幕府の彦根藩になったと書かれていた。もう関ヶ原かと思いつつ、進むと米原高校にぶつかり、右へ旧中山道を進み、しばらく行くと「番場」というバス停があり、「番場の忠太郎生地」とあった。井伊直正と番場忠太郎とは大名とやくざの妙な組み合わせである。四、八三〇歩、四㎞ちょうどを歩いていた。

更に進むと久礼という一里塚が名神高速と交差するところにあった。「京都七十五㎞、東京五百㎞」とあった。改めてここは中山道であって「奥の細道」ではないと感じた。旧中山道がここで行きつまりになっていたので、近くの農家の高齢の男性に「新中山道」へ出る道を尋ねた。歩いてきた道をそのまま進むと二十一号線（新中山道）へぶつかると教えられた。寄り道をしたような旧中山道に別れを告げ、やっと本来のルートに戻った。十時四十六分、一〇、九三二歩、六・六㎞歩いていた。米原市河南という所であった。すぐ河南歩道橋があって、「関ケ原十四㎞、大垣二十八㎞」と道標に出ていた。今日明日この道と距離を歩く訳である。街道は遠景に伊吹山が見え、敦賀から歩いた八号線と違って、山間の道ではなく、両側に自動車関係の店舗や田畑が続き、田んぼは、ほぼ刈り入れを終え、淡いピンク濃いピンクと、橙色のコスモスと、赤い彼岸花が沿道に咲いていた。八号線北陸道との大きな違いは、歩道が広く整備されていたことである。車の危険を避けて、安心して歩けるため、歩く道を初めて感じたくらいであった。そのため疲労を感じないくらいであった。

十一時十分、東海道本線醒ケ井駅前の道の駅風の〈水の宿〉に着いたので、少し早かったが、昼飯を食べようと思った。一二、八四〇歩、八・四㎞歩いていた。カツカレーを食べ、ソフトアイスを食べて、汗をひっこめた。十二時十五分〈水の宿〉を出発した。一色を過ぎ、関ケ原十一㎞、大垣二十五㎞の標識まで来た。十二時四十三分、一七、五〇一歩、十・五㎞まで歩いてきた。随所でバス停が目に入ったが、今日明日はバスに乗らないと覚悟してきたので、広い歩道を歩きながら、一歩々々足を前に出した。今日は土曜日で小中学校で運動会をやっているところが多く、遠く学童の歓声が聞こえてきた。十四時五分、市場川にかかり手前に柏小学校があったが、ここは運動会をやっていなかった。

二十一号線（新中山道）は、ＪＲ東海道新幹線とＪＲ東海道本線の間を走っていた。十四時二十分、「関ヶ原六㎞、大垣二十㎞」の標識を見つけた。後で着く、今日の宿〈枡や〉の女将の話では、「奥の細道」を歩く人は長浜から北國道を通って、関ヶ原の古戦場をつきぬけてくる人が多く、私のように中山道を通ってくる人は、京都から東京（江戸）まで歩く人だという。だから北陸道を通って関ヶ原古戦場は通らない。私の目的は関ヶ原を見ることではなく、関ヶ原を通って「奥の細道」の終わりの地、大垣へ行くことである。なぜか関ヶ原が近づくにつれ、天下分け目の戦い慶長五（一六〇〇）年、今から四百二十六年前、ここ関ヶ原で豊臣秀吉亡きあとの天下を守ろうとする石田三成の率いる西軍と、天下を取ろうとする徳川家康の東軍が日本中の群雄を二分して、一大決戦をした「天下分け目の戦い＝関ヶ原の合戦」の場である。そういう思いだけで、関ヶ原に近づくと空気も血生臭い雰囲気を感じてくる。

十五時五分、滋賀県と岐阜県の県境に着いた。滋賀県米原市と岐阜県不破郡関ヶ原町との境である。不破関跡を通り、十四時四十分、三二、一三〇歩、十九・三㎞歩いた所に「西首塚」と二十一号線（新中山道）の東に向かっている私の左側に古めかしい石塔が見えた。身震いするほどの血生臭い雰囲気があって、私は見るより顔をそむけた。西があり、東首塚もあることは調べてある。四百年前、ここで何百何千の戦死者が出てその首が集められた血生臭い場所であった。そういえば芭蕉は「奥の細道」で関ヶ原を通っていながら、一言も書いていない。文章では関ヶ原に目をつむって大垣に飛んでいる。義経の源平時代は好きで、関ヶ原を最大のピークで終わる戦国時代が嫌いなのかもしれない。義経と頼朝の骨肉の戦いよりも家康と石田三成の騙し合いがいやなのかもしれない。私は「西首塚」をちらと見ただけで通り過ぎた。もうJR関ヶ原駅が近いはずだと、JR東海道本線のある左折道を曲がって歩いて行き、JR関ヶ原駅を聞くと、もっと先だというので戻ってさらに東に向かって歩き出した。十六時、関ヶ原駅の左折の標識が現れた。駅の周りをうろうろして、〈枡や旅館〉を探したが解らなかった。駅前食堂から人が出てきたので尋ねると、戻って角の中山道沿いにあると教えてくれた。ともかく今日はバスに乗らず「奥の細道崩し」にならず四〇、〇七五歩、二十四・一㎞を歩ききったのである。満足感があった。

宿へ着くと、おかみさんが「すぐテレビをつけて見て下さい」といわれ、リモコンで電源を入れると、御嶽山の噴火で数百人の登山者が、火山灰の被害にあった映像が生々しく映し出されていた。大相撲も九月場所千秋楽の日で、蒙古放牧民の怪物「逸の城」の新入幕、優勝が懸かった日でもあったが、それどころではなかった。日本大相撲が蒙古相撲にとられるかどうかの日などすっ飛んでしまった。

日本は地震と台風、豪雨、突風、竜巻や土砂災害で絶滅しかねない、最近の災害続きである。関ヶ原観光の客が、私以外に二組あるようだが、その夕飯朝飯も、入浴準備もおかみさん一人で賄っているようであった。夕食は豚のシャブシャブであったが、食欲は進ま

第58日目2014年9月27日（土）
予定コース：米原—関ヶ原　天候：晴れ

時分	出発場所	到着場所	歩数	距離(km)	買物	金額	適用
5:50	自宅				ジパング	14,480	
6:24	JR大磯駅						
7:04	小田原						
8:48	ひかり50	米原					
9:00	米原東口	旧中山道	2,212	1.3			数寄屋 格子曳山
9:10	深山坂	井伊直正領	2,813	1.7			彦根藩
9:20	米原高校						
9:35	西円寺樋口	脇坂線	4,830	2.9			県道240
9:57	番場バス停	忠太郎	6,724	4.0			
10:12	久禮一里塚	京75km	8,135	4.9			江戸500km
10:27	21、新中山道		9,156	5.5			
10:46	米原河南		10,932	6.6			
10:55	河南歩道橋	大垣28km	11,573	6.9			関ヶ原14km
11:10	円歩河南	醒井	12,840	7.7			
11:25	醒井駅	水の宿	13,940	8.4	カツカレー・ソフト	1,280	
12:15	出発						
12:22	米原一色		16,034	9.6			
12:43	関ヶ原11km	大垣25km	17,501	10.5			
13:16	梓河内	京93km	20,661	12.4			
14:05	市場川	柏原小学校	25,097	15.1			
14:20	関ヶ原6km	大垣20km	26,258	15.8			
14:30	ローソン		26,987	16.2	牛乳珈琲	198	
14:52	長久寺		27,883	16.7			
15:05	岐阜関ヶ原	県境	29,323	17.6			
15:40	西ノ首塚		32,230	19.3			
16:20	枡や旅館		40,075	24.1			
日計			40,075	24.1		15,958	
累計			1,452,882	871.7		803,126	

なかった。八時半過ぎ、一合の酒と二十四㎞を歩いた疲れで熟睡した。六時の目覚ましで目を覚ましたが、そのままうとうとして、結局、七時まで朝寝坊してしまった。

第五十九日目【最終日】九月二十八日（日）
関ヶ原—大垣

八千九百円払って、〈枡や〉を出発したのは七時五十分だった。八時十九分、二、五一八歩、二・八㎞歩いたばかりのところに「徳川家康、最初陣の地、桃配山」というのがあった。日本人には太閤贔屓と家康贔屓とあるそうだが、どちらも戦略で金と領地と人質と褒賞で人を脅し騙し天下を掠め取った野心家である。それは現代資本主義時代まで変わらない。社会主義共産主義時代になったソビエトも中国も個人崇拝と官僚主義、官僚の腐敗と貧富の格差など、社会主義の目指す貧富の格差をなくすことすら成功していない。本当の「社会主義」や「共産主義」は実現するのかどうか、単なる経済関係だけではなく、人間の本質は、正直者は馬鹿を見ないことを望んでいるのか？　人はだましても自分さえ良くなればよいと望んでいるのか？　まだ戦国時代は終わっていない。

八時五十分、五、八〇一二歩、三・五㎞の所、野上とある。「大垣まで十一㎞」の標示が出ている。もう大垣終点まですぐである。芭蕉も乞食同様になり、家を売り「旅を棲家」と仙人のように人生最後の旅を「奥の細道」として歩いて、大垣を目の前に、その締めくくりをどう考えたのだろうか。現代の私の「奥の細道独り旅」などは、隠居老人の暇つぶしぐらいにしか見られないであろう。鉄道、バス、タクシー、ジェット機で歩かずに旅できる便利な世の中に、敢て、もっとも野蛮な足で歩くことは、文明に対する反抗か。そんな大それたものはない。八十二歳で東海道五十三次を歩いたら歩けてしまった。八十六歳になって、東海道より四倍長い「奥の細道」に挑戦しても好い。途中駄目になっても好いと歩き始めた。東海道のように歩くだけにこだわって、一切乗り物をつかわないことなどは、気力体力が弱まり足が動かなくなり、バスがあれば乗ってしまうことになったが、結局「奥の細道崩し独り旅」になってしまった。これを失敗といえば失敗でもよい。ただ約二千kmの奥の細道をバスやタクシーで崩しながら半分に達しない八八八kmだけは歩いて来た記録だけは残しておく。

十時五十五分、一五、二二五歩、九・一km歩いたところで、二十一号線が大垣へ別れる県道三十一号線に来た。大垣へは三一五号線へ右に行くことになる。大垣市街まで六kmである。ここからは大垣行きのバスが出ている。二日目は疲れて足が重くなっているので、最後は歩く覚悟できても、バスの誘惑はある。始発は長松バス停であった。一時間に一本程度で、バスの待ち時間の方が長そうであるが、「奥の細道結びの地記念館」というバス停まで歩くことになる十バス停ほどあるが、歩きながら一つ一つバス停伝いに歩いた。

十二時三十分、二六、五〇〇歩、十五・九km歩いた所に記念館があった。そこに水門川があって、その手前左側に芭蕉と曾良の銅像があった。何も写すものがなかったので、コン

第59日目2014年9月28日（日）
予定コース：関ヶ原─大垣　天候：晴れ

時分	出発場所	到着場所	歩数	距離(km)	買物	金額	適用
7:50	枡や				宿泊代（一泊二食）	8,900	
8:19	家康初陣	桃配山	2,518	2.8			
8:50	大垣11km	野上	5,812	3.5			
8:55	大垣10km	日守酵	6,438	3.9			
9:40		モスバーガー	10,794	6.5	カフェラテ	330	
9:56	出発	柏原			牛乳、その他	1,219	
10:04	大垣8km		11,465	6.9			
10:20	竹中半兵衛生地		13,072	7.8			
10:26	相川橋		13,497	8.1			
10:55	県道31号	大垣市街	15,215	9.1			大垣6km
11:20	長松バス停		17,398	10.4			
12:30	奥の細道	結びの地記念館	26,500	15.9	土産	5,000	
15:27	名古屋				土産	6,820	
16:37	小田原				そば	980	
17:30		自宅					
日計			26,500	15.9		23,249	
累計			1,479,382	887.6		826,375	

ビニでインスタントカメラを買い、通りすがりの人に銅像の前の私を撮ってもらった。土蔵の後ろが水門川である。この川は大垣と桑名を結ぶ蒸気船が大正まであったという。おそらく芭蕉は「奥の細道」を歩き終わり、ここからお伊勢参りに舟で行ったのである。「奥の細道」の結びは、

「**大垣**」

露通も此のみなとまで出むかいて、みのの国へと伴う。駒にたすけられて大垣の庄に入れば、曾良も伊勢より来たり合、越人も馬をとばせて如行が家に入集まる。前川子、荊口父子、其外したしき人々日夜とぶらうひて、蘇生のものにあうがごとく、且悦び、且いたはる。旅の物憂さもいまだやまざるに、長月六日になれば、伊勢への遷宮おがまんと、又舟にのりて、

蛤の　ふたみにわかれ　行く秋ぞ

と結んでいる。芭蕉は伊勢の遷宮をお参りに、舟町（大垣市舟町）から舟にのり、水門川を下り、揖斐川を経て伊勢長島へ旅立っていった。出発は深川だったので、それに照応させて、結びを舟町（大町市舟町）にしたこと。「蛤の　ふたみにわかれ　行く秋ぞ」の「ふたみ」は伊勢の「二見ヶ浦」である。

「奥の細道」の結びも極めて簡潔で、リアルである。私も最後の二日間を歩き終わり「崩し」なしに結んだことで、私の「奥の細道崩し独り旅」を終わりとする。

おわりに

芭蕉の「奥の細道」を辿って歩いたと言っても、一貫して歩いたわけでなく、多忙な現代に倣って、新幹線を利用しては、余暇に歩き継ぎ、それも「一回限度、一泊二日、歩き制限一日二十㎞以内」という、八十六爺の体力を配慮して、家人の制限付き同意を得ての安全旅を歩き続けて、平成二十四（二〇一二）年五月十七日東京千住から歩き出し、平成二十六（二〇一四）年九月二十八日岐阜県大垣まで約二十九ヵ月（二年五ヵ月）、何とかやっと歩き終えた。八十二歳で東海道五十三次を歩いた時は、厳格に「完全に歩くこと」にこだわり、二度歩きしてもそれを厳格に守ったが、東北道、北陸道は東海道より舗装は悪く、極端に車だけの道路に作られ、歩道の整備はなく、山間部が多く、「クマに注意」もあって、その上、加齢による体力の衰えも加わり、気概が確かに低下してきていた。そのため、家人の理解を深めることも考え、「殺生石」「平泉」「新潟分水」「富山」「永平寺」は同伴のバス旅に変え、「出羽三山」はバスツアーで補う、いわば『奥の細道』崩し」を敢えてした。また、芭蕉と曾良の旅も、歩きだけでなく、馬によく乗り、舟も利用していたが、「一日二十㎞」を越えたり、歩き疲れ、足の痛みを感じたりしたときはバスに乗り、電車にも乗った。まさに「『奥の細道』崩し」になってしまった。

芭蕉が歩いた年齢は四十六歳で私は八十六歳、四十歳の差のある高齢ではあるが、元禄二（一六八九）年、三百二十五年前の四十六歳は「人生五十年時代」で芭蕉も高齢者に属していたであろうが、芭蕉は一日十里（四十㎞）を踏破し、忍者と言われたほど健脚であった。目的地には芭蕉の弟子や仲間がいて歓待され、馬も提供される。私のような、「歩くだけ」の老いぼれの独り旅と違う。いろいろな人が芭蕉の奥の細道と現代人の「奥の細道歩き」との違いについて、当時の雨でぬかり、舗装もされていない自然道を歩いた芭蕉と、舗装をされた道を歩く現代人の違いを強調されるが、現代の道路の舗装は車道のための舗装であって、人が歩くための歩道はないか、あっても形だけ、特に東北や北陸では歩道が整備されていない。車の道であって歩く人の道ではない。そのような違いが江戸時代と現代の道に本質的違いがあることを知らないで書いている。比較にならないことを比較している見当違いで、実際歩いたことがない人である。

ただ、独り旅は、あくまで厳格に自主性を守り、事前の予定計画の作成、装備一切の準備、特に独りで歩く旅であるので、膝の保護のためのサポーター、脚絆、靴下を厚めに、靴は東海道の四、五倍歩くことを考え、短靴から編上靴へと変えていった。やはり平地とはいえ、七十年前の軍隊時代の編上靴が最も適していた。最初リュックは東海道五十三次以来、何処でも腰かけて休める三脚付の自衛隊払下げリュックを使ったが、重量的に体力の衰えできつくなり、三脚なしの軽いものに変えた。旅の前日までに、ジパングの切符手配、宿の予約、お茶、水の準備まで自分でやることが、やり遂げられた重要な要素であったと思う。もし士官学校を卒業し、女房より痒いところに手の届く当番兵付きで、洗濯も身の回り一切を世話させていた将校生活を経験していたら出来なかったかも知れない。しかし、私のように士官学校生徒の一年生、一般兵の内務班生活で、兵器の手入れから掃除洗濯まで何でも自分自身でやる、新兵のまま敗戦で放り出されたことが良かったのかも知れない。そのことが老化防止にも役立ったことと思う。

しかし、「なぜ歩くか」の中に特攻先輩への鎮魂の念止み難く「死に損ないの負い目」の祈りがあったことも東海道五十三次と同じである。

どういう訳か、歩き終わった報告をすると必ずと言っていいくらい「次は何処を歩きますか」と言われる。私は超人ではない。内心は（もう歩かなくてよい毎日が来た）とほっとしている。家人もほっとしている。しかし、「次は」と言われると（歩かなければいけないのかな）と妙な脅迫観念に襲われてくる。エッセイ同人から、伊豆で慰労会を開いていただき、疲れの蓄積が噴出したのか、俄かに、咳と痰が出て風邪で寝込んでいる。そろそろ体力の限界も感じだしている。しばらくは休みたいというのが、本音である。

だが、多くの高齢者のご同輩よ。何もすることがなかったら、体力のある限り、人に迷惑の及ばない「独り歩き」は、心身ともによき老化防止の一助となることも、実験し実践した。無理をしない限度で、試されるのも好いのではと考える。

もちろん、計画を崩し崩し強引に達成したことに満足はしていないが、ほっとしている。

平成二十六（二〇一四）年九月二十八日　　　小林　勇

小林　勇（こばやし いさむ）
昭和３年（1928）生まれ。医学博士（公衆衛生学）。神奈川県立平塚工業学校応用化学科卒。陸軍予科士官学校61期甲生徒より復員。星薬学専門学校卒。国立公衆衛生院を経て、川崎市衛生研究所勤務。元日本公衆衛生学会評議員。日本社会医学会名誉会員。山岸外史リアリズム研究会会員。元ユーコープ商品検査センター所長。
【文学歴】かわさき文学賞受賞。かわさき文学賞予備選考委員。元かわさき文学賞の会代表。元川崎文芸懇話会賞予備選考委員。
【著書】（専門書）欧州医療視察報告「時差百年の旅」、「よくわかる洗剤の話」、「恐るべき水汚染」、「非イオン合成洗剤」、「20年後の水」その他共著多数。（文学）「向日葵が咲いていた」（陸軍予科士官学校生徒NHK川口放送所占拠事件）、「みずのないみなと」、「なければなくても別にかまいません」、「浮かび上がりたくない」、「東海道五十三次八十二歳独り歩き」、「二分間一話百話集」。

『奥の細道』八十六歳独り歩き

平成27年11月10日発行
著者／小林 勇
発行者／今井恒雄
発行／北辰堂出版株式会社
発売／株式会社展望社
〒112-0002 東京都文京区小石川3-1-7 エコービルⅡ202
TEL:03-3814-1997 FAX:03-3814-3063
http://tembo-books.jp
印刷製本／新日本印刷株式会社

ISBN 978-4-86427-199-8　定価はカバーに表記